GESTORES, GURUS E GÊNIOS

Suas Estratégias Administrativas

Marco Antônio de Araujo

GESTORES, GURUS E GÊNIOS

Suas Estratégias Administrativas

Copyright© 2004 by Marco Antônio de Araujo

Todos os direitos desta edição reservados à Qualitymark Editora Ltda.
É proibida a duplicação ou reprodução deste volume, ou parte do mesmo,
sob qualquer meio, sem autorização expressa da Editora.

Direção Editorial
SAIDUL RAHMAN MAHOMED
editor@qualitymark.com.br

Produção Editorial
EQUIPE QUALITYMARK

Capa
WILSON COTRIM

Editoração Eletrônica
MS EDITORAÇÃO

CIP-Brasil. Catalogação-na-fonte
Sindicato Nacional dos Editores de Livros, RJ

A69g

Araujo, Marco Antônio de

    Gestores, gurus e gênios e suas estratégias administrativas / Marco Antônio de Araujo. — Rio de Janeiro : Qualitymark, 2004

Inclui bibliografia
ISBN 85-7303-485-8

    1. Indústria automobilística – Administração. 2. Planejamento estratégico.
I. Título.

04-0475

CDD 338.76292
CDU 338.45:629.331

2004
IMPRESSO NO BRASIL

Qualitymark Editora Ltda.
Rua Teixeira Júnior, 441
São Cristóvão
20921-400 – Rio de Janeiro – RJ
Tel.: (0XX21) 3860-8422

Fax: (0XX21) 3860-8424
www.qualitymark.com.br
E-Mail: quality@qualitymark.com.br
QualityPhone: 0800-263311

DEDICATÓRIAS

Deus... Paz. Iluminação. Realização.
Mãe... Marina Travesani. Exemplo.
Esposa... Rosa Maria. Amor.
Filhos... Felipe e Gustavo. Carinho.
Família... Solidariedade. União.

AGRADECIMENTOS

À Campanha Nacional de Escolas da Comunidade – CNEC, que implantou o curso de Mestrado na sua unidade de Varginha, MG – FACECA, onde, como mestrando de 1999 a 2001, pude realizar pesquisas bibliográficas tendo como foco as ações estratégicas exploradas pelos Gestores, Gurus e Gênios da Cadeia Automobilística. Com a orientação dos professores doutores do curso, foi possível concluir este livro.

Às Unidades Educacionais Cenecistas de Varginha (MG), de Capivari (SP), Itaboraí (RJ) e às Faculdades de Administração de Machado, Formiga, Três Corações, Três Pontas e Extrema (MG) que permitiram a aplicação da metodologia CAMADI e do check-list "DO JOB", em forma de palestra, em seus estabelecimentos de ensino. Aos alunos do curso de Administração da FACECA, turmas de 2002 e 2003, que ofereceram importante contribuição aos Estudos de Caso aqui abordados, possibilitando a formatação final das metodologias exploradas neste livro.

Aos colaboradores que ajudaram na digitação: Antônio Dias; Ana Carla, Érica Miranda e Leonelo Caldonazzo. Ao Gilberto Amorim pela sua criatividade na arte final dos desenhos, e Tadeu Moreno, um colecionador de carros antigos, pela disponibilização de seu acervo bibliográfico. A Washington Francisco Machado e a Marcelo Ribeiro Silva que participaram da digitação e formatação de quadros e desenhos. A Márcio Monteiro que contribuiu com o projeto gráfico final do livro, quadros, desenhos, layout, editoração eletrônica e pesquisas para o capítulo intitulado "Curiosidades". Às professoras de Português do CNEC de Varginha, Valéria Sarto e Ângela Massa, pela correção inicial dos textos e sugestões apresentadas.

Aos professores doutores, que fazem parte do Conselho Editorial deste livro: Luciel Henrique de Oliveira, Luiz Marcelo Antonialli e Aparecida Maria Nunes pelo direcionamento didático das metodologias exploradas e foco na interdisciplinaridade e aplicação da linguagem coloquial visando à compreensão e memorização dos textos e exemplos abordados no livro.

Em especial ao professor doutor Luciel Henrique de Oliveira, coordenador do Mestrado CNEC em Varginha, professor da FACECA, orientador da minha dissertação de mestrado e co-autor deste livro.

UMA HOMENAGEM AOS PRECURSORES

Este livro é uma forma de reconhecer e socializar as contribuições dadas pelos gestores, gurus e gênios da cadeia automobilística; homenageá-los pelas ferramentas administrativas utilizadas, com sucesso, sistematizar o legado cultural disponibilizado.

Os empreendedores da Ford, General Motors, Chrysler, Volkswagen, Fiat, Toyota e Renault-Nissan, entre outras, superaram paradigmas tradicionais, como enxugamento da estrutura hierárquica, parcerias com fornecedores, redução de desperdícios, planejamento participativo e aprendizagem mercadológica. Ações essas que podem ser usadas como ferramentas administrativas pelos gestores da atualidade, através de determinação e liberação dos fluidos da criatividade para a identificação, análise e controle dos fatores restritivos que se apresentam nas organizações.

Assim, os gestores decidem sobre a melhor ferramenta administrativa para atingir as metas planejadas. Os gurus iluminam talentos para a geração de idéias, objetivando a superação dos fatores restritivos que se apresentam. Os gênios quebram paradigmas, rompem o status quo e revolucionam os processos produtivos e administrativos das organizações, transformando-os em fonte inesgotável de aprendizagem.

Os gestores de hoje precisam relembrar o passado e aprender com a determinação de Henry Ford que, durante cinco anos, persistiu na implementação da linha de produção em massa; com Alfred Sloan, que priorizou a descentralização do processo decisório da General Motors; com a perseverança de Taiichi Ohno, que eliminou os desperdícios da cadeia produtiva da Toyota; com a ousadia de Ignacio de Arriortúa, que idealizou uma montadora de veículos com todas as operações produtivas terceirizadas; com a capacidade gerencial do brasileiro Carlos Ghosn, que conseguiu abolir o emprego vitalício, convencendo os funcionários da necessidade premente, do enxugamento da estrutura hierárquica para salvar a organização.

Marco Antonio de Araujo
profmarcoa@uol.com.br

 BJETIVOS

O objetivo deste livro, em primeiro lugar, é sistematizar informações sobre as contribuições dos principais gestores da indústria automobilística para a Administração, de 1900 até a atualidade. Este estudo possibilitou a identificação de cinco ferramentas administrativas que devem ser estudadas de forma integrada: *Downsizing, Outsourcing, Just in Time, Objective e Benchmarking*. Essas metodologias estão relacionadas com os departamentos "fim" de uma organização envolvendo, respectivamente, Recursos Humanos, Processos, Logística, Orçamento e Marketing.

Com essas cinco metodologias de gestão, a matriz organizacional, correspondendo às fases "entradas-transformação-saídas", pode ser avaliada, com mais eficácia. Assim é possível a identificação, com objetividade e transparência, dos pontos fortes e dos que precisam ser trabalhados.

Em segundo lugar, os gestores da atualidade precisam refletir sobre o próprio desempenho, no tocante à administração das informações disponíveis no cenário mercadológico. Através da matriz pessoal, envolvendo as fases "captar-maturar-disponibilizar", é preciso priorizar os seguintes questionamentos: estamos "captando" com plenitude as informações disponíveis no ambiente organizacional, mercadológico e social? A "maturação" individual está, realmente, transformando as informações em conhecimentos? O que "disponibilizamos" está, efetivamente, agregando valor para o nosso público-alvo e organizações?

A citação de Lee Iacocca, criador do Mustang, estimulou-me, de forma marcante, para a conclusão deste livro. No auge da carreira profissional, ao ser questionado sobre as razões de sua promoção à presidência da Ford, ele respondeu[1]: *"As pessoas me dizem: você é um grande sucesso. Como você*

---
[1] IACOCCA, Lee. *Uma autobiografia*. São Paulo: Livraria Cultura Editora, 1985, p. 399.

conseguiu? E eu me volto para aquilo que meus pais me ensinaram. Seja esforçado. Obtenha toda a instrução possível, mas, depois, pelo amor de Deus, faça alguma coisa acontecer..."

A concorrência acirrada, antes um fator desafiador em escala aritmética, passou para geométrica, e, atualmente, em projeção exponencial, vem exigindo a integração de ferramentas gerenciais, para administração eficaz das matrizes organizacionais e pessoais. Este livro, portanto, visa à sistematização das metodologias de gestão selecionadas, na tentativa de "fazer alguma coisa acontecer", em prol da utilização efetiva das ferramentas administrativas e disponibilizar estratégias para melhorar o desempenho dos empreendedores da atualidade.

PREFÁCIO

Eis um livro realmente marcante e que deve ser valorizado. Num mundo em tempo de transformações radicais, o conhecimento de ferramentas de gestão e das estratégias usadas pelos gestores, gurus e gênios da cadeia automobilística é fonte de aprendizagem constante. Falar em ferramentas gerenciais para alunos de graduação e pós em administração sempre pareceu algo intangível, de difícil compreensão. Com freqüência, os alunos não sabiam descrevê-las nem aplicá-las. A literatura acadêmica na área parece abordar o assunto de forma desconexa, sem preocupação com a descrição do contexto histórico e tampouco de suas aplicações nos diversos ambientes organizacionais.

Ora, surge enfim um autor capaz de ir além do academicismo puro, das dissertações e das teses, para analisar concretamente algumas das principais ferramentas de gestão, frutos das experiências dos gurus e gênios que nasceram nas indústrias automobilísticas. Partindo da percepção de que os alunos de administração não tinham conhecimento de uma metodologia que facilitasse a memorização das ferramentas de gestão; que a literatura disponível aborda esses enfoques de forma desintegrada, deixando as informações esparsas, impedindo uma visão holística das organizações, sem preocupação didática, este autor conseguiu produzir um livro-texto dinâmico, agradável e muito esclarecedor do ponto de vista teórico e prático.

A matriz organizacional foi explorada de forma didática, possibilitando fazer um paralelo com a matriz pessoal, o que facilita a análise e o desempenho dos gestores atuais. Essa é a proposta do método CAMADI, uma reflexão sobre a performance de cada gestor e o desempenho de sua matriz pessoal.

Percebendo que a história dos processos produtivos das indústrias automobilísticas é uma fonte inesgotável de conhecimento, este livro explora ensinamentos dos gestores, gurus e gênios que contribuíram para a evolução da administração.

O estudo dos fluxos produtivos possibilita a reflexão sobre como estamos explorando o feedback com o ambiente mercadológico e transformando esses contatos em novas oportunidades e aprendizado constante, através de parcerias.

A criatividade com que foram abordadas as ferramentas de gestão e os estudos de casos apresentados de forma inovadora, privilegiando a realidade das organizações brasileiras, favorecem a compreensão para a análise das empresas. O check-list mnemônico "DO JOB" foi explorado com criatividade e os indicadores de desempenho apresentados em cada ferramenta estudada são uma oportunidade ímpar para fazer paralelo com as organizações atuais e constituem instrumental de análise indispensável para acadêmicos e profissionais de administração.

Marco Antônio de Araújo é Diretor da Faculdade Cenecista de Varginha, MG (http://www.faceca.br), Mestre em Administração, ex-gerente de produção industrial, consultor, professor universitário com uma capacidade didática ímpar e um eterno aprendiz das ferramentas gerenciais, obcecado por encontrar oportunidades de aplicá-las onde for necessário.

O caráter prático e didático deste livro será de grande utilidade para uso acadêmico e adoção nas escolas de Administração e, principalmente, nas faculdades Cenecistas, valorizando o esforço de um gestor formado pelo Mestrado em Administração e Desenvolvimento Organizacional da Faculdade Cenecista de Varginha.

Prof. PE. Geraldo Magela Teixeira
Reitor da Rede CNEC de Faculdades

IVRES-PENSADORES!

"Estamos vivendo no século da luz: não se deixe arrastar por ilusões. Raciocine imparcialmente e nada aceite sem entender. Se não compreende alguma coisa, não a rejeite imediatamente. Procure estudar profundamente o assunto. Não se conforme com a pior das escravidões, que é a mental. Nascemos para ser livres e só o seremos quando raciocinarmos livremente."

Henrique José de Souza

O mundo, desde a sua remota história, pôde e pode contar com homens de pensamentos livres, desprendidos da cadeia mental humana da repetição, do medo e da ignorância. Sim, homens livres-pensadores. Livres daquela cadeia mental humana porque são portadores de criatividade, coragem e inteligência em forma de sabedoria.

Lavoisier, quando ficou célebre com a frase "nada se cria, tudo se transforma", trouxe para a realidade de nossas vidas o que há muito já pairava no ar. Com tais palavras almejava despertar em nós o caminho que só é percorrido por aqueles que sabem dar forma ao que não existia, ainda, até o momento de suas próprias criações, ousando na quebra de paradigmas.

O poder de criação, limitado pelos custos econômicos e incertezas quanto à aceitação do público-alvo, só se libertou das amarras da estagnação mediante a ousadia de homens que souberam identificar oportunidades. É o caso de Frederick Taylor, Henry Ford, William Durant, Alfred Sloan, Taiichi Ohno, Lee Iacocca, José Arriortúa, Senge, Amaral Gurgel e Carlos Ghosn, dentre outros veteranos da indústria automobilística. Vale lembrar que esses nomes não são os únicos na história evolutiva dos processos de produção e serviços. Certamente aparecerão outros profissionais, contribuindo com novas idéias, sugestões e invenções. O mundo não pára enquanto houver pessoas de ideais.

É dessa imprescindível necessidade de viver e de saber vencer desafios que esses grandes homens criaram impérios que servem de escolas e ensinamentos para novos talentos. Por isso, não podemos deixar de destacar a contribuição dos gestores, gurus e gênios – da General Motors, Toyota, Ford, Fiat, Volkswagen, Renault-Nissan e Peugeot – que souberam desencadear processos e metodologias que marcaram a história da gerência, da logística e da estratégia administrativa.

Downsizing, Outsourcing, Just in Time, Objective e Benchmarking são referenciais administrativos que constituem importante potencial humano de tecnologia. Baseados sempre em um começo simples e modesto, possibilitaram condições ideais de desenvolvimento, perfazendo roteiro de conquistas e progresso. Para tanto, a fim de facilitar o aprendizado e a assimilação dessas ferramentas, este livro identificou tais metodologias através da fórmula mnemônica "DO JOB". Essa fórmula vem desenvolvida, de forma didática, nos capítulos deste livro, ao lado da Teoria dos Sistemas, explorada na década de 60, sobre a matriz organizacional, que aqui abordamos sob a denominação de método "CAMADI", o qual engloba as fases: captar, maturar e disponibilizar.

A relação do check-list "DO JOB" e as disciplinas "fim" dos cursos de Administração e departamentos "fim" de uma organização são imensas, o que justifica a abordagem pedagógica deste estudo.

Os Gestores, Gurus e Gênios da cadeia automobilística captaram os fatores restritivos que se apresentaram, maturaram metodologias de gestão e fizeram alguma coisa acontecer para a eliminação dos gargalos operacionais internos. Seus ensinamentos foram explorados, através do método "CAMADI", para a solução dos problemas da atualidade.

O check-list "DO JOB" e o método "CAMADI" foram inseridos em estudos de casos e, há dois anos, trabalhados em cursos de administração, o que atesta o interesse e a aplicabilidade do estudo que ora apresentamos ao público. Além do mais, tais idéias foram também apresentadas ao Conselho Latino-Americano de Escolas de Administração – Cladea, em 2002, no Brasil, e em 2003, no Peru.

Configurações gerenciais ultrapassadas, praticadas por muitas organizações, como a administração dos talentos humanos apenas como "mão-de-obra", repasse dos custos desnecessários para os consumidores, miopia mercadológica e logística ineficaz devem ser abolidas. É preciso administrar tendo como referenciais metodologias de gestão que transformem as organizações para a lucratividade e aumentem as oportunidades mercadológicas dos gestores da atualidade.

Mas, não podemos nos esquecer de uma coisa: seja como gestores, gurus, gênios, seja na qualidade de administradores, empresários, gerentes, empreendedores ou empregados, enfim, estamos, sempre, lidando com seres humanos. Em qualquer processo inovador, não podemos deixar de colocar em pauta as necessidades humanas. Elas devem ser exploradas no sentido de privilegiar, cada vez mais, o homem-humano e não o homem-máquina. Qualquer progresso depende, sempre, da preservação e valorização do ser humano no seu palco da vida, que nada mais é que este mundo em que vivemos.

SUMÁRIO

CAPÍTULO 1 – METODOLOGIAS ADOTADAS
1. Metodologias Aplicadas 3
   1.1 Conceituação do Check-List "DO JOB" 5
      1.1.1 Detalhamento de cada ferramenta 6
         1.1.1.1 Downsizing (Redução da Burocracia) 6
            1.1.1.1.1 Aplicações do Downsizing 7
         1.1.1.2 Outsourcing (Parcerias, Terceirização, Quarteirização) 8
            1.1.1.2.1 Aplicações do Outsourcing 9
         1.1.1.3 Just in Time (Redução dos Desperdícios) 10
            1.1.1.3.1 Aplicações do Just in Time 11
         1.1.1.4 Objective (Agendamento dos Objetivos Organizacionais) 12
            1.1.1.4.1 Aplicações do Objective 13
         1.1.1.5 Benchmarking (Aprendizagem com o Mercado) 14
            1.1.1.5.1 Aplicações do Benchmarking 15
      1.1.2 Resumo das ferramentas do chek-list "DO JOB" 16
      1.1.3 Check-List "DO JOB" e as organizações 18
      1.1.4 Check-List "DO JOB" e as instituições de ensino 18
      1.1.5 Figuras "DO JOB" exploradas neste livro 19
      1.1.6 Estudo de Caso 1:
         Um gênio brasileiro na Nissan 20
   1.2 Conceituação do Método "CAMADI" 24
      1.2.1 Fase "IN" 25
      1.2.2 Fase "FORM" 25
      1.2.3 Fase "AÇÃO" 25
   1.3 Gargalos operacionais das fases "captar/maturar/disponibilizar" 27
   1.4 O gênio Carlos Ghosn e o método "CA+MA+DI" 28
   1.5 O método "CAMADI" e as indústrias automobilísticas 29
   1.6 Aplicação do Método "CAMADI" 31
      1.6.1 Henri Fayol e as Escolas de Engenharia 31
   1.7 Henri Fayol e o método "CAMADI" 33
      1.7.1 Fase "IN" – Captar as informações disponíveis 33
      1.7.2 Fase "FORM" – Maturar as informações captadas 33
      1.7.3 FASE "AÇÃO" – Disponibilizar o que foi maturado 34
   1.8 "DO JOB" e "CAMADI" 35

CAPÍTULO 2 – GESTÃO DAS INDÚSTRIAS AUTOMOBILÍSTICAS

2.1 Produção Artesanal de veículos 41
    2.1.1 Configuração do sistema artesanal 42
    2.1.2 Rompendo o "status quo" da produção artesanal 43
2.2 Frederick Taylor e o Método "CA+MA+DI" 45
2.3 Henry Ford: gênio da indústria automobilística 46
    2.3.1 O diferencial da Ford Motors Company 46
    2.3.2 Realizações do "gênio" Henry Ford 47
2.4 Henry Ford e o Método "CA+MA+DI" 48
2.5 A gestão do "guru" da GM – Willian Durant (1908-1923) 49
2.6 Alfred Sloan – o futuro gênio da GM 50
    2.6.1 Estudo de Organizações: proposta de Sloan para a General Motors 52
    2.6.2 Alfred Sloan assume a presidência em 1923 52
    2.6.3 Preocupação de Sloan: como concorrer com a Ford 52
    2.6.4 Gerenciamento da GM através de comitês – década de 1920 ... 54
    2.6.5 Gestão Administrativa 55
    2.6.6 Pintura das carrocerias, o último gargalo da produção em massa 56
    2.6.7 Ganhos em termos de produtividade 57
    2.6.8 Excesso de otimismo prejudica a General Motors – 1923 58
    2.6.9 O que deve ser aprendido com as crises 59
    2.6.10 Como fazer riqueza produzindo automóveis 60
    2.6.11 Decadência do modelo gerencial de Ford 60
    2.6.12 Produção de veículos com carroceria fechada 61
    2.6.13 A GM e as relações comerciais com os revendedores 63
2.7 Alfred Sloan e o Método "CA+MA+DI" 64
    2.7.1 Desafio das Organizações durante a Segunda Guerra Mundial 65
    2.7.2 Fim da Segunda Guerra Mundial – 1945: converter as fábricas para produção em paz 66
2.8 Origens do Modelo Industrial Japonês 67
    2.8.1 Tratado de Versailles 67
    2.8.2 Plano Marshall 68
    2.8.3 Expansão do Regime Comunista 68
    2.8.4 União dos Engenheiros Japoneses 68
    2.8.5 Medidas do Governo Japonês 69
    2.8.6 A história da Toyota e o Check list "DO JOB" 70
    2.8.7 Estratégia japonesa: aprender com os americanos 72
    2.8.8 Taiichi Ohno – o gênio da Toyota 75
    2.8.9 Performance dos produtos japoneses 76
2.9 Metas do Gênio Taiichi Ohno que mudaram a história da Toyota ... 78
2.10 Lee Iacocca – o guru da Ford 79
    2.10.1 Reflexão de Iacocca: o poder da logomarca 81
    2.10.2 Custo operacional de um modelo 82
    2.10.3 Desabafo de Iacocca 82
    2.10.4 O guru Lee Iacocca e o projeto Mustang 82

2.10.5 Henry Ford II na visão de Iacocca 83
2.10.6 Primeira crise do petróleo 84
2.10.7 1978: Henry Ford II demite Lee Iacocca 85
2.10.8 Conseqüências do aumento do preço do petróleo 86
2.10.9 Diferenças dos Sistemas Produtivos 90
2.10.10 Preço do petróleo dobrou – 1979 90
2.10.11 Da fabricação em massa para a produção enxuta 91
2.11 Taiichi Ohno e o Método "CA+MA+DI" 93
2.12 Teoria das Restrições: de Elyahu Goldratt 94
    2.12.1 Paralelo entre os três diálogos e o Check-List "DO JOB" 95
    2.12.2 Demonstração gráfica da Teoria das Restrições 96
    2.12.3 Passos para a eliminação dos gargalos operacionais 97
    2.12.4 Aplicabilidade da Teoria das Restrições 97
    2.12.5 Outras aplicações da Teoria das Restrições 98
2.13 Aplicabilidade do Check-List "DO JOB" 99
    2.13.1 Estudo de Caso 2:
           Projeto Saturn: estratégia da GM para aprender
           com os japoneses 99
    2.13.2 Estudo de Caso 3:
           Mustang: lição de Marketing de Lee Iacocca 103
    2.13.3 Estudo de Caso 4:
           Alcoa/AFL aprendizagem com os japoneses 108
    2.13.4 Estudo de Caso 5:
           O passado, o presente e o futuro da Fiat 112
    2.13.5 Estudo de Caso 6:
           A VW e o consórcio Modular 115

CAPÍTULO 3 – FLUXOS PRODUTIVOS DA CADEIA AUTOMOBILÍSTICA
3.1 Matriz Organizacional 125
3.2 Matriz Pessoal 126
3.3 Primeiro Fluxo Industrial: de 1900/20 128
    3.3.1 Contribuições de Taylor, Gantt e Gilberth 129
    3.3.2 Henry Ford e o Check-List "DO JOB" 131
    3.3.3 Miopia Mercadológica de Henry Ford 131
    3.3.4 Conceituação básica 132
3.4 Segundo Fluxo Industrial: de 1920/40 133
    3.4.1 Contribuições de Mayo, Shewhart e McGregor 134
    3.4.2 Alfred Sloan e o Check-List "DO JOB" 137
    3.4.3 Conceituação básica 138
3.5 Terceiro Fluxo Industrial: de 1940/50 139
    3.5.1 A GM, o conflito militar e o Check-List "DO JOB" 140
    3.5.2 Estratégias adotadas pelos japoneses 141
    3.5.3 Contribuições de Weber, Drucker e Maslow 141
    3.5.4 Administração por objetivos – APO 142
    3.5.5 Conceituação básica 143
3.6 Quarto Fluxo Industrial: de 1950/70 144

		3.6.1	O Pós-Guerra e o Check-List "DO JOB" 145

- 3.6.1 O Pós-Guerra e o Check-List "DO JOB" 145
- 3.6.2 Contribuições de Drucker, Maslow, Deming e Ishikawa 146
- 3.6.3 Conceituação básica 148
- 3.7 Quinto Fluxo Industrial: de 1970 em diante 149
  - 3.7.1 Taiichi Ohno e o Check-List "DO JOB" 150
  - 3.7.2 Conceito de cadeia produtiva 151
  - 3.7.3 Contribuições de Bradford, McGregor e Ouchi 152
  - 3.7.4 Princípios considerados ultrapassados pela Teoria do Desenvolvimento Organizacional (DO) 153
  - 3.7.5 Novos valores a serem explorados 153
  - 3.7.6 Variáveis do desenvolvimento organizacional 153
  - 3.7.7 Enfoques americano e japonês 154
  - 3.7.8 Um exemplo real vivenciado 154
  - 3.7.9 Conceituação básica 156
- 3.8 Sexto Fluxo Industrial: de 1980 em diante 157
  - 3.8.1 Contribuições de Goldratt 158
  - 3.8.2 Paradigmas do sistema produtivo americano 160
  - 3.8.3 Aprendizagem americana com a Teoria das Restrições 162
  - 3.8.4 Conceituação básica 163
- 3.9 Sétimo Fluxo Industrial: Final dos anos 1990 em diante 164
  - 3.9.1 Contribuições de Arriortúa e Senge 165
  - 3.9.2 Conceituação básica 169
- 3.10 Oitavo Fluxo Industrial: de 2000 em diante 170
  - 3.10.1 Desafios do século XXI e o Check-List "DO JOB" 171
  - 3.10.2 Contribuições de Burns, Stalker e Toffler 172
    - 3.10.2.1 Teoria da Contingência 172
  - 3.10.3 Conceituação básica 174
- 3.11 Resumo dos Fluxos Produtivos a partir de 1900 175
- 3.12 Aplicabilidade do Check-List "DO JOB" 177
  - 3.12.1 Estudo de Caso 7: Investimento sem retorno da Mercedes Benz 177
  - 3.12.2 Estudo de Caso 8: Operação Recall: Incompetência Industrial? 181
  - 3.12.3 Estudo de Caso 9: O livro de 5 milhões de dólares 186

CAPÍTULO 4 – O PONTO DE EQUILÍBRIO E O CHECK-LIST "DO JOB"
- 4.1 Demonstração gráfica do Ponto de Equilíbrio (PE) 193
- 4.2 Cenário 1: Desempenho excepcional 194
  - 4.2.1 Desempenho Excepcional e o Check-List "DO JOB" 194
- 4.3 Cenário 2: Desempenho crítico 195
  - 4.3.1 Desempenho Crítico e o Check-List "DO JOB" 196
- 4.4 Performance de uma organização através do PE 196
  - 4.4.1 Downsizing e o Ponto de Equilíbrio 197
    - 4.4.1.1 Paralelo com os estudos de caso 197
  - 4.4.2 Outsourcing e o Ponto de Equilíbrio 199
    - 4.4.2.1 Paralelo com os estudos de caso 199

  4.4.3 Just in time e o Ponto de Equilíbrio 201
     4.4.3.1 Paralelo com os estudos de caso 201
  4.4.4 Objective e o Ponto de Equilíbrio 203
     4.4.4.1 Paralelo com os estudos de caso 203
  4.4.5 Benchmarking e o Ponto de Equilíbrio..205
     4.4.5.1 Paralelo com os estudos de caso 205
4.5 Resumo do desempenho da organização e o paralelo
  com o Check-List "DO JOB" 207
4.6 Aplicabilidade do Check-List "DO JOB" 208
  4.6.1 Estudo de Caso 10:
     Processos produtivos das montadoras 208
  4.6.2 Estudo de Caso 11:
     Renault e Nissan: uma parceria inovadora 213
  4.6.3 Estudo de Caso 12:
     O maior vendedor de carros do mundo 216

CAPÍTULO 5 – A INDÚSTRIA AUTOMOBILÍSTICA BRASILEIRA

5.1 O sistema de montagem CKD (1919/1959) 223
5.2 Conseqüências da Segunda Guerra Mundial 224
  5.2.1 Criação do Grupo Executivo da Indústria
     Automobilística (GEIA) 225
5.3 Indústria Automobilística Nacional 227
  5.3.1 O Fusquinha e o nascimento da indústria
     automotiva brasileira 227
  5.3.2 Década de 1970 227
  5.3.3 Fornecedores de autopeças para auto-sistemas 227
  5.3.4 Décadas de 1980/1990/2000 228
  5.3.5 Transformando a globalização em oportunidade brasileira 229
  5.3.6 Avanços da economia brasileira 231
5.4 Portfolio: Brasil, maior exportador mundial de veículos 232
  5.4.1 O que o Brasil precisa aprender com o cenário
     automotivo mundial 234
  5.4.2 Desafios da economia brasileira para o novo portfolio 235
  5.4.3 Abertura do mercado brasileiro e impactos sobre a
     indústria nacional 236
5.5 Minha experiência em empresas fornecedoras de autopeças 239
5.6 Iniciativas brasileiras na produção de veículos 249
  5.6.1 Iniciativa da Romi – Isetta 249
  5.6.2 Iniciativa da Gurgel 249
  5.6.3 Iniciativa da Fibron 250
  5.6.4 Iniciativa da IBAP 251
  5.6.5 Iniciativa da Brasinca 252
  5.6.6 Iniciativa da Kadron 253
  5.6.7 Iniciativa da Bugre 253
  5.6.8 Iniciativa da General Motors Terex do Brasil 253
  5.6.9 Iniciativa da Vemag 254
  5.6.10 Iniciativa da Troller 255

5.7 Aplicabilidade do Check-List "DO JOB" 257
    5.7.1 Estudo de Caso 13:
         Desafio da Fiat do Brasil 257
    5.7.2 Estudo de Caso 14:
         Fusca: 20 milhões de unidades vendidas 261
    5.7.3 Estudo de Caso 15:
         Montadoras brasileiras escutam os consumidores 266

CAPÍTULO 6 – ESTRATÉGIAS E CENÁRIOS
6.1 Início e consolidação da indústria automobilística no Brasil 273
6.2 Cenários e Estratégias da Indústria Automobilística no Brasil
    pós-Plano Real 274
    6.2.1 Abertura do mercado brasileiro e impactos
         sobre as marcas estrangeiras 274
6.3 Cenário da indústria Automobilística Mundial 276
6.4 Cenário e tendências da Indústria Automobilística Brasileira 278
    6.4.1 Evolução na década de 1990 e no início do século 278
    6.4.2 Impactos do consórcio modular 283
    6.4.3 Marcas próprias em nichos de mercado pouco
         explorados 284
6.5 Estratégias da Indústria Automobilística 286
6.6 Para onde vamos? 292
6.7 Aplicabilidade do Check-List "DO JOB" 298
    6.7.1 Estudo de Caso 16:
         e-Commerce une as montadoras 298
    6.7.2 Estudo de Caso 17:
         Porque a GM, em 2000, deixou de ser criativa? 302
    6.7.3 Estudo de Caso 18:
         Gestão de talentos – Diferencial da Toyota 306

CAPÍTULO 7 – EVOLUÇÃO HISTÓRICA DO AUTOMÓVEL
    Curiosidades 313

MISSÃO CUMPRIDA? 319

BIOGRAFIA DE ALGUNS GESTORES, GURUS E GÊNIOS 323

BIBLIOGRAFIA 333

CAPÍTULO I

Metodologias Adotadas

*"Onde está a vida que perdemos vivendo?
Onde está a sabedoria que perdemos no conhecimento?
Onde está o conhecimento que perdemos na informação?"*

T. S. Eliot

1. METODOLOGIAS APLICADAS

Da mesma forma que as indústrias automobilísticas reeditam antigos modelos de veículos, como o modelo New Beetle recriado pela Volkswagem, é possível verificar que persistem conceitos e ferramentas gerenciais do passado que devem ser revisitados. É esse o caso das cinco ferramentas de gestão – *Downsizing*, *Outsourcing*, *Just in Time*, *Objective* e *Benchmarking* – que possibilitam focalizar uma organização, identificando o trabalho realizado pela empresa com pessoas, processos, logística, orçamentos e mercados.

A Teoria dos Sistemas de Ludwig von Bertalanffy, desenvolvida na década de 1960, em contrapartida, estruturou a matriz organizacional em três fases – "entradas/transformação/saídas" – para facilitar a análise do desempenho das empresas. Na Figura 1, podemos observar a relação dessas três fases com os fornecedores e consumidores.

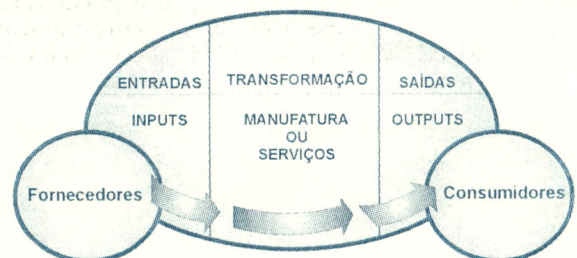

Figura 1: Matriz Organizacional (Inputs/Transformação/Outputs).

O controle eficaz das fases "entradas/transformação/saídas", no entanto, exige a implementação de ferramentas administrativas para o diagnóstico eficaz de uma organização. Com as letras iniciais das cinco metodologias de gestão exploradas pelos Gestores, Gurus e Gênios da Cadeia Automobilística, de 1900 até a atualidade, aplicáveis em todos os segmentos de negócios, foi estruturado, neste livro, o check-list "DO JOB". A saber:

D = *Downsizing*;
O = *Outsourcing*;
J = *Just in Time*;
O = *Objective* e
B = *Benchmarking*.

Ou seja, trata-se de um processo mnemônico para facilitar a identificação dos pontos fortes e fracos de uma organização e, conseqüentemente, de ações que devem ser implementadas em qualquer organização.

Ao pé da letra, "DO JOB" significa "fazer trabalho" ou, simplesmente, trabalhar. Entendemos que o pré-requisito básico para a administração do séc XXI é a gestão competente, tendo como referência metodologias que direcionem e maximizem a conquista de objetivos planejados. Para o sucesso de uma empresa, o gestor deve atuar como maestro e os sons emitidos pelos recursos humanos, processos, logística, finanças e marketing devem estar coerentes com a missão e os valores da organização.

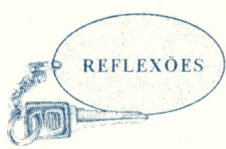

✓ Onde estão localizados os gargalos da organização em que trabalhamos?

✓ Como explorar as ferramentas de gestão em pauta, para melhorar o desempenho da organização?

Por outro lado, a matriz pessoal focaliza o desempenho de cada gestor, tendo como base as três fases da palavra "in+form+ação", que, conforme a metodologia em estudo, correspondem, respectivamente, a "captar+maturar+disponibilizar". Na Figura 2, evidenciamos as três fases e a importância da captação de novas informações no arcabouço cultural, fonte de aprendizado. Depois de maturadas, possibilitarão agir estrategicamente visando à maximização das oportunidades mercadológicas.

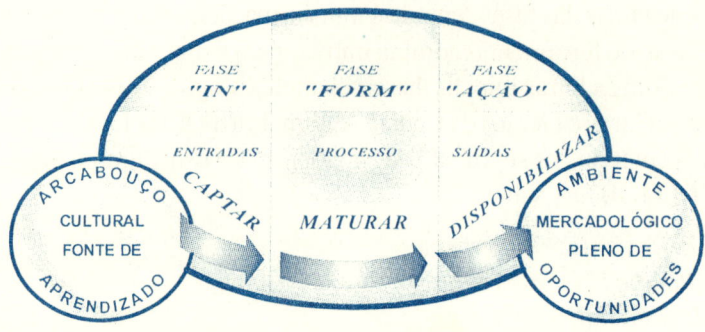

Figura 2: Matriz Pessoal (Captar, Maturar, Disponibilizar).

O método "CAMADI" foi formatado com as sílabas iniciais das palavras "**ca**ptar, **ma**turar e **di**sponibilizar", para uma reflexão sobre o que, quando e onde estamos atuando, a fim de melhorar a nossa empregabilidade.

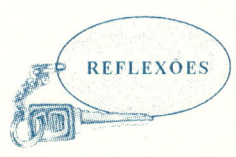

✓ A estratégia "CAMADI" é uma metodologia que nos incentiva para o aprender a aprender, visando a aumentar a nossa capacidade de gestão?

✓ O que aprendemos diariamente é direcionado para agregar valores nas relações cotidianas com o nosso público-alvo?

1.1 Conceituação do Check-List "DO JOB"
(ANÁLISE DO DESEMPENHO ORGANIZACIONAL)

Pesquisas bibliográficas, envolvendo as montadoras de veículos de 1900 até a atualidade, tendo como foco principal as ações estratégicas praticadas pelos Gestores, Gurus e Gênios da GM, Ford, Toyota, VW, Chrysler, Renault-Nissan e outras, possibilitaram a identificação e seleção das cinco ferramentas administrativas:

D	**Downsizing** Redução da Burocracia	**Gestão de Talentos**
O	**Outsourcing** Parcerias, Terceirização	**Gestão de Processos**
J	**Just in Time** Redução dos Desperdícios	**Gestão de Lojística**
O	**Objective** Agendamento das Metas	**Gestão de Metas**
B	**Benchmarking** Aprendizagem com o Mercado	**Gestão de Mercados**

Quadro 1: Ferramentas Administrativas.

1.1.1 Detalhamento de cada ferramenta

1.1.1.1 Downsizing (redução da burocracia)

Até a década de 1980, a estrutura organizacional gigantesca era sinônimo de grandeza e desempenho. Destaca-se o organograma da General Motors, cheio de chefes, diretores, gerentes e assessores, que era exibido como modelo de eficiência e poder. Em função da globalização, concorrência acirrada e necessidade de maior rapidez na tomada de decisão, as organizações priorizaram o Downsizing, visando à redução dos níveis hierárquicos e, conseqüentemente, dos custos.

É uma técnica que prioriza a racionalização da empresa, voltada para eliminar o excesso de burocracia que impede as informações de fluirem rapidamente com eficácia. Deve ser planejada de forma a promover a sinergia dentro da empresa.

Evidencia Davenport[2] que *"as mudanças mais recentes na cultura organizacional tenderam para uma maior delegação de poderes e participação nas decisões, e comunicações mais abertas, menos hierárquicas"*. No novo paradigma, todos são responsáveis pela realização das metas da organização e os chefes coordenam os processos decisórios.

Palavras-chave: Enxugamento da hierarquia, descentralização, delegação, concorrência acirrada, redução de custos, empowerment, outplacement, feedback.

Amplitude do Downsizing	
Empowerment	Delegação de poder ou autoridade para subordinados.
Outplacement	Muitas organizações antes de demitir executivos planejam sua recolocação no mercado.
Feedback	Os funcionários devem ter liberdade para solicitar treinamento técnico e administrativo para melhor desempenhar suas funções.

Quadro 2: Amplitude da Conceituação Downsizing.

Reflexão do Downsizing:

"Não conheço a chave para o sucesso, mas a chave para o fracasso é tentar agradar a todo o mundo."

Bill Cosby

---

[2] DAVENPORT, Thomas H. *Reengenharia de Processos*. Rio de Janeiro: Campus, 1994.

1.1.1.1.1 Aplicações do Downsizing

Um gênio brasileiro na Nissan-Renault
O projeto envolvia: a diminuição da estrutura hierárquica para a demissão de 21 mil funcionários; delegação de mais autoridade aos diretores; desempenho dos funcionários no tocante à tomada de decisão.

Projeto Saturn
Foi priorizada a descentralização do processo decisório, com uma estrutura hierárquica enxuta. O envolvimento da equipe de trabalho na criação de novos modelos de veículos foi o ponto forte do Projeto Saturn.

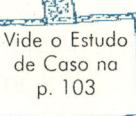

Mustang: Uma lição de Marketing
Lee Iacocca motivou seus colaboradores para a geração de idéias visando à formatação do projeto Mustang. A descentralização do processo decisório, coordenado por Iacocca foi responsável pelo sucesso de veículo, levando-o à presidência da Ford.

Gestão de Talentos – Diferencial da Toyota
Funcionários "386", acomodados, alienados e muitas vezes revoltados com a própria organização. Foi preciso rever a estrutura hierárquica, eliminar burocracia, descentralizar o processo decisório.

Como era a Gestão do Passado	Como ficou a Gestão do Presente
O protecionismo ocasionou demanda sempre crescente, mas também custos desnecessários. A estrutura hierárquica era excessiva e a tomada de decisão morosa.	O aumento da concorrência exigiu das organizações a eliminação da burocracia desnecessária para reduzir custos e dar maior velocidade ao processo decisório.

A empresa "GRV" foi adquirida por empresários brasileiros que mudaram sua cultura. Foi priorizada a Gestão Orçamentária, porém as metas planejadas não eram definidas de forma participativa. A estrutura hierárquica foi totalmente reformulada com a criação de cargos desnecessários.

1.1.1.2 Outsourcing (parcerias, terceirização, quarteirização)

A nova relação comercial, chamada de terceirização ou parceria, tem possibilitado excelentes resultados para as organizações. As atividades consideradas "fins" são realizadas pela empresa, enquanto as atividades "meio" são transferidas para fornecedores-parceiros. A parceria com fornecedores é o diferencial das organizações que estão se destacando na atualidade, porque possibilita maior concentração nas atividades que agregam valor para o público-alvo.

Segundo Maximiano[3], a Volkswagen investiu 4,5 milhões de dólares na fábrica de Resende, para aumentar sua participação no mercado de ônibus e caminhões. O Consórcio Modular levou, para dentro da VW, fornecedores-parceiros de autopeças. Assim, ao invés da montadora juntar várias peças para fazer um conjunto, no Consórcio Modular sete parceiros/modulistas se responsabilizam pela fabricação dos auto-sistemas e da montagem total dos veículos (o que é definido por alguns estudiosos como quarteirização). A VW executa somente os testes finais de qualidade.

A General Motors, com seu Condomínio Industrial em Gravataí-RS, terceirizou, também, a fabricação das peças do modelo Celta, em poucos fornecedores no seu Parque Industrial. Com isso, reduziu os custos diretos e indiretos de fabricação.

Palavras-chave: Terceirização, parceria, quarteirização, nova relação comercial, condomínios industriais, feedback.

Amplitude do Outsourcing	
Condomínios Industriais	Fornecedores de autopeças se instalaram no parque industrial da montadora para atendimento exclusivo de suas necessidades.
Outsourcing Radical ou Quarteirização	A VW de Resende-RJ terceirizou todas as operações produtivas da organização. Os fornecedores-parceiros passaram a ser responsáveis pela fabricação do produto final.
Feedback	As empresas terceirizadas devem participar do planejamento estratégico da organização.

Quadro 3: Amplitude da concentração Outsourcing.

Reflexão do Outsourcing:

"Uma máquina pode fazer o trabalho de 50 pessoas comuns. Nenhuma máquina pode fazer o trabalho de uma pessoa extraordinária."

Elbert Hubbard

---

[3] MAXIMIANO, Antonio César Amaru. *Teoria Geral da Administração: Da Escola Científica à Competitividade na Economia Globalizada.* São Paulo: Atlas, 2000, p. 507.

1.1.1.2.1 Aplicações do Outsourcing

A VW e o Consórcio Modular
A fábrica de Resende foi a primeira fábrica do mundo que transferiu a montagem de seus veículos, ônibus e caminhões aos fornecedores instalados em sua unidade produtiva.

Desafio Fiat no Brasil
A aproximação da Fiat e da GM possibilita a reflexão sobre as atividades "fim" e "meio". A empresa que tiver melhor desempenho realiza as operações produtivas, específicas, visando à redução de custos.

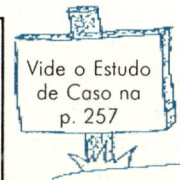

Por que a GM, em 2000, deixou de ser criativa?
É preciso muita agilidade para acompanhar as oportunidades mercadológicas, através de parcerias com fornecedores para as atividades "meio", geralmente, com custo operacional menor.

E-Commerce Une Montadoras
Com a Daimler-Chrysler interessada na informatização e integração de montadoras, projeto envolvendo 240 bilhões de dólares/ano e 90 mil empresas no mundo, priorizou a parceria com a GM e Ford.

Como era a Gestão do Passado	Como ficou a Gestão do Presente
Processos produtivos em grande escala eram "empurrados" para o mercado. As parcerias não eram priorizadas porque a demanda sempre crescente garantia a lucratividade das organizações.	Integração de toda a cadeia produtiva, envolvendo fornecedores-parceiros. A troca de experiências possibilitou a redução dos custos e o aprimoramento dos processos fabris.

Com o retorno financeiro do modelo "T", o objetivo de Ford era verticalizar todos os processos fabris e produzir todos os componentes envolvidos na sua organização.

1.1.1.3 Just in Time (redução dos desperdícios)

O principal objetivo do Just in Time é a redução do volume de estoque e dos tempos de fabricação. Conforme Taiichi Ohno[4]: *"A base do Sistema Toyota de Produção é a absoluta eliminação do desperdício. O método Just in Time significa, bem na hora, no momento certo, sincronizado com a real necessidade do recurso envolvido"*. Essa metodologia evidencia a importância do melhoramento contínuo da cadeia produtiva e administrativa.

A Toyota desenvolveu o Just in Time para coordenar o fluxo produtivo, diferente do que era praticado pelas organizações americanas que conviviam com desperdícios e os repassavam para os consumidores. O sucesso da Toyota influenciou diversas organizações para a eliminação das ingerências no abastecimento das linhas produtivas, na gestão de estoques desnecessários e na fabricação de peças defeituosas.

Como exemplo podemos destacar o Projeto Just in Time da Fiat, chamado "Mineirização", que incentivou os fornecedores a se instalarem nas proximidades de sua unidade produtiva, para o abastecimento com periodicidade programada, resultando na redução de custos. Nos processos administrativos e comerciais, o Just in Time trabalha para eliminar as filas com atendimentos morosos, incompatíveis com as expectativas dos clientes.

Palavras-chave: Eliminação dos desperdícios, sincronização dos processos, redução dos estoques, reengenharia, gargalos operacionais, feedback.

Amplitude do Just in Time	
Reengenharia	Redesenho dos processos da organização para a redução dos desperdícios.
Teoria das Restrições	Identificação e eliminação dos gargalos, que comprometem a performance da organização.
Feedback	Valorizar as sugestões apresentadas para a eliminação dos desperdícios da cadeia produtiva e de serviços.

Quadro 4: Amplitude da conceituação do Just in Time.

Reflexão do Just in Time:
"Toda idéia brilhante de hoje já foi uma idéia impraticável no passado."
Bill Gates

---

[4] OHNO, Taiichi. *O Sistema Toyota de Produção: Além da Produção em Larga Escala*. Porto Alegre: Artes Médicas, 1997, p. 25.

1.1.1.3.1 Aplicações do Just in Time

Um Gênio Brasileiro na Nissan-Renault
Com a capacidade de convencimento de Carlos Ghosn, foi possível salvar a Nissan, reduzindo os desperdícios da cadeia produtiva.

Projeto Saturn
Taiichi Ohno estudou os processos industriais americanos e trabalhou para a eliminação dos fatores restritivos, envolvendo estoques desnecessários, elevado percentual de defeitos e morosidade na troca das ferramentas.

Operação Recall
Componentes com problemas de qualidade, identificados somente na fase final do fluxo fabril ou após a comercialização, comprometendo a imagem da organização.

O Livro de 5 milhões de dólares
Henry Ford, no início do século XX, conseguiu eliminar os desperdícios do sistema fabril artesanal. A produção em série foi a grande contribuição de Ford para a produtividade das organizações.

Como era a Gestão do Passado	Como ficou a Gestão do Presente
Os desperdícios com os estoques desnecessários e tempos de espera não eram questionados. A falta de concorrência permitia a transferência dos custos extras para os consumidores.	Eliminação de desperdícios com estocagens indevidas de componentes e produtos acabados. Agilização das trocas de ferramentas (*setup*) e eliminação da fabricação defeituosa.

A P&L nunca conseguiu produzir dois carros idênticos, face às limitações técnicas e administrativas. Os fornecedores não utilizavam a metrologia para a medição das peças necessárias, dificultando o encaixe das mesmas.

1.1.1.4 Objective (agendamento dos objetivos organizacionais)

A Administração por Objetivos (APO) surgiu em 1954, com o Livro de Peter Drucker[5] *Introdução à Administração*, relatando sua experiência na General Motors Corporation. A montadora, através da APO, procurou evidenciar que uma meta tem que ser factível, mensurável, programada de forma participativa e os meios para sua realização devem estar disponíveis aos responsáveis pela sua execução.

Para a Administração por Objetivos, com eficácia, a gerência de cúpula deve dar o primeiro exemplo, em termos de comprometimento com as metas planejadas, disciplina para a identificação dos *déficits* e ações coerentes para o reconhecimento dos responsáveis. De acordo com Ohno[6], *"para cada problema, precisamos ter uma medida de combate específica. Uma afirmação vaga de que o desperdício precisa ser eliminado... não irá convencer ninguém"*. É preciso identificar os problemas mais relevantes, estudar suas causas e apresentar propostas coerentes para a maximização da performance organizacional.

Dentro da metodologia Objective, ou APO, deve-se envolver a gestão orçamentária, através da formalização das metas financeiras para cada departamento da organização. A APO é também chamada de Gestão à Vista. A transparência das metas agendadas e a coerência na apuração dos resultados conquistados são os diferenciais dessa metodologia de gestão.

Palavras-chave: Meta factível e mensurável, planejamento participativo, gestão orçamentária, feedback.

	Amplitude do Objective
Orçamento	Planejamento financeiro: definição das despesas, receitas e investimentos de todas as áreas da organização.
Gestão à Vista	Divulgação das metas planejadas, para que os envolvidos possam persegui-las.
Feedback	Participação de todos os envolvidos na elaboração do planejamento orçamentário.

Quadro 5: Amplitude da conceituação do Objective.

Reflexão do Objective:
"A direção é mais importante que a velocidade."

Roberto Scaringella

---

[5] DRUCKER, Peter F. *Inovação e Espírito Empreendedor.* 3ª edição. São Paulo: Pioneira, 1987.
[6] OHNO, Taiichi. *O Sistema Toyota de Produção: Além da Produção em Larga Escala.* Porto Alegre: Artes Médicas. 1997, p. 124.

Capítulo I: Metodologias Adotadas **13**

1.1.1.4.1 Aplicações do Objective

Vide o Estudo de Caso na p. 103

Mustang: Uma Lição de Marketing
O novo modelo de carro teria um capô longo, a traseira curta, quatro lugares e um preço máximo de 2,5 mil dolares. Devia possuir *glamour*, tanto para encontros sociais como para *status* no trabalho.

Processos Produtivos das Montadoras
A meta da Ford era a integração vertical de sua cadeia produtiva. Assim, o minério de ferro era extraído e incorporado no produto final (modelo "T") em, apenas, três dias.

Vide o Estudo de Caso na p. 208

Vide o Estudo de Caso na p. 216

O Maior Vendedor de Carros do Mundo
Saiba o que realmente deseja, estabeleça prazos factíveis para os mesmos. Tenha metas desafiadoras.

Montadoras Escutam os Consumidores
A Toyota tinha como meta organizacional surpreender os consumidores. Essa estratégia possibilitou a conquista de novos mercados, incluindo os EUA.

Vide o Estudo de Caso na p. 266

Como era a Gestão do Passado	Como ficou a Gestão do Presente
A comercialização garantida dos produtos fabricados permitia que muitos gestores focalizassem metas pessoais, prejudicando a organização.	A concorrência acirrada exige a definição das metas organizacionais de forma participativa. Nenhum departamento isolado é capaz de atender as expectativas dos consumidores.

IMPLEMENTAÇÃO DA METODOLOGIA OBJECTIVE — SIM ☐ NÃO ☑

As metas da Fiat italiana eram planejadas sem a participação dos gestores da empresa e, quando não realizadas, o acompanhamento era negligenciado.

1.1.1.5 Benchmarking (aprendizagem com o mercado)

O Benchmarking consiste em estudar empresas que realizam algo inovador, imitando, dentro do possível, suas ações. Trata-se de um processo de comparação das práticas de uma organização com as líderes mundiais, no sentido de obter informações que possam ajudar a melhorar o seu nível de desempenho.

Cita-se a produção, em série, desenvolvida pela Ford Motor Company e o sistema produtivo e enxuto da Toyota, que todos procuram copiar por terem se tornado exemplos bem-sucedidos.

De acordo com Ohno[7]: *"A ferramenta utilizada para operar o Sistema Toyota de Produção é uma idéia que tirei dos supermercados americanos."* O abastecimento dos gêneros alimentícios, somente quando requisitados pelos clientes, é um modelo eficaz de reposição de estoques de um supermercado. Esse método serviu de inspiração para Ohno implantar o Just in Time da Toyota. Muitos especialistas definem o Benchmarking "além das fronteiras", quando idéias de um segmento são copiadas e **implementadas em outros**.

Palavras-chave: Aprender com o mercado, estudar estratégias implementadas pelos concorrentes e empresas "além das fronteiras", marketing integrado, feedback.

Amplitude do Benchmarking	
Benchmarking Além das Fronteiras	Aprendizagem com qualquer segmento organizacional para melhor performance da empresa.
Marketing Integrado	Integração de todos os departamentos de uma organização, para a realização das metas planejadas.
Feedback	Receber críticas do mercado sem resistência. Permitir que os clientes falem, falem, falem... .

Quadro 6: Amplitude da conceituação do Benchmarking.

Reflexão do Benchmarking:
"O analfabeto do século XXI não será aquele que não conseguir ler ou escrever, mas aquele que não puder aprender, desaprender e, por fim, aprender de novo."

Alvin Toffler

---

[7] OHNO, Taiichi. *O Sistema de Produção: Além da Produção em Larga Escala.* Porto Alegre: Artes Médicas, 1997, p. 44.

1.1.1.5.1 Aplicações do Benchmarking

Projeto Saturn
A Toyota tinha como desafio organizacional a qualidade. Assim ela contratou, na década de 50, os especialistas americanos Walter Shewhart, Edwards Deming e Joseph Juran. Com o aprendizado, ela superou os concorrentes na década de 70.

Vide o Estudo de Caso na p. 99

Mustang: Lição de Marketing de Lee Iacocca
Para a definição do projeto Mustang, Iacocca preocupou-se em levantar as informações disponíveis no cenário mercadológico, envolvendo os pontos fortes dos concorrentes e expectativas dos consumidores.

Vide o Estudo de Caso na p. 103

ALCOA/AFL: Aprendizagem com os Japoneses
O Sistema de Produção Enxuto da Toyota, baseado na Qualidade Total, foi estudado, analisado e copiado por milhares de corporações no últimos anos.

Vide o Estudo de Caso na p. 108

Montadoras Escutam os Consumidores
Aproveitando as estratégias utilizadas por outras organizações, a VW selecionou cerca de 500 pessoas para escolherem as cores dos carros da linha 2004.

Vide o Estudo de Caso na p. 266

Como era a Gestão do Passado	Como ficou a Gestão do Presente
O aprendizado com outras organizações não era necessário. Como a comercialização estava assegurada, as empresas criaram a cultura de acomodação.	A condição *sine qua non* da atualidade é a aprendizagem. Aprender com outras empresas a divulgar os produtos fabricados e identificar os nichos de mercado são os diferenciais competitivos.

IMPLEMENTAÇÃO BENCHMARKING DA METODOLOGIA — SIM ☑ NÃO

Com o sucesso do modelo "T", Henry Ford ficou muito rico e famoso. Porém, ele deixou de aprender com o mercado e aceitar sugestões de seus colaboradores. Esse erro gerencial é chamado, por especialistas, de "miopia mercadológica".

A análise da gestão de pessoas, logística, orçamentos e mercado nos possibilita uma reflexão sobre o desempenho dos departamentos de uma organização. Observar que o "feedback" foi inserido na amplitude da conceituação de todas as ferramentas de gestão, face à sua importância. Feedback como liberdade para solicitar treinamento, para participar do processo decisório, para minimizar desperdícios, para criticar, para apresentar novos nichos de mercado e para tranformar o ser humano em cabeça pensante da organização.

1.1.2 Resumo das Ferramentas do Check List "DO JOB"

	CONCEITUAÇÃO BÁSICA	GESTÃO DE	AMPLITUDE DA CONCEITUAÇÃO
D	**DOWNSIZING** Eliminação da burocracia desnecessária; descentralização e delegação para maior rapidez na tomada de decisão e redução de custos.	TALENTOS	✓ Empowerment ✓ Outplacement ✓ Feedback
O	**OUTSOURCING** Terceirização das operações "meio" para a realização das atividades "fim" com maior eficácia e redução dos desperdícios	OPERAÇÕES E SERVIÇOS	✓ Condomínio Industrial ✓ Outsourcing Radical ✓ Feedback
J	**JUST IN TIME** Eliminação dos desperdícios com estocagens desnecessárias, tarefas que não agregam valor e logística ineficaz.	MATERIAIS E LOGÍSTICA	✓ Reengenharia ✓ Teoria das Restrições ✓ Feedback
O	**OBJECTIVE** Planejamento participativo para maior comprometimento dos envolvidos visando a realização dos objetivos.	OBJETIVOS E DIRETRIZES	✓ Orçamentos ✓ Gestão à Vista ✓ Feedback
B	**BENCHMARKING** Aprendizagem através das estratégias praticadas com sucesso por outras empresas e implementação coerente na organização.	MERCADOS E OPORTUNIDADES	✓ Benchmarking Além das Fronteiras ✓ Marketing Integrado ✓ Feedback

Quadro 7: Conceituação e Amplitude

É importante destacar que as metodologias priorizadas neste livro podem ser estudadas sob a ótica da "Gestão do Passado e do Presente". No passado, em função da procura ser superior à oferta e ausência do processo de concorrência, as organizações estavam acomodadas. O acirramento da concorrência tem exigido, na atualidade, a aplicação de metodologias de gestão, para a sobrevivência das organizações.

GESTÃO DO PASSADO (ACOMODAÇÃO)	GESTÃO DO PRESENTE (MUTAÇÃO)
DOWNSIZING	**DOWNSIZING**
O protecionismo proporcionou demanda sempre crescente, mas também custos desnecessários. A estrutura hierárquica era excessiva e a tomada de decisões morosa.	O aumento da concorrência exigiu das organizações a eliminação da burocracia desnecessária para reduzir custos e dar maior velocidade ao processo decisório.
OUTSOURCING	**OUTSOURCING**
Produtos fabricados em grande escala eram "empurrados" para o mercado. As parcerias não eram priorizadas porque a demanda sempre crescente garantia a lucratividade das organizações.	O cenário competitivo exigiu a aproximação das empresas com seus fornecedores. A troca de experiências possibilitou a redução dos custos e aprimoramento contínuo dos processos fabris.
JUST IN TIME	**JUST IN TIME**
Os desperdícios com estoques desnecessários e tempos de espera não eram questionados. A falta de concorrência permitia a transferência dos custos desnecessários aos consumidores.	Os desperdícios com estocagens indevidas foram minimizados. Agilizaram-se as trocas de ferramentas (setup) e foi controlada a fabricação de peças defeituosas.
OBJECTIVE	**OBJECTIVE**
A comercialização garantida dos produtos fabricados permitia que muitos gestores focalizassem suas próprias metas, mesmo em detrimento da organização. O marketing pessoal era mais importante que o organizacional.	Definição das metas organizacionais elaboradas de forma participativa. Com a globalização, nenhum departamento isolado é capaz de atender as expectativas dos consumidores.
BENCHMARKING	**BENCHMARKING**
O aprendizado com outras organizações não era necessário, nem explorado. A comercialização dos produtos fabricados era efetivada sem muito esforço, porque a concorrência não era acirrada.	A condição *sine qua non* da atualidade é a aprendizagem com outras organizações. Aprender a divulgar os produtos fabricados e identificar nichos de mercado são os diferenciais das organizações competitivas.

Quadro 8: Gestão do Passado × Gestão do Presente.

1.1.3 Check-list "DO JOB" e as Organizações

Este check-list possibilita um paralelo com os departamentos "fim" de uma organização, envolvendo Recursos Humanos, Processos, Logística, Orçamentos e Marketing. A performance de uma organização depende da atuação dos gestores nesses setores estratégicos para a identificação dos pontos fortes e dos que precisam ser trabalhados.

> *Questionamento:*
> *A gestão do passado, envolvendo estrutura hierárquica excessiva, custos desnecessários, logística ineficaz, déficits orçamentários e miopia mercadológica ainda está presente nos processos decisórios das organizações?*

1.1.4 Check-list "DO JOB" e as Instituições de Ensino:

As disciplinas "fim" de um curso de Administração, envolvendo administração de Recursos Humanos, Processos, Materiais e Logística, Orçamentos e Marketing devem estar integradas, nas práticas pedagógicas, para facilitar o processo de aprendizagem dos discentes.

> *Questionamento:*
> *Os alunos que concluem o curso de Administração têm, realmente, conhecimentos sólidos em ferramentas de gestão, com habilidades para implementar seus conceitos nas organizações?*

Reflexões:

A Ford, nos anos 20, por excesso de centralização do processo produtivo e insistência na repetição do modelo "T", foi severamente punida pelo mercado. A General Motors, nessa década, tornou-se uma potência mundial porque acreditou nos talentos internos da organização, priorizou o trabalho participativo. Segredo da GM: trabalho em equipe, tendo como princípio metas mensuráveis e um controle eficaz sobre os resultados conquistados.

Os empreendedores do presente estão sintonizados com os movimentos de reestruturação da cadeia produtiva e serviços, visando à maximização de suas relações com os fornecedores e consumidores?

1.1.5 Figuras "DO JOB" exploradas neste livro

O Check-list "DO JOB" foi formatado para facilitar a memorização das metodologias de gestão selecionadas. Foram criadas três figuras para melhor explicar a aplicabilidade de seus conceitos.

1ª Figura "DO JOB": Metodologias Exploradas

As cinco metodologias utilizadas no check-list "DO JOB" são exploradas em todos os capítulos e nos estudos de casos. O objetivo é facilitar a associação da figura com o texto selecionado. As figuras podem variar conforme abaixo:

Quando o parágrafo grifado abordar, por exemplo, o conceito da Metodologia "Downsizing", esta figura estará disponível no texto ao lado.

2ª Figura "DO JOB": Qual a Metodologia?

Neste caso, apesar do texto estar grifado, a figura "DO JOB" ao lado, não define a metodologia trabalhada, cabendo ao leitor defini-la (vide p. 22).

3ª Figura "DO JOB": Implementação da Metodologia (Sim ou Não)

Esta figura pode variar conforme as cinco metodologias exploradas neste livro. A opção (sim ou não), conforme o texto em estudo, tem como objetivo estabelecer um paralelo com a gestão do passado e do presente (vide p. 22).

1.1.6 Aplicação Prática do Check-List "DO JOB"

Estudo de Caso 1
UM GÊNIO BRASILEIRO NA NISSAN-RENAULT

"A lealdade da Nissan foi comprovada através da colocação dos funcionários demitidos nos fornecedores."

Carlos Ghosn

A indústria automobilística japonesa Nissan passava por uma crise econômica mundial. Contratou, em 1999, o brasileiro Carlos Ghosn para elaborar um plano revitalizador da organização. O desafio proposto pelo novo *Chief Executive Officer* (CEO) da Nissan envolvia: diminuir a estrutura hierárquica da organização; delegar maior autoridade aos diretores; acompanhar, com mais precisão, o desempenho dos funcionários e os resultados da tomada de decisão; fechar cinco fábricas até 2002.

Foi preciso muita convicção e firmeza de propósitos. Elaborou-se, de forma participativa, o seguinte plano de metas: reduzir os custos em 20% nos próximos três anos; lançar 22 novos modelos até 2002; cortar o número de fornecedores pela metade.

De acordo com a declaração de Ghosn, à Revista Exame[8]: *"Se tentasse ditar as regras de cima para baixo, o tiro sairia pela culatra e todo o seu empenho só contribuiria para minar o moral e a produtividade dos empregados. Contudo, se comportasse passivamente, a empresa afundaria ainda mais."*

Alguns fatores complicavam a organização, como o emprego vitalício dos trabalhadores. O processo de promoção dentro da empresa era baseado na senioridade, contemplando, somente, a idade do funcionário. A Nissan foi a organização pioneira em quebrar essa tradição da cultura empresarial japonesa, pois Ghosn argumentou com muita propriedade que, se as dificuldades não fossem superadas, todos seriam prejudicados a longo prazo.

---

[8] GHOSN, Carlos. "Como salvar o negócio sem perder a empresa". *Exame Harvard Business Review*. São Paulo, abr. 2002, Abril. Vol. 764, p. 44-53.

Capítulo I: Metodologias Adotadas

Com muita habilidade, conseguiu demitir 21 mil funcionários, eliminar cargos desnecessários e descentralizar o processo decisório. A cultura de não-assumir responsabilidade pelo erro cometido estava presente em todos os departamentos. Se o desempenho da organização não atingia o esperado, o setor de vendas culpava o planejamento do produto. O planejamento responsabilizava a engenharia e a engenharia transferia o problema para compras. Compras culpava o financeiro, que apontava vendas, como gargalo operacional.

Conforme Ghosn, que chegou a ser chamado de *"matador de empregos"*, as pessoas, aos poucos, foram percebendo que não havia alternativa a não ser a demissão. Os japoneses são muito pragmáticos, querem ver os resultados. Meses após o lançamento do plano, quando os funcionários perceberam que os indicadores da Nissan estavam mostrando resultados surpreendentes, superando os concorrentes, passaram a acreditar nas mudanças.

Os trabalhadores da Nissan conheciam a realidade da organização. As dificuldades foram superadas, porque o plano recuperador priorizou capitalizar forças japonesas, envolvendo o senso de lealdade com os funcionários e fornecedores. As demissões foram praticadas pela Nissan através de medidas de compensação e acompanhamento, ajudando os trabalhadores a encontrarem outra colocação no mercado entre os fornecedores da cadeia de autopeças, seguindo o exemplo da Toyota. Isso explica por que as medidas foram bem aceitas.

No Japão, trabalho é trabalho e não se mistura com a vida pessoal ou lazer. Porém, depois da jornada, o japonês gosta de se divertir com a família. O latino é diferente, até para desenvolver amizades, no trabalho, e levá-las para o ambiente familiar. As estratégias planejadas pelos ocidentais são, praticamente, perfeitas porque há forte dosagem de criatividade e sutileza. Mas quando se trata de colocar em ação o que foi planejado, os orientais são mais eficientes.

Ghosn destaca que aceitou o desafio de trabalhar na Nissan porque a probabilidade de reverter a situação da organização era grande. Era uma companhia com credibilidade devido ao seu eficiente processo produtivo. A filial americana da Nissan, no Tennessee, era e é a mais produtiva dos Estados Unidos. A inglesa, na atualidade, é a melhor fábrica das montadoras européias. Em termos de tecnologia de ponta para a indústria automobilística, como transmissão e motorização, a Nissan é uma referência mundial. Faltava à Nissan priorizar ações fabris e comerciais praticadas por outras organizações.

Aos 48 anos, Carlos Ghosn pode ser considerado como um dos executivos brasileiros mais bem-sucedidos do capitalismo global. Foi criado no Líbano, estudou e trabalhou na França e nos Estados Unidos. De 1985 a 1989 foi diretor geral da Michelin. No início de sua carreira na Nissan, por priorizar o processo de demissão de funcionários, recebeu cartas anônimas ameaçando atentar contra a sua vida. Com capacidade de convencimento mostrou que a única forma de salvar a empresa era reduzindo os desperdícios da cadeia produtiva, para maior competitividade da organização.

Hoje ele é um herói, também com novo apelido – "seven eleven" – porque trabalha, diariamente, das 7 às 23 horas. No final de 2001, publicou um livro chamado *Aceitando o Desafio de Renascer*, fruto de seu aprendizado com o mercado, envolvendo suas relações com os fornecedores e com os concorrentes. Os editores acreditam que será um grande sucesso editorial no Japão.

Por ter vivido em vários países e com experiência em culturas diferentes, Ghosn pôde conduzir, habilmente, a queda deste paradigma japonês: "não se pode fechar fábricas no Japão nem demitir funcionários". O fator decisivo foi sua capacidade para convencer as pessoas, a fim de salvar a organização. É preciso adotar medidas inovadoras o tempo todo, envolvendo parcerias com os fornecedores, para a transferência das atividades "meio". A concentração nas atividades "fim" possibilita o atendimento às expectativas dos clientes com eficácia. O Brasil é um laboratório rico de informações com ambiente mercadológico mutável, pleno de oportunidades. A volatilidade da economia globalizada exige rapidez na tomada de decisão para aumentar a lucratividade das organizações.

Os funcionários japoneses trabalhavam sem a noção de lucro. Buscavam mais a superação do concorrente sem a preocupação com as reais necessidades dos consumidores. O crescimento da organização em 1999 foi lento, mas dentro das metas planejadas por ela. Não adiantava alavancar 20% nas vendas, sem a contrapartida do retorno, em termos de lucros reais. Por isso a montadora não ofereceu juro zero no financiamento aos consumidores.

Para Ghosn, o Brasil tem cenário econômico mutável, o que sempre exige inovação. A diversidade cultural ajuda a tomada de decisão, compatível com os desafios do mundo globalizado. Segundo ele, o fator imprescindível para o sucesso de uma organização é a capacidade dos seus gestores em se adaptarem aos cenários mutáveis que se apresentam. O "gênio" brasileiro foi promovido, em abril de 2003, a presidente da Renault, empresa francesa, acionista controladora da Nissan.

Capítulo I: Metodologias Adotadas 23

Enfoques Estratégicos:
✓ *Plano de metas participativo.*
✓ *Lealdade com os funcionários.*
✓ *Reduzir o número de fornecedores.*

Enfoques destacados neste Estudo de Caso para o paralelo com o check-list "DO JOB"

PARÁGRAFO EM ESTUDO	Ferramentas de Gestão Exploradas				
	D	O	J	O	B
... diminuir a estrutura hierárquica ...	X				
Foi preciso muita convicção ...				X	
Com muita habilidade conseguiu ...	X				
... capitalizar forças japonesas ...			X		
Mas quando se trata de colocar ...				X	
Com sua capacidade de ...			X		
No final de 2001 ...					X
É preciso adotar medidas ...		X			
O crescimento da organização				X	

Comentários:
Fica evidente que as ferramentas de gestão exploradas neste livro têm marcado o estilo de gestão do gênio brasileiro Carlos Ghosn. Ele está revolucionando a Renault-Nissan e, conseqüentemente, incomodando os concorrentes. Planejar de forma participativa para as responsabilidades coletivas é a receita das organizações vitoriosas. O cenário cada vez mais competitivo vem exigindo dos gestores, concentração nas ações que realmente agreguem valor às metas planejadas. Para quebrar paradigmas e romper o "status quo" da acomodação organizacional é necessária a definição transparente das metas e, posteriormente, concentração de esforços para a realização das mesmas.

Quadro 9: Respostas do Estudo de Caso 1

1.2 Conceituação do Método "CAMADI"
(análise da performance individual)

> *"Se você não for melhor que hoje no dia de amanhã, então para que você precisa do amanhã?"*
>
> **Rabbi Nahman Brastslav**

O acelerado processo de mudanças, em todos os segmentos organizacionais, tem exigido dos gestores eficácia na tomada de decisão. É preciso captar com sabedoria, as informações disponíveis no arcabouço cultural, interpretar com criatividade as novas tendências e agir com estratégia para agregarmos valor na cadeia produtiva em que estamos inseridos.

Conforme Womack[9]: *"nenhuma idéia surge do vácuo. Pelo contrário, novas idéias emergem de um conjunto de condições em que as velhas idéias parecem não mais funcionar."* As idéias ultrapassadas devem ser desprezadas e as emergentes estudadas para se explorar oportunidades interligadas. Saber diferenciar as informações ultrapassadas das emergentes é o diferencial dos empreendedores vitoriosos da atualidade.

Vive-se a era da informação e muitos questionamentos são feitos para diferenciá-la de um dado isolado. Por exemplo, ao termos conhecimento de que uma pessoa é apaixonada por Fórmula 1, pode significar apenas particularidade pessoal. Os empreendedores exploram, estrategicamente, essa informação em conhecimento para fins comerciais. Assim, maturam o que aprendem, transformando em oportunidades, aumentando com isso sua empregabilidade.

As três fases exploradas na Teoria dos Sistemas (entrada/transformação/saída de Ludwig von Bertalanffy) foram associadas à palavra "in+form+ação", correspondendo, respectivamente, a "captar", "maturar" e "disponibilizar". As iniciais das palavras <u>ca</u>ptar, <u>ma</u>turar e <u>di</u>sponibilizar foram utilizadas para formatar o método "CA+MA+DI", explorado neste livro com proposta pedagógica.

Conforme Araújo[10], no artigo "Para não dizer que não falei das oportunidades", esses conceitos foram detalhados para melhor compreensão da formatação do método "CAMADI". As informações vêm do arcabouço cultural/fonte de apren-

---

[9] WOMACK, Jones P. *A Máquina que Mudou o Mundo*. 13ª Edição. Rio de Janeiro: Campus, 1992, p. 7.
[10] ARAÚJO, Marco Antonio. "Para não dizer que não falei das oportunidades". *RAF – Revista Acadêmica da Faculdade Cenecista de Varginha – FACECA*, nº 1, Varginha, 2001, p. 68-78.

dizagem e, depois de "captadas" e "maturadas", são "disponibilizadas" para o ambiente mercadológico/pleno de oportunidades. As três fases da metodologia foram exploradas na página 24 e detalhadas a seguir:

1.2.1 Fase "IN"

É a captação quantitativa de dados disponíveis no ambiente mercadológico, para a ampliação do acervo cultural particular. Através de experiências vivenciadas em situações novas e estimuladoras, o acervo tende a se ampliar, possibilitando o crescimento do lastro cultural de importância vital para a maturação das idéias.

Reflexão da fase "in" – Captar:
"As coisas valem pelas idéias que nos sugerem."
Machado de Assis

1.2.2 Fase "FORM"

É a interpretação e seleção qualitativa para a transformação da informação em conhecimento. É a formatação de nova estrutura em termos de potencialidade para a tomada de decisões. Novos focos culturais se integram à base de conhecimento existente, estimulando nossos pensamentos para a criação de idéias de vanguarda.

Reflexão da fase "form" – Maturar:
"O homem livre é aquele que não tem medo de ir até o final de seu pensamento."
Leon Blum

1.2.3 Fase "AÇÃO"

Após captar, maturar e explorar os estímulos da criação, o ser humano precisa desenvolver a capacidade para a ação. As novas idéias precisam ser colocadas em prática. Elas devem ser precedidas das seguintes reflexões: É o momento oportuno? O ideal é agir com estratégia para que a ação implementada não seja inviabilizada por falta de coerência no contexto envolvido.

Reflexão da fase "ação" – Disponibilizar:
"O ideal é não esperar pelo momento ideal."
Daniel Dantas

O método "CAMADI" possibilita o paralelo com o desempenho dos empreendedores da atualidade e identifica os fatores que estão dificultando a maximização das oportunidades individuais. O grande diferencial da atualidade está na capacidade de manter-se "aberto" para o aprendizado, "captando" as informações disponíveis e agindo em sintonia com novos paradigmas. Os estudantes são privilegiados porque podem captar, diariamente, abordagens durante as práticas acadêmicas, para o aprimoramento contínuo, visando à conquista de oportunidades.

Se as "entradas" de informações forem interrompidas, certamente, a tomada de decisão não agregará o valor esperado pelo mercado. Para Peter Senge[11], além da organização que aprende, é preciso priorizar a aprendizagem dos gestores, para quebrar os paradigmas que não se adaptam aos cenários competitivos.

A maturação dos conhecimentos adquiridos possibilita reflexões para a transformação das informações coletadas, em propostas empreendedoras. Muitos profissionais, por morosidade e sonolência, têm dificuldade na maturação das informações captadas na velocidade esperada pelo mercado. O acirramento da concorrência, em todos os segmentos, exige, cada vez mais, postura profissional ousada, criativa e rápida, compatível com as expectativas dos clientes.

A disponibilização do que foi apreendido é o fator crucial para a maximização das oportunidades individuais. É a liberação dos "dons" individuais configurados para agregar valor à cadeia produtiva e administrativa em que estamos envolvidos.

Por que a cidade de Kyoto, lugar pacato e rural, considerada sagrada pelos japoneses, foi escolhida para produzir os bombardeiros usados na Segunda Grande Guerra? Quando o presidente dos EUA – Roosevelt – e sua esposa passaram férias em Kyoto, eles se apaixonaram pelas belezas da cidade. Quando veio a guerra, Roosevelt deu ordens para que Kyoto não fosse bombardeada. Essas informações chegaram ao conhecimento do Serviço Secreto do Japão, que decidiu construir uma fábrica de armamentos bélicos num lugar cuja segurança estava garantida.

Os Gestores, Gurus e Gênios das indústrias automobilísticas captaram informações disponíveis no arcabouço técnico e cultural. Maturaram e disponibilizaram, eficazmente, revolucionando o gerenciamento das organizações. O ambiente mercadológico, pleno de oportunidades, acolhe as idéias inovadoras em prol da evolução da ciência administrativa e crescimento das organizações.

---
[11] SENGE, Peter M. *A Quinta Disciplina*. São Paulo: Best Seller, 1999.

1.3 Gargalos Operacionais nas fases: "captar/maturar/disponibilizar"

A demonstração gráfica da Metodologia "CAMADI" demonstra que as fases captar, maturar e disponibilizar estão sendo exploradas com eficácia pelos empreendedores envolvidos. Porém, muitos gestores permitem que o processo sofra interrupções, dificultando o acesso às informações, não maturando com criatividade as novas tendências mercadológicas e negligenciando a tomada de decisão.

Essas ingerências, chamadas de "gargalos" operacionais, comprometem a performance individual, prejudicando o desempenho de gestores e organizações. Através da análise das fases "captar", "maturar" e "disponibilizar", podem-se identificar os fatores restritivos que estão comprometendo nossos fluxos de trabalho.

REFLEXÕES

- *Estamos captando e maturando com eficácia as informações mercadológicas? Disponibilizamos ações coerentes com as expectativas do nosso público-alvo?*

- *Onde estão localizados nossos principais "gargalos" operacionais?*

Urge a necessidade de reflexões quando os gargalos dominam os processos de trabalho dos gestores da atualidade. A metodologia "CAMADI" foi formatada para a identificação dos fatores restritivos que afetam o desempenho da matriz pessoal de cada gestor. Foram selecionadas ações estratégicas implementadas por alguns gênios da cadeia produtiva, para que os gestores do presente possam captar e maturar seus ensinamentos:

- **Carlos Ghosn:** Priorizou estratégias para quebrar paradigmas no tocante ao emprego vitalício e recuperar a Nissan, montadora japonesa parceira da Renault (vide p. 28).

- **Henri Fayol:** Questionou as faculdades de engenharia que priorizavam apenas o ensino das matemáticas superiores, não dando importância às metodologias de gestão (vide p. 33).

- **Frederick Taylor:** Estudou, cientificamente, processos de trabalho para a padronização da seqüência operacional e maior produtividade (vide p. 45).

- ✓ **Henry Ford:** Superou os fatores restritivos da produção artesanal. Com a metrologia e intercambialidade criou a primeira linha de produção em massa (vide p. 48).

- ✓ **Alfred Sloan:** Departamentalizou a estrutura organizacional da GM e priorizou a descentralização do processo decisório (vide p. 64).

- ✓ **Taiichi Ohno:** Criou Sistema Produtivo Enxuto da Toyota, eliminando os desperdícios instalados nos processos fabris americanos (vide p. 75).

1.4 O Gênio Carlos Ghosn e o Método "CA+MA+DI"

"In+Form+Ações" exploradas pelo gênio Carlos Ghosn que possibilitaram a recuperação da Nissan.

FASE "IN"	FASE "FORM"	FASE "AÇÃO"
Arcabouço cultural disponível explorado por Ghosn;	Formatação das informações disponíveis por Ghosn	Ações implementadas e resultados obtidos por Ghosn
➢ Carlos Ghosn, conhecendo o principal problema da Nissan: o emprego vitalício, priorizou o enxugamento da estrutura hierárquica visando à redução de custos. ➢ Explorou, também, ações estratégicas utilizadas por outras organizações, para se eliminar o medo de assumir o erro cometido. A falha era transferida para outro setor da organização. ➢ Falta criatividade aos gestores da organização.	➢ Ghosn maturou o problema e argumentou, aos funcionários da Nissan, que se alguns não fossem demitidos, para maximizar a competitividade da organização, todos seriam prejudicados. ➢ A empresa, certamente não sobreviveria à concorrência internacional, face à defasagem dos produtos produzidos. ➢ A criatividade e a ousadia foram valorizadas por Ghosn para se buscar o diferencial mercadológico.	➢ Através do planejamento participativo, o enxugamento da estrutura hierárquica foi aprovado. ➢ A lealdade com os funcionários foi vivenciada por todos porque, a Nissan priorizou a recolocação dos demitidos nos fornecedores da cadeia produtiva. ➢ A cultura de assumir o erro cometido foi valorizada por todos os executivos da organização porque Ghosn deu segurança aos trabalhadores da Nissan.

Resultado:
Ghosn quebrou vários paradigmas da empresa japonesa, e, hoje, é o presidente da Renault, organização francesa acionista controladora da Nissan.

Quadro 10: Carlos Gosh e o Método "CAMADI".

1.5 O Método "Camadi" e as Indústrias Automobilísticas

Na década de 1910, depois de captar as informações dos sistemas de fabricação artesanal, Ford maturou os principais fatores restritivos e colocou em ação metodologias que revolucionaram os fluxos de fabricação. Henry Ford foi um gênio porque criou a primeira linha de produção em massa móvel da indústria automobilística.

O sistema fabril seriado foi possível porque Ford explorou os ensinamentos de Taylor, e, de 1903 a 1908, formatou novos processos produtivos. Padronizou as operações fabris, com um seqüenciamento otimizado para a montagem dos veículos e dos componentes, através da metrologia e possibilitou a maximização da cadeia produtiva.

O processo de montagem tornou-se mais produtivo porque eliminou os reparos e ajustes necessários para o perfeito encaixe de uma peça com outras. Com esse grande feito, ele pôde criar a linha de montagem móvel, reduzindo, drasticamente os tempos até então consumidos, e colocar no mercado o modelo "T", a preços imbatíveis.

Henry Ford, o gênio da Indústria Automobilística, conquistou o mercado americano e implantou unidades produtivas em 19 países. Porém, na década de 1920, não explorou o método "CAMADI", porque seu estilo centralizador não permitiu que captasse e maturasse as novas tendências do mercado. Conseqüentemente, as ações disponibilizadas não foram aprovadas pelo mercado.

Alfred Sloan, da General Motors, flexibilizou a linha de montagem. Percebendo que era preciso estruturar modelos de gestão eficazes, priorizou a descentralização para maior rapidez na tomada de decisão. Valorizou o feedback do mercado, lançou modelos de veículos que encantaram os consumidores. Sloan captou os erros estratégicos de Ford, maturou e agiu de forma ousada e criativa, transformando a GM na maior montadora do mundo.

A Toyota que, desde a Segunda Guerra Mundial, vinha captando, maturando e disponibilizando ações práticas para a eliminação dos desperdícios da cadeia produtiva, estava preparada para enfrentar a crise do petróleo. Taiichi Ohno, o gênio da montadora, implementou o Modelo Produtivo Enxuto e encantou os americanos e europeus porque os veículos exportados, além de econômicos, tinham preços competitivos, design avançado e qualidade superior.

Com a abordagem da metodologia "CAMADI", é possível estudar o pensamento administrativo, através das ferramentas exploradas pelos gestores, gurus e gênios da Ford, GM, Chrysler, Toyota, VW, Nissan, Fiat, Renault. Em 1973, o aumento do preço do barril de petróleo, de 2 para 22 dólares, direcionou os consumidores a abolirem os carros "bebedores" de gasolina e a priorizarem os veículos econômicos.

Os carros econômicos da Toyota invadiram os mercados americano e europeu porque o gênio da Toyota, Taiichi Ohno, preparou-se para as novas exigências mercadológicas. Através da metodologia "CAMADI", podemos observar que ele captou com inteligência, maturou com perseverança e disponibilizou com maestria, automóveis com design avançado e preços competitivos, que encantaram os consumidores.

O estudo da evolução do pensamento administrativo das indústrias automobilísticas possibilita as seguintes reflexões:

- ✓ Alfred Sloan, o gênio da GM, em 1920, contrariando o estilo gerencial de Ford, priorizou a administração por objetivos com metas mensais mensuráveis. Se os indicadores mostrassem um desempenho insuficiente, o gestor envolvido era substituído.

- ✓ O gênio da Toyota, Taiichi Ohno, através das constantes visitas a outras montadoras, captou modelos de gestão das organizações americanas e maturou os principais fatores restritivos instalados na cadeia produtiva. Posteriormente, disponibilizou o Sistema Produtivo Enxuto Toyota, quebrando os paradigmas da época.

- ✓ Robert Eaton, presidente da Chrysler, captou idéias do guru Iacocca, para a descentralização da estrutura hierárquica e explorou, com sucesso, em 1994, modelos de gestão que ampliavam a autoridade dos funcionários para a tomada de decisão mais rápida.

- ✓ Entre 1900 e 1920, foram criadas nos EUA aproximadamente 200 fábricas de automóveis. Por que na década de 1950, apenas a Ford, a GM e a Chrysler sobreviveram?

- ✓ A metodologia "CAMADI" pode nos dar subsídios para compreender como foi a captação, maturação e disponibilização das ações estratégicas realizadas pelos gestores, gurus e gênios das organizações que sobreviveram?

O método "CAMADI" está presente na história das organizações, porque seus gestores, gurus e gênios souberam captar, maturar e disponibilizar, com eficácia, o que foi aprendido, resultando num diferencial mercadológico.

1.6 Aplicação do Método "CAMADI"

1.6.1 Henri Fayol e as Escolas de Engenharia

Fayol, no início do século XX, deu importantes contribuições para a evolução da administração. Enquanto Frederick Taylor criou metodologias para transformar as operações produtivas em processos científicos, matematicamente mensuráveis, para se eliminar o empirismo e a falta de condições para o planejamento eficaz, Fayol, mesmo sendo engenheiro, criticava, veementemente, o ensino ministrado pelas escolas de engenharia e sua aplicabilidade no mercado de trabalho.

Pierre Morin, no prefácio do livro de Fayol, destaca a crítica do autor ao ensino ministrado nas escolas de engenharia[12]: *"Abusa-se da matemática na crença de que, quanto mais a dominamos, mais aptos estamos para gerir os negócios, e de que seu estudo, mais que qualquer outro, desenvolve e retifica a capacidade de julgar. Trata-se de erros que causam grandes prejuízos ao nosso país; parece-me útil combatê-los".*

Fayol era contrário à afirmação de que *"o valor dos engenheiros e dos chefes de indústrias está diretamente relacionado ao número de anos que consagram ao estudo das matemáticas"*. Sensibilizado com o exclusivismo da cultura matemática da maioria dos alunos das grandes escolas de engenharia e com a incultura em ciências políticas, econômicas e sociais, ele destaca: *"... os chefes de indústria e os engenheiros... têm necessidade de saber falar e escrever;... a regra de três sempre bastou aos homens de negócios. A iniciativa, a energia, a coragem de assumir responsabilidades são qualidades muito mais necessárias..."*

> *"Engenharia de Produção não é uma tecnologia parcial de produção, mas sim, uma tecnologia total atingindo toda empresa... diretamente ligada ao gerenciamento."*
>
> **Taiichi Ohno**

De forma polêmica conclui ainda Fayol: *"Uma longa experiência pessoal ensinou-me que o emprego das matemáticas superiores é inútil para gerir os negócios."* Conforme Pierre Morin, diretor adjunto do Instituto para o Desenvolvimento de Recursos Humanos da Empresa de Paris, pesquisas recentes sobre a atividade concreta e emprego do tempo dos dirigentes confirmaram o ponto de vista de Fayol.

---
[12] FAYOL, Henri. *Administração Industrial e Geral.* 9ª Ed. São Paulo: Atlas, 1981, p. 15.

Fayol pregava formação equilibrada e adaptada. Desejava que os programas de matemática fossem reduzidos e que se introduzissem, no ensino de engenheiros, noções de administração. Dessa forma, evidenciava-se Fayol como um dos criadores da administração.

A Gestão das Organizações está sujeita a eventos que, por sua vez, não podem ser previstos. Urge a necessidade de utilizarmos metodologias que integrem os departamentos para maior eficácia na tomada de decisão.

> *"Aprendi nas aulas poucas coisas que uso até hoje. Teriam sido mais úteis aulas de culinária, nutrição e primeiros socorros do que latim, trigonometria e teoria dos conjuntos."*
>
> **Stephen Kanitz**

A globalização da economia, a concorrência internacional, a velocidade das mudanças cada vez mais acentuadas. O jogo de interesses das grandes multinacionais e as decisões governamentais provocam efeitos imprevisíveis, liquidando a teoria do equilíbrio, estudadas pelas teorias matemáticas superiores. Conseqüentemente, desabrocha a Teoria do Caos, gerando instabilidade em todos os segmentos da cadeia de produção e serviços.

Conforme declarações de Carlos Ghosn, Diretor da Nissan à Revista Exame, os problemas humanos causados pela cultura instalada na organização podem enriquecer a abordagem da imprevisibilidade, do não-planejado e da desordem entrópica. Destaca Ghosn[13]: *"Na Nissan, quando o desempenho da empresa era sofrível, a culpa recaía sobre alguém. Vendas culpava o planejamento do produto, que culpava a engenharia, que transferia o problema para a manutenção..."* Como resolver esse problema cultural matematicamente? Teoria do Caos, a imprevisibilidade e a mutação são referenciais do novo milênio. É preciso captar essas configurações, maturar os paradigmas que foram quebrados e disponibilizar propostas que agreguem valor para o público-alvo envolvido.

> *"O gerenciamento de uma empresa deve ser realista. (...) uma leitura equivocada da realidade e das mudanças ininterruptas pode resultar em declínio instantâneo nos negócios. Estamos realmente cercados por um ambiente turbulento."*
>
> **Taiichi Ohno**

---

[13] GHOSN, Carlos. Como Salvar o negócio sem perder a empresa. *Exame/Harvard Business Review*. São Paulo, abr. 2002, Abril. Edição Especial. nº 764, p. 44 a 53.

1.7 Henri Fayol e o Método "CAMADI"

> *"Os planos mudam muito facilmente. Os negócios mundiais, nem sempre se desenvolvem conforme planejado e as ordens devem mudar rapidamente em resposta às mudanças nas circunstâncias."*
>
> **Taiichi Ohno**

1.7.1 Fase "In" – Captar as Informações Disponíveis

Em cenário competitivo, a criatividade e a ousadia, configuradas através do desempenho das pessoas, são referenciais indispensáveis à sobrevivência das organizações. Qual é a equação matemática que aborda esse direcionamento estratégico? O ambiente organizacional é um sistema "aberto", porque é humano e recebe influências diversas, dificultando sua previsibilidade. As matemáticas representam sistemas "fechados" e, por serem exatos, não são suficientes para a formação dos gestores do novo milênio, inseridos em ambientes organizacionais mutáveis.

1.7.2 Fase "Form" – Maturar as Informações Captadas

É preciso processar essas informações. As escolas de engenharia excedem nas matemáticas superiores, assim como as escolas de gestão abusam da abordagem teórica, desvinculadas do ambiente organizacional. Verifica-se a necessidade de maior integração das disciplinas para que os discentes analisem os problemas organizacionais, tendo como referencial a abordagem holística.

Numa pesquisa realizada em 2001, envolvendo oito faculdades de Administração, com os coordenadores de curso, abrangendo mais de mil alunos, sobre quais ferramentas de gestão conheciam e sugeriam sua aplicação nas organizações, obteve-se diagnóstico negativo. Na realidade, depois de quatro anos de estudos, poucos alunos têm formatado esses conhecimentos, indispensáveis para início da carreira profissional. Se as escolas de engenharia excedem com as matemáticas superiores, as de Administração e Gestão insistem na abordagem teórica, dificultando o processo de aprendizagem dos alunos.

A interdisciplinaridade, apesar de muito valorizada por todos como condição "sine qua non" para a abordagem holística e maior compreensão do cenário mutante, é pouco praticada. Citando Iacocca, ex-presidente da Ford, é preciso "fazer alguma coisa acontecer", para revertermos esse cenário. Precisamos quebrar paradigmas para que os gestores da atualidade dominem ferramentas administrativas, empreguem seus conteúdos básicos para gestão eficaz das organizações e aumentem sua empregabilidade. O check-list "DO JOB" e o método "Camadi" são propostas simples e objetivas para romper os paradigmas teóricos e abordagens repetitivas que pouco valor agregam à formação profissional dos gestores do terceiro milênio.

1.7.3 Fase "Ação" – Disponibilizar o que Foi Maturado

O estudo da Cadeia Automobilística, de 1900 até a atualidade, possibilita identificar as estratégias implementadas com sucesso pelos seus gestores, gurus e gênios, que transformaram o segmento industrial num laboratório de práticas administrativas de importância vital para o sucesso dos novos profissionais. É preciso refletir sobre o perfil dos egressos que as faculdades de engenharia e de gestão estão buscando. Como os alunos, profissionais do futuro, estão sendo preparados na atualidade? O cenário organizacional mutável, competitivo e caótico está presente no ambiente acadêmico?

Paralelo com o Check-List "DO JOB"

Paralelo com o Downsinzing

O engenheiro, especializado em matemáticas superiores, e o administrador, teórico, estão preparados para implementar, com eficácia, o enxugamento da estrutura hierárquica?

Paralelo com o Outsourcing

Como o estudo das Teorias Administrativas e Matemáticas pode garantir o aprimoramento contínuo através de parcerias com os fornecedores?

Paralelo com o Just in Time

A abordagem matemática, estudada como sistema previsível e imutável, possibilita aos engenheiros embasamento para a eliminação dos desperdícios?

Paralelo com o Objective

Qual equação matemática estuda a "Teoria do Caos"? Como eliminar o conflito departamental de uma organização, sem a definição de metas organizacionais para cenários vulneráveis?

Paralelo com o Benchmarking

Como implementar, através da matemática, o diferencial mercadológico, para superar os concorrentes e encantar o público-alvo?

Os gestores da Nova Economia, os engenheiros e os administradores devem estar preparados para atuarem em cenários mutáveis, não-matemáticos, imprevisíveis e não-teóricos. Assim, devem administrar com eficácia...

A imprevisibilidade ... acertar nas decisões a serem tomadas, aprendendo com o erro cometido;

O não-planejado ... ter capacidade para reprogramação em tempo hábil, isto é, conforme expectativas dos consumidores;

A desorganização entrópica ... priorizar as identificações dos fatores restritivos e transformar os funcionários alienados em aliados.

> *"Pode-se dizer que o homem é uma máquina... Ele é uma máquina não linear... que modifica continuadamente a sua própria programação sem aviso prévio. Uma máquina que tenta enganar todos aqueles que procuram desvendar o seu funcionamento."*
>
> **John Hopkins**

1. 8 "DO JOB" E "CAMADI"

As duas metodologias, "DO JOB" e "CAMADI", formatadas neste livro, têm como objetivo superar a linguagem abstrata dos conceitos de gestão com termos obscuros que dificultam o processo de aprendizagem. A técnica mnemônica foi priorizada para tornar essas estratégias de fácil assimilação e memorização.

Conforme Magretta[14], as inovações mais importantes do século XX não foram os antibióticos e as vacinas que triplicaram a expectativa de vida humana. Não foram os aviões, automóveis ou os computadores. *"Todas essas inovações transformaram nossas vidas, embora nenhuma delas poderia ter se firmado tão rapidamente, ou tido tanta abrangência, sem a outra. Essa inovação é uma disciplina de gestão, o corpo que acumula o pensamento e a prática que fazem as organizações funcionarem."* Sem metodologias de gestão organizacional e pessoal acessíveis, os administradores não sobrevivem e as organizações estão predestinadas à falência.

Mais de dois mil alunos de graduação, de diversas faculdades de Administração, tiveram acesso a esses conceitos em diversas palestras ministradas. O retorno foi positivo porque o embasamento teórico e a abordagem dos estudos de caso

---

[14] MAGRETTA, Joan. *O que é Gerenciar e Administrar.* Rio de Janeiro: Campus, 2002.

permitiram reflexões sobre a importância da gestão para as organizações como, também, para os empreendedores. A administração de pessoas, processos, logística, metas e mercados, integrados em um check-list, e a conceituação "CAMADI" possibilitaram, conforme declaração de muitos alunos, "cair a ficha". A aplicabilidade desses conceitos, tendo como foco as matrizes organizacional e pessoal, é o diferencial deste livro.

Diagnosticar uma organização passa, obrigatoriamente, por esse ritual. Os exercícios elaborados destacam empreendedores vitoriosos em função de suas capacidades técnicas e administrativas. Mas o que diferencia um gestor de um guru e esse de um gênio é a habilidade em administrar o *insight* humano para a sinergia, intersecção e comprometimento com a melhoria contínua.

É a maestria em direcionar a equipe para a realização das metas planejadas de forma participativa. A genialidade está associada à administração dos talentos que se completam, porque uma pessoa não consegue mais dar todas as respostas exigidas pelo ambiente externo, na velocidade exigida pelo cenário globalizado.

Com cinco ferramentas de gestão (*Downsizing*, *Outsourcing*, *Just in Time*, *Objective* e *Benchmarking*), formatadas em um check-list, podemos diagnosticar uma organização e identificar seus pontos fortes e os fatores restritivos. O check-list "DO JOB" possibilita a priorização de estratégias adequadas para a minimização dos efeitos colaterais indesejáveis.

O método "CAMADI" – gestão pessoal para criar valor – instiga a reflexão sobre a performance de cada empreendedor, quanto ao real aproveitamento das informações disponíveis no arcabouço cultural. Conforme Bouer[15]: *"O quarto de dormir virou uma espécie de quartel-general da informação. De posse de controles remotos, botões, teclado e mouse, o mundo das notícias e das novidades se abre... o que se vê é que muito pouco dessa informação é aproveitado... para a construção de um mundo melhor e mais seguro. Do saber para o fazer, cria-se um abismo, diversas vezes intransponível."*

Aprender a aprender e agir coerentemente com o que foi aprendido é o lema da atualidade. Devemos assimilar novos inputs através de um filme, palestra, novela, num bate-papo descontraído com amigos. É preciso concentração, no momento presente, para captar as informações que possam agregar valor na cadeia produtiva e de serviços em que estamos inseridos. Permitir que as informações

---

[15] BOUER, Jairo: Informação não basta. *Veja*. São Paulo, ago. 2003. Edição especial para jovens, p. 62 e 63.

adentrem em nosso cérebro devidamente preparado, para armazenar o que é importante e colocá-lo em ação no momento oportuno.

Um exemplo destacado por Senge[16] nos possibilita compreender a importância da informação: *"Recentemente, uma indústria automobilística de Detroit desmontou um automóvel japonês, para descobrir como os japoneses conseguiam produzir um veículo com extraordinária precisão e confiabilidade, a um custo mais baixo. Constatou-se que o mesmo modelo de parafuso era usado em três lugares diferentes do bloco do motor, cada um deles prendendo um componente diferente. No motor do carro americano eram usados três parafusos diferentes, o que exigia o uso de três chaves diferentes e três estoques de parafusos diferentes, tornando a montagem mais demorada e onerosa."* Para alguns gestores, essa informação não desperta questionamentos para a quebra de paradigmas. Para outros, preocupados com a concorrência acirrada, implica na maturação para a transformação dos processos de trabalho tradicionais.

O gestor da atualidade, inserido na arena competitiva, deve transformar os inputs "verdes" em frutos maduros, outputs desejados pelo mercado. Isso requer concentração no "aqui-agora" para captar as informações, maturar os conhecimentos e disponibilizar resultados de forma a surpreender os clientes envolvidos.

O método "CAMADI", após a captação e a maturação, propõe a fase "ação" para alavancagem dos resultados. É priorizar a seguinte reflexão: "Como transformar a informação em conhecimento?" O conhecimento na atualidade está associado à "ação", de forma a "fazer alguma coisa acontecer" em prol da organização.

O objetivo deste livro é disponibilizar as metodologias "DO JOB" e "CAMADI", para que algo aconteça visando à melhoria dos resultados pessoais e organizacionais. Tudo isso para que os administradores se transformem em gestores. Para que os gestores sejam promovidos a gurus e esses a gênios. Se apenas um exemplo se tornar realidade, valeu a pena escrever este livro.

Enfoques Estratégicos:
✓ *Administrar a imprevisibilidade.*
✓ *Sistemas fechados e abertos.*
✓ *Fazer alguma coisa acontecer.*

---

[16] SENGE, P. M. *A Quinta Disciplina: Arte, Teoria e Prática da Organização de Aprendizagem.* Best Seller: São Paulo, 1999, p. 52.

CAPÍTULO II

Gestão das Indústrias Automobilísticas

"Aqueles que não aprendem com a história estão condenados a repeti-la."

Aléxis de Tocquevile

2. GESTÃO DAS INDÚSTRIAS AUTOMOBILÍSTICAS

Da Produção Artesanal
Aos Condomínios Industriais

2.1 Produção Artesanal de Veículos

Conforme Womack[17], no final do século XIX, um membro do parlamento inglês saiu para comprar um carro. Como não existiam revendedoras de veículos, dirigiu-se à renomada fábrica de máquinas-ferramentas de Panhard e Levassor (P&L) e oficializou a encomenda. O automóvel era produzido artesanalmente. Para a confirmação do pedido, era preciso que o comprador definisse alguns detalhes técnicos do produto final.

Assim, os carros eram produzidos "sob encomenda" para atender os desejos e necessidades de alguns abastados clientes. A força de trabalho da P&L compunha-se, na maior parte, de artesãos habilidosos, montando, cuidadosamente, à mão, um pequeno número de carros. Era a principal companhia automobilística do mundo. Fabricava centenas de automóveis por ano, tendo como referencial o clássico modelo de produção artesanal.

Os trabalhadores conheciam os princípios de mecânica, tornearia, fresagem, estamparia, galvanoplastia e os materiais com que trabalhavam. Muitos artesãos eram seus próprios patrões, trabalhando como empreiteiros independentes na fábrica e desempenhavam atividades específicas de sua competência.

✓ *Muitos artesãos trabalhavam como empreiteiros, parceiros independentes, realizando atividades "meio".*

Os primeiros empresários e seus funcionários de confiança eram responsáveis pelos contatos com os interessados na aquisição de automóveis. Assim, o processo comercial dependia de "vendedores" técnicos para a definição exata do produto final. As especificações do produto final solicitado definiam o tipo de componente que a empresa deveria providenciar.

---

[17] WOMACH, James P. *A Máquina que Mudou o Mundo*. Rio de Janeiro: Campus, 1992.

Mesmo que vários clientes escolhessem um mesmo modelo de veículo, não seriam iguais depois de acabados. A falta de padronização dos componentes e dos processos de fabricação implicava a conclusão dos produtos finais diferentes entre si. Cada produto final tinha um custo de fabricação específico, em função das dificuldades técnicas que os operadores enfrentavam nas etapas produtivas.

Mesmo que a companhia tentasse fazer milhares de carros idênticos a cada ano, o custo unitário, provavelmente, não ficaria muito abaixo do custo para fazer alguns veículos. A falta de padronização das matérias-primas, que tinham medidas aproximadas, e do processo de montagem, que dependia da habilidade e perícia do artesão, definia a configuração da produção artesanal.

Não se poderia falar em ganho de escala pela produção de grandes quantidades. A P&L nunca conseguiu produzir dois carros idênticos, face às limitações técnicas e administrativas. Os fornecedores não utilizavam um sistema de metrologia para a medição das peças necessárias, o que dificultava o processo de encaixe de umas com as outras. As máquinas-ferramentas da época eram incapazes de cortar o aço, com alta dureza, exigindo, com isso, processo manual, o que impossibilitava a padronização das tolerâncias.

✓ *A falta de padronização das peças e dos processos gerava desperdícios. Nas manufaturas artesanais, nunca se produziu dois carros idênticos!*

Os fornecedores produziam suas peças utilizando medições aproximadas. Muitas passavam por um forno para endurecer suas superfícies, de modo a resistirem ao uso continuado. Entretanto, as peças, após o aquecimento, entortavam, alterando suas especificações. Quando chegavam à montagem final do automóvel, as tolerâncias eram aproximadas, o que exigia constantes reparos para o encaixe com as demais.

Assim, o processo de montagem era constantemente interrompido e os veículos produzidos eram diferentes.

2.1.1 Configuração do Sistema Artesanal

✓ **Falta de padronização:**

Os artesãos, no final de 1800, não tinham recursos tecnológicos e as ferramentas utilizadas nos processos fabris eram rústicas.

✓ **Montagem dos produtos fabricados:**

As peças produzidas não se encaixavam porque as medidas eram aproximadas. O fluxo era constantemente interrompido, prejudicando a produtividade.

✓ **Divisão do trabalho:**

O fluxo fabril era concentrado em um artesão polivalente que realizava toda a seqüência operacional de um produto final.

2.1.2 Rompendo o Status Quo da Produção Artesanal

O Arsenal de Veneza, a maior fábrica de navios do mundo, chegando a trabalhar com aproximadamente 1.500 operários, é importante referência para o estudo da produção em série. No início de 1600, montou 100 navios de combate em apenas dois meses. Criou, assim, a divisão do trabalho, a utilização de componentes padronizados e uma linha de produção móvel, dentro de um seqüenciamento lógico.

Em 1776, Adam Smith publicou a obra "Riqueza das Nações", evidenciando a importância da divisão de trabalho, através da fabricação de alfinetes. Smith destacou que um operário tradicional, efetuando sozinho todas as etapas necessárias, podia produzir por dia, aproximadamente, 20 alfinetes. Quando esse processo produtivo era realizado em uma "manufatura" integrada, envolvendo 18 operações diferentes, com 10 trabalhadores devidamente treinados, cada operário conseguia produzir cerca de 4.800 unidades.

A demanda crescia em ritmo acelerado. As manufaturas artesanais eram obrigadas a aumentar a produção, colocando em prática os conceitos da época em termos de divisão do trabalho, padronização dos componentes e seqüenciamento lógico. Tal fato obrigou, inclusive, as associações de artesãos a regulamentarem o trabalho de seus profissionais através de treinamentos e medidas para se evitar a comercialização de produtos defeituosos.

✓ *Arsenal de Veneza: produzir 100 navios de combate em apenas dois meses.*

✓ *Adam Smith: Produção de 4.800 alfinetes por operário.*

O status quo do sistema artesanal, presente na maioria dos países europeus e nos Estados Unidos, estava, lentamente, sendo rompido através de experiências em algumas empresas, tais como: padronização das medidas de cada peça utilizada para o encaixe perfeito; seqüenciamento otimizado para a redução dos tempos de montagem; desenvolvimento de ferramentas e dispositivos de montagem para uniformização dos produtos fabricados.

Exemplos:

- ✓ Eli Whitney desenvolveu, em 1790, um fluxo fabril em que as peças, com medidas padronizadas se encaixavam perfeitamente, possibilitando a montagem de rifles para o exército americano sem as perdas tradicionais do sistema artesanal.

- ✓ James Watt, na Fundição Soho, em 1800, na Inglaterra, fabricava locomotivas a vapor utilizando peças com especificações e seqüenciamento otimizado. O desperdício com reparos era insignificante.

Em meados de 1830, Charles Babbage publicou o livro: *Economia do Equipamento e das Manufaturas*, abordando importantes princípios da Administração Científica e definição de metodologias para se fabricar um produto de forma mais econômica. Destacava que o mundo industrial iria requerer estudos sistemáticos da administração de tarefas e padronização dos trabalhos a serem realizados.

As contribuições das iniciativas de Eli Whitney, James Watt, Adam Smith e outros, certamente, inspiraram Frederick Taylor para o estudo científico dos processos de trabalho, dando continuidade à obra de Charles Babbage. Em 1898, na fábrica da Bethlen Steel, Taylor observava, constantemente, o descarregamento das barras de ferro de vagões ferroviários.

Cada homem era capaz de carregar 12,5 toneladas apenas em uma jornada de trabalho. Após redefinir a seqüência ideal, priorizou o "homem certo nas operações certas", utilizou equipamentos apropriados e a produção, praticamente, dobrou. Taylor tinha como referencial a maior produtividade, porém, sempre se preocupou com o desgaste físico dos trabalhadores.

No início de 1900, após estudar as tarefas repassadas aos trabalhadores, Taylor propôs uma nova maneira de organizar o fluxo produtivo. Priorizou a motivação dos operários, a valorização dos dons individuais e a definição do seqüenciamento otimizado dos processos de trabalho, formatando, assim, a Administração Científica. O arcabouço técnico e administrativo disponibilizado possibilitou a Henry Ford a superação dos fatores restritivos da produção artesanal e a criação da produção em massa. Taylor é reconhecido como o "pai" da Administração e da Engenharia da Produção.

2.2 Frederick Taylor e o Método "CA+MA+DI"

"In+form+ações" exploradas por Frederick Taylor para a formatação científica dos processos de trabalho.

FASE "IN"	FASE "FORM"	FASE "AÇÃO"
Arcabouço cultural disponível explorado por Taylor	Formatação das informações disponíveis por Taylor	Ações implementadas por Taylor e resultados obtidos
➢ As oficinas artesanais estavam se transformando em empresas para atender a demanda sempre crescente. ➢ Os trabalhos a serem realizados eram definidos sem critérios técnicos. ➢ A capacidade física e a habilidade de cada trabalhador, não eram consideradas, gerando acidentes e perdas de produção. ➢ Os fluxos produtivos não obedeciam a uma seqüência otimizada por falta de padronização, prejudicando a qualidade, consumindo tempo e materiais desnecessários.	➢ Era preciso desenvolver metodologias para transformar as tarefas dos operadores em atividades factíveis, e não dependentes das decisões dos capatazes das fábricas. ➢ A habilidade de cada operador e sua condição física tinham de ser levados em consideração. ➢ O trabalhador tinha que se libertar das tarefas cansativas, desumanas, que prejudicavam sua saúde física e mental. ➢ Taylor realizou várias pesquisas visando à padronização da seqüência operacional e dos tempos de produção.	➢ Taylor implementou as seguintes inovações: • As tarefas deveriam ser padronizadas e os tempos previstos para a sua realização, cronometrados cientificamente; • Com a definição correta dos quantitativos a serem realizados, o trabalhador poderia ser cobrado porque os meios necessários estavam disponíveis; • A habilidade de cada operador passou a ser valorizada. Cada tarefa passou a ter especificado o grau de esforço físico, necessário para a sua realização.

Resultado:
Taylor transformou-se no gênio da Administração e da Engenharia de Produção porque o trabalho passou a ser gerenciado de forma científica.

Quadro 11: Taylor e o método "CAMADI".

REFLEXÕES

✓ Na produção artesanal, os produtos são semelhantes, mas não iguais.
✓ A velocidade do processo produtivo, no sistema artesanal, ficava na dependência da habilidade dos artesãos.
✓ O gênio Frederick Taylor priorizou o estudo científico de cada processo de trabalho, visando à produção otimizada.

2.3 Henry Ford: Gênio da Indústria Automobilística

Conceitos que influenciaram Ford:
Padronização das tolerâncias de cada peça, intercambialidade e linha de montagem móvel.

Após cinco anos de trabalho e de desenvolvidos 20 protótipos até chegar ao modelo "T", Ford pode ser considerado o maior exemplo de perseverança. Buscou, com afinco, um projeto de veículo que fosse fácil de dirigir, dispensasse o motorista profissional e possibilitasse, ao proprietário, realizar pequenos reparos, eliminando a necessidade do técnico mecânico.

O processo produtivo fixo em série, idealizado por Ford, foi conquistado em 1908, criando a linha de produção móvel ao conseguir superar os fatores restritivos da época. Ford acreditava em um modelo utilitário de carro, a preços cada vez menores. O seqüenciamento fabril foi cientificamente estudado para permitir a padronização dos tempos e redução dos custos industriais.

✓ Ford captou as inovações, implementadas em outros segmentos industriais. Formatou esses conhecimentos e implementou o Sistema Produtivo em Massa.

Através do sistema de medição e tolerâncias (princípios da metrologia), desenvolvido por Henry Ford, as peças se encaixavam com facilidade, permitindo que cada operador executasse as tarefas programadas, sem a necessidade de ajustes e reparos. A intercambialidade e a repetição diária das operações de fabricação possibilitaram a especialização da mão-de-obra e, conseqüentemente, maior velocidade produtiva.

✓ Ford é considerado um exemplo de perseverança. Cinco anos de trabalho, 20 tentativas até chegar ao modelo "T" e produzir mais de 15 milhões de unidades.

2.3.1 O Diferencial da Ford Motors Company

A fabricação de cada peça, dentro das dimensões estabelecidas por Ford, era o diferencial do modelo produtivo da montadora. Para o controle dos padrões de tolerância, em todas as etapas produtivas, especialistas da engenharia estudavam as especificações técnicas de cada componente, envolvendo a resistência dos materiais, corrosão e intercambialidade com outros fornecedores.

A transformação de matéria-prima metálica em componente para ser utilizado em um automóvel é processo complexo. Foi preciso padronizar tolerâncias, mínimas e máximas, para o encaixe perfeito das peças fabricadas por vários fornecedores. Após o grande mérito de Henry Ford, montar um veículo consistia em atividades administradas cientificamente: parafusar, fixar, instalar e apertar; que envolviam operadores com pouca especialização, e se transformaram em atividades repetitivas!

✓ *Ford eliminou os desperdícios dos fluxos produtivos. O processo produtivo não podia sofrer paralisações por utilizar componentes sem padronização.*

O sistema industrial, desenvolvido por Ford, possibilitou a redução dos tempos consumidos nos processos operacionais. Várias técnicas de prensagem e corte de aço, utilizadas em 1895, pelas indústrias de bicicletas, inspiraram Ford a adaptá-las para a fabricação dos componentes do automóvel. Sua meta era produzir um carro completo, em uma única linha de montagem móvel, com um sistema de controle de medição.

2.3.2 Realizações do "Gênio" Henry Ford

1 – Incrementou a produção em massa em duas etapas: a primeira, com a fabricação do automóvel num sistema fixo, em que os operadores se movimentavam e realizavam várias tarefas de montagem. A segunda, através de uma linha de produção móvel que, ao passar por diversos estágios (seqüência operacional), o produto final recebia, dos operadores, os componentes programados. Cada funcionário era treinado para realizar uma etapa produtiva, conforme os tempos previamente calculados.

2 – Outro mérito de Ford foi ter conseguido integrar toda a cadeia produtiva com a padronização das especificações das peças envolvidas. A metodologia implementada com a padronização das tolerâncias, a serem cumpridas por todos os fornecedores, possibilitou a "intercambialidade" e a montagem das diversas partes do automóvel, sem ter que reparar e ajustar cada componente. O resultado foi altamente positivo, possibilitando um ganho de escala sempre crescente, o que incentivou Henry Ford a reduzir o preço do modelo "T".

3 – Teve coragem para pagar 5 dólares por dia para cada trabalhador, em 1914 melhorou mais que o dobro praticado pelo mercado. Seu grande objetivo era melhorar o padrão de vida dos trabalhadores, para que os mesmos pudessem

adquirir seu produto. Seguindo ensinamentos de Ford, por exemplo, fábricas japonesas como a Honda e a Toyota, na atualidade, estimulam os funcionários, de todos os níveis, a adquirirem seus produtos.

2.4 Henry Ford e o Método "CA+MA+DI"

"In+Form+Ações" exploradas por Henry Ford para a estruturação do Sistema Produtivo em Massa.

FASE "IN"	FASE "FORM"	FASE "AÇÃO"
Arcabouço cultural disponível explorado por Ford	Formatação das informações disponíveis por Ford	Ações implementadas por Ford e resultados obtidos
➤ A Revolução Industrial estimulou o desenvolvimento de novas matérias-primas e sistemas de produção mais eficazes. ➤ Fábrica de Rifles de Eli Whitney: peças padronizadas e encaixe perfeito. ➤ Fundição Soho: Em 1800, montava locomotivas utilizando um processo de fabricação normatizado e cronometrado, empregando peças intercambiáveis (encaixes sem ajuste). ➤ Processos artesanais deixam de ser empíricos, passando a obedecer a uma seqüência operacional cronometrada. Assim, graças a Taylor, tornou-se possível o controle científico da produção.	➤ Os veículos produzidos nas oficinas artesanais eram sempre diferentes porque as peças utilizadas não eram padronizadas, exigindo constantes reparos para se encaixarem umas nas outras. ➤ Outras empresas superaram esse fator restritivo, com a definição das tolerâncias mínimas e máximas de cada componente para o encaixe perfeito. ➤ Formatarám, cientificamente, a seqüência ideal de produção para a maximização do fluxo fabril. ➤ Ford almejava transformar a produção numa seqüência de tarefas padronizadas.	➤ A meta de Henry Ford era montar um modelo de veículo em massa, padronizado, sem desperdícios: • Ele definiu as especificações de cada componente, através da metrologia. • As peças passaram a se encaixar umas nas outras sem a necessidade de ajustes (intercambialidade). • Os chassis dos carros se movimentavam e, por onde passavam, recebiam, dos operários especializados, os componentes necessários. • Em 1908, depois de cinco anos de trabalho, estava criada a primeira linha de produção móvel.

Resultado:
Ford criou a primeira linha de produção móvel em massa para a fabricação do modelo "T" e transformou-se no gênio da indústria automobilística.

Quadro 12: Ford e o Método "CAMADI".

2.5 Gestão do "Guru" da GM – William Durant (1908-1923)

A GM foi fundada em 1908, por William C. Durant, visionário empreendedor e próspero comerciante de carros. Percebendo a oportunidade mercadológica, estrategicamente, foi comprando pequenas empresas independentes que produziam peças e componentes. Durant começara do nada e, em 1900, era o maior fabricante de carroças e carruagens dos Estados Unidos.

Incorporou a GM através de um holding e anexou, em 1908, a Buick e Olds (hoje Oldsmobile), a Oakland (hoje Pontiac) e o Cadillac, em 1909. De 1908 até 1910, a GM, sob sua direção, adquiriu mais de 25 empresas. Durant conservou, no comando das novas empresas, seus antigos donos, como forma de parceria e manutenção da mesma política de trabalho e produtividade.

✓ *Princípio da Terceirização: manter os proprietários das empresas adquiridas como gestores-parceiros da organização.*

Dois anos depois de sua criação, a GM estava grande demais e em dificuldades financeiras. Durant perdeu o controle da empresa para um grupo de banqueiros de investimentos até 1915, que liqüidaram as unidades deficitárias. Os bancos dirigiram a General Motors de forma eficiente. Em 1910, Durant é forçado a sair da GM e, junto com Louis Chevrolet, abre um novo negócio: fundam a Chevrolet Motor Company, com o objetivo de fabricar carros pequenos. Em função de seu espírito empreendedor, em 1915, a Chevrolet já tinha alcance nacional com várias unidades de fabricação e vendas nos Estados Unidos e Canadá. O grande objetivo de Durant era retornar à GM.

Em função do apoio de Pierre Du Pont, presidente da Du Pont Company, grande investidor da montadora, Durant é reintegrado à General Motors. Com a compra dos ativos da Chevrolet, em 1918, a GM tornou-se uma empresa operacional e não mais uma holding. A Du Pont investe US$ 25 milhões na GM, porque havia perdido negócios militares e precisava de um investimento com bom faturamento. A GM era um bom negócio. Estava em plena atividade e com uma boa linha de carros populares e, com Durant, ela teria o controle da corporação. O pessoal da Du Pont assumiria a responsabilidade pelas operações financeiras da companhia e colocaria seus produtos, como tintas, vernizes e outros, relacionados à indústria automobilística, na produção da GM.

De 1918 a 1920, a GM passou por uma excelente fase de crescimento, graças ao espírito empreendedor de Durant, levando a corporação a ostentar, por algum tempo, uma linha com os seguintes carros: o Cadillac, o Buick, o Olds, o Oakloud e o Chevrolet.

Durant era um grande gestor e inspiração para o crescimento da General Motors. Mas era demasiado vago para um administrador e muito centralizador. Vivia sobrecarregado. Decisões importantes eram adiadas e, quando tomadas, eram resolvidas por impulso. Como exemplo, pode-se destacar, quando a GM contratou uma auditoria contábil e financeira, ele pouco se interessou pelas providências que foram tomadas. Em outra ocasião, quando a GM estava prestes a construir, em Detroit, uma central de escritórios, envolvendo milhões de dólares, Durant, visitando a área, quando confirmou que era o terreno que desejava, autorizou um executivo da montadora a adquirir a propriedade pelo preço que achasse justo.

Em 1920, a GM era uma grande organização, mas as fábricas adquiridas não estavam integradas e apresentavam sérios problemas de gerenciamento, porque suas metas não eram planejadas de forma participativa. Estava a caminho de uma crise face ao crescimento acelerado, envolvendo a aquisição de várias empresas, sem coordenação e sem retorno em curto prazo.

✓ *Durant era muito vago como administrador... Decisões importantes eram resolvidas por impulso. Suas metas pessoais definiam os destinos da organização.*

2.6 Alfred Sloan – O Futuro Gênio da GM

O primeiro emprego do engenheiro elétrico Alfred Sloan Jr. foi na Hyatt Roller Bearling Company, que produzia o mancal antifricção que, posteriormente, passou a ser utilizado como componente do automóvel. Em 1898, a empresa Hyatt, com dificuldades, recebeu investimentos do pai de Alfred Sloan e outros, com a promessa de que o filho assumiria o controle da empresa, por 6 meses.

Como a empresa precisava de capital de giro, a alternativa foi abrir a sociedade e selecionar sócios investidores. Por volta de 1899, o negócio de automóveis começou a se dividir em numerosas pequenas empresas. O principal produto da Hyatt Company, o mancal antifricção, entra em cena e, após aprovação dos fabricantes de veículo, o crescimento da empresa ocorre em ritmo acelerado.

Com as inovações tecnológicas, novos métodos de trabalho eram necessários para acompanhar o avanço das indústrias automobilísticas. Os concorrentes vinham de experiências na produção de ferramentas, envolvendo usinagem de precisão para um arsenal federal durante a Guerra Civil. A Ford e a GM passaram a ser os melhores clientes da Hyatt.

A Hyatt Company, empresa de Sloan, estava bem estruturada, porém, tinha poucos clientes. Metade da produção era para a Ford. Qualquer crise na montadora poderia afetar a empresa. A evolução dos projetos, dos novos automóveis, poderia excluir a utilização dos mancais por componentes mais sofisticados e de menor custo. Com 40 anos de idade, e uma grande fábrica, Sloan tinha muitas responsabilidades, mas nunca retirava o que merecia, em termos de pró-labore. Ao receber a informação de que a General Motors estava interessada na compra da Hyatt, em função de possíveis mudanças tecnológicas e da exclusão futura do mancal como peça automobilística, Sloan concorda com a venda da empresa Hyatt, por U$ 13,5 milhões. Sloan recebe somente ações da GM porque seus sócios aprovaram a venda, mediante o pagamento de suas ações em dinheiro.

Quando Sloan entrou na GM, em 1918, a empresa era o caos, um emaranhado de negócios dispersos e desorganizados com a produção à beira do colapso. Quase foi à falência. Escreve, em 1919, uma proposta de gestão para a GM denominada: *"Estudo de Organização"*[18], sendo adotada por Pierre Du Pont, novo presidente. *"O objetivo deste estudo, segundo Sloan^2, era sugerir um projeto organizacional para a General Motors Corporation que estabeleceria, de forma definida, a linha de autoridade, através de todas as suas extensas operações, bem como coordenar cada ramo do seu serviço sem comprometer nada da eficácia, com a qual seu trabalho foi até agora conduzido..."*

✓ Estudo de Organização elaborado por Sloan: A GM precisava, urgentemente, de metas administrativas e produtivas.

Reflexão:

Em 1919, enquanto a GM explora o potencial de Sloan, Henry Ford deixa a presidência da montadora e coloca no cargo seu filho Edsel, chamado de Ford II.

---

[18] SLOAN, Alfred P. *Meus Anos com a General Motors*. São Paulo: Negócio Editora, 2001, p. 43.

2.6.1 Estudo de Organização: Proposta de Sloan para a General Motors

✓ A responsabilidade atribuída ao executivo de cada operação será completa, com todas as funções de apoio necessárias para o planejamento e controle adequado.

✓ Limitação do número de executivos que se reportam diretamente ao presidente, para possibilitar que se concentre nas grandes políticas da corporação, sem se dispersar com problemas que podem, com segurança, ser confiados a executivos de menor escalão.

✓ Acompanhar o desempenho dos principais setores da corporação, através de metas definidas e prazos para sua realização.

2.6.2 Alfred Sloan Assume a Presidência da GM

Em função da recessão do pós-guerra, a GM tinha que mudar, radicalmente, a estratégia da organização. O automóvel estava a caminho de criar um novo sistema de transporte nos Estados Unidos e, portanto, seu mercado retornaria com força. Era preciso organizar a montadora para se buscar a produtividade, em todos os segmentos. Na opinião de muitos executivos da época, a continuação do status quo tradicional, com os ex-proprietários como gestores das organizações adquiridas, levaria a empresa ao desastre. Assim, os antigos donos, chamados "caciques" das organizações, que não atenderam aos novos padrões de desempenho, foram demitidos.

✓ Eliminação da burocracia desnecessária para maior velocidade na tomada de decisão.

2.6.3 Preocupação de Sloan: Como Concorrer com a Ford

Antes de 1921, a GM ainda não tinha uma política gerencial. Cada divisão era operada de forma independente pelos antigos proprietários. Muitas colocavam no mercado carros com preços idênticos, independente de interesses da empresa, como um todo. Em 1921, a GM tinha, aproximadamente, 17% de participação do mercado americano, enquanto a Ford dominava com 60%.

Os conceitos de gerenciamento desenvolvidos por Sloan, envolvendo a descentralização para a tomada de decisão mais rápida e eficaz, aos poucos

Capítulo II: Gestão das Indústrias Automobilísticas **53**

eram compreendidos. Os problemas enfrentados pela montadora estimularam o desenvolvimento de sistemas de contabilidade, finanças e planejamento organizacional.

Apesar do fracasso em alguns novos projetos da companhia, Sloan conseguiu transformar os fatores restritivos em oportunidades para a estruturação global da organização.

O mercado consumidor estava em crescimento. Era preciso concentrar esforços para atender a demanda de carros, conforme exigências do mercado. Esta foi a conclusão de Sloan, repassada para seus executivos, evidenciando que a performance dos concorrentes deveria servir de estímulo para todos. Era preciso acreditar nas novas idéias, mesmo tendo que conviver com prejuízos. Conforme Sloan, das novas pesquisas, certamente, sairiam inovações necessárias para enfrentar a Ford que se expandia em vários países.

✓ *Apesar das dificuldades da GM, a performance da Ford deveria servir de estímulo para todos os executivos.*

Alfred Sloan apresentou um plano de ação para cada fator limitador da General Motors Company, denominado de Administração por Objetivos. Através de divisões descentralizadas, gerenciadas por metas elaboradas pela corporação, ele implementou um sistema de acompanhamento através de Comitês que revolucionou a montadora.

De acordo com Womack[19], a estratégia de Sloan com a Administração por Objetivos era: *"Se os números exibissem mal desempenho, estava na hora de trocar de gerente... os que mostrassem, consistentemente, bons resultados, eram candidatos potenciais para a promoção..."* A Administração por Objetivos transformou a GM porque teve como articulador Peter Drucker que, na época, prestava serviços para a montadora.

✓ *O consultor da GM, Peter Drucker, colaborou na implantação da Administração por Objetivos, possibilitando a estruturação da organização.*

---

[19] WOMACK, James P. *A Máquina que Mudou o Mundo*. Rio de Janeiro: Campus, 1992, p. 29.

Para competir com a Ford, a GM precisava de investimento externo e, conseqüentemente, a meta dos Gerentes Financeiros era conseguir financiamentos nos prazos e no montante solicitado pela montadora. Sloan precisava de estatísticas a respeito do mercado, em termos de demanda, desejos e necessidades dos consumidores. Informações dos revendedores sobre novas tendências do mercado deveriam estar presentes em todos os expedientes dos responsáveis pela criação e desenvolvimento de novos modelos de automóveis.

Assim, Sloan estava criando espaços na organização para profissionais de Finanças, Estatística, Design e Marketing, em meados da década de 1920.

2.6.4 Gerenciamento da GM Através de Comitês – Década de 1920 (Paralelo com o check-list "DO JOB")

[carimbo: IMPLEMENTAÇÃO DA METODOLOGIA — JUST IN TIME — SIM ✓ / NÃO]

Administração do processo de compras, através de um comitê para todas as empresas, visando a reduzir os estoques e a maior capacidade de negociação. Foi a primeira experiência que integrou todas as empresas da GM.

Aproximação com os revendedores para a padronização das estratégias de venda. Era preciso, ao demonstrar os carros da GM, destacar os avanços em termos de engenharia, novos assessórios e benefícios para o cliente.
[carimbo: IMPLEMENTAÇÃO DA METODOLOGIA — OBJECTIVE — SIM / NÃO ✓]
Os responsáveis de cada unidade funcional deveriam trabalhar em conjunto para maior produtividade da organização.

[carimbo: IMPLEMENTAÇÃO DA METODOLOGIA — BENCHMARKING — SIM / NÃO ✓]

Estudos realizados, em 1922, evidenciaram que o mercado consumidor pouco sabia do potencial técnico da General Motors Company. A GM precisava aprender com a Ford que não parava de crescer.

Problema do passado: de um lado os engenheiros de pesquisa e, de outro, os engenheiros de produção, com objetivos diferentes. Foi criado um ambiente para a integração dos profissionais da GM, para o convívio mais profissional visando à troca de informações e, conseqüentemente, aumentar a produtividade.
[carimbo: IMPLEMENTAÇÃO DA METODOLOGIA — OBJECTIVE — SIM ✓ / NÃO]

DOWNSIZING [SIM ✓ / NÃO]
IMPLEMENTAÇÃO DA METODOLOGIA

Os comitês, aos poucos, transformavam a organização. A aproximação dos departamentos para o planejamento e controle criava uma integração benéfica para a produtividade. Possibilitou a identificação dos níveis hierárquicos desnecessários e ações pertinentes, para reduzir os desperdícios.

2.6.5 Gestão Administrativa

A respeito do resultado prático de uma sessão do comitê técnico da GM, em Oshawa, Canadá, assim relatou Sloan[20]: *"...Tivemos uma ótima reunião não só pelo seu desenrolar, mas, também, porque os rapazes ficaram até sábado e alguns até domingo; alguns foram pescar, outros jogaram golfe e isso ajuda muito na aproximação de homens que estão pensando na mesma direção. Precisamos ser pacientes, mas estou certo de que, com o passar do tempo, seremos plenamente compensados, por nossa maneira de agir em comparação a um estilo mais militar que, para mim, não nos levaria a parte alguma."*

Sloan pregava a descentralização através da Administração por Objetivos. A excessiva liberdade para a tomada de decisão, sem metas fixadas, gerara desperdícios em cada divisão, chegando a ameaçar a sobrevivência da corporação. Os erros não podiam ser repetidos porque exigiram, no início dos anos 1920, empréstimos bancários de aproximadamente 80 milhões de dólares.

A corporação não podia se dar luxo de permitir que suas divisões fracas, operadas mais por interesses particulares, afetassem os planos globais da corporação. Era necessário o desenvolvimento de instrumentos para o controle coordenado e, posteriormente, a descentralização das atividades programadas.

Apesar do comitê de compras, de todas as organizações da GM, estar em pleno funcionamento, um novo problema foi identificado: As aquisições de matérias-primas e semi-acabadas, realizadas pelos gerentes de divisões, haviam ultrapassado em 24% meta a planejada.

OBJECTIVE [SIM / NÃO ✓]
IMPLEMENTAÇÃO DA METODOLOGIA

✓ *O departamento de compra da GM não cumpre a meta da organização e gera um déficit de 24% no orçamento.*

---

[20] SLOAN, Alfred P. *Meus Anos com a General Motors*. São Paulo: Negócio Editora, 2001, p. 93.

Sloan[21] analisa o déficit da seguinte maneira: *"... Os gerentes-gerais tendiam a ser otimistas, como eram e, talvez, ainda sejam, quase todos os executivos de área de vendas de negócios de automóveis. Eles sempre esperavam um aumento de vendas e dimensionam os estoques de acordo. Quando as expectativas não se concretizavam, surgia um problema para o qual não podia haver solução inteiramente agradável. Assim, aprendemos a ser céticos, em relação às expectativas de aumento de vendas futuras..."*

Assim, o executivo da área passou a: analisar as programações de produção; calcular as entregas de matérias necessárias; autorizar ou não a aquisição de materiais além das necessidades planejadas; controlar os estoques de produtos acabados e em processo; elaborar previsões de quatro meses para a análise financeira.

✓ *Para cada problema enfrentado por Sloan, uma meta era elaborada de forma participativa para se evitar sua repetição.*

2.6.6 Pintura das Carrocerias, o Último Gargalo da Produção em Massa

Nos anos 20, as práticas de pinturas de carrocerias dos veículos foram transferidas para a indústria automobilística. A base do processo envolvia tintas e vernizes. A reclamação dos clientes envolvia o questionamento sobre a durabilidade das tintas, uma vez que, em pouco tempo, começavam a descascar por causa de elevação da temperatura do motor.

Várias pesquisas foram realizadas nos laboratórios da Du Pont e GM, chegando-se à invenção dos esmaltes sintéticos, com enorme variedade de cores, preços competitivos e avanço considerável para as montadoras.

Até 1924, a pintura dos veículos utilizava o pincel e a tinta. A Du Pont encontrou a solução para eliminar os processos morosos que prejudicavam o fluxo produtivo. O pincel foi substituído por um revólver e as antigas tintas deram lugar a uma laca nitrocelulose de secagem rápida de grande durabilidade, chamada de Duco. A inovação possibilitou a eliminação de desperdícios de materiais e o excessivo consumo de horas de trabalho.

---

[21] SLOAN, Alfred P. *Meus Anos com a General Motors*. São Paulo: Negócio Editora, 2001, p. 104.

Capítulo II: Gestão das Indústrias Automobilísticas

(carimbo: IMPLEMENTAÇÃO JUST IN TIME DA METODOLOGIA — SIM ✓ / NÃO) ✓ *A inovação da Du Pont possibilitou a pintura das carrocerias na quantidade e qualidade certas, eliminando-se desperdícios.*

Conforme Sloan[22]: *"Além disso, sua secagem rápida eliminou o último gargalo na produção em massa, possibilitando um ritmo altamente acelerado de produção de carrocerias. Hoje, um carro pode ser pintado em oito horas, comparadas com o período de duas a quatro semanas da era da tinta e do verniz."*

2.6.7 Ganhos em Termos de Produtividade

Considerando uma produção de mil carros, por dia, e o tempo médio de pintura e secagem de três semanas, era necessária uma área de, aproximadamente, 80 mil metros quadrados para a estocagem das carrocerias, em fase de secagem.

Para a substituição das tintas e vernizes, por esmaltes sintéticos, mais de três anos de experimentação e desenvolvimento foram necessários para o aperfeiçoamento do produto, nos laboratórios da Du Pont e GM.

Na década de 50, novas descobertas foram realizadas pelas empresas, envolvendo o desenvolvimento de tintas baseadas em resinas acrílicas, o que consumiu mais de oito anos de pesquisa e dedicação de vários profissionais.

(carimbo: IMPLEMENTAÇÃO OBJECTIVE DA METODOLOGIA — SIM ✓ / NÃO) ✓ *Pesquisa científica, desenvolvimento de novos produtos: Metas prioritárias das empresas de padrão internacional.*

A cooperação entre os fornecedores e a GM foi de fundamental importância para a superação dos fatores limitadores. Por outro lado, através dessa estratégia gerencial, a GM pôde concentrar seus esforços na atividade "fim" e terceirizar as atividades consideradas "meio".

(carimbo: IMPLEMENTAÇÃO OUTSOURCING DA METODOLOGIA — SIM ✓ / NÃO) ✓ *Para Sloan era preciso maior aproximação com os fornecedores; quando necessário terceirizar atividades.*

---

[22] SLOAN, Alfred P. *Meus Anos com a General Motors*. São Paulo: Negócio Editora, 2001, p. 200.

2.6.8 Excesso de Otimismo Prejudicou a General Motors – 1923

A maioria dos gerentes de divisão projetou, em 1923, aumento de produção para o próximo ano. O Comitê de Finanças aprovou os Programas de Produção. As previsões estavam erradas e a GM fabricou, aproximadamente, 30 mil unidades acima da real necessidade do mercado. O planejamento otimista resultou em excesso de produção. O Comitê de Finanças, preocupado com os compromissos da organização, solicitou, em 13 de junho, explicações detalhadas.

De acordo com Sloan[23], os questionamentos feitos foram: *"Qual foi a justificativa para uma programação de produção de 101.209 unidades em abril... quando o estoque de carros, nos pátios, era de, aproximadamente, 236 mil no final de fevereiro? Por que as divisões operacionais não tomaram providências? Como garantir o efetivo controle das programações de produção no futuro?"* Novamente Sloan diante de um problema mostra a sua genialidade. Antes de achar um culpado, em um processo de maturação, ele analisou os procedimentos administrativos, para descobrir as razões que motivaram o erro de planejamento para se evitarem novos problemas.

Após estudar, detalhadamente, o problema em pauta, Sloan apresentou as seguintes justificativas:

1. as programações de produção eram baseadas tendo como referencial, somente, a entrega dos veículos ao revendedor/distribuidor. Assim, sua responsabilidade não abrangia a transação do revendedor como o consumidor final;

2. embora o controle, envolvendo os quantitativos de vendas de carros aos consumidores, estivesse disponível, esses dados não eram aproveitados para orientar a programação de produção;

3. as programações de produção da GM eram limitadas; porém, era a mesma metodologia utilizada por todas as indústrias automobilísticas. Se a GM começasse a trabalhar com informações gerenciais mais detalhadas, certamente poderia superar a performance da Ford.

As informações disponíveis precisavam ser trabalhadas para a maximização do processo produtivo, coerentemente com a capacidade de estocagem, recursos financeiros e potencial da demanda.

---

[23] SLOAN, Alfred P. *Meus Anos com a General Motors*. São Paulo: Negócio Editora. 2001, p. 109.

A experiência vivenciada pelos executivos da GM assegurou melhor controle das programações de produção. Sloan[24] destacou: *"Duas coisas estavam envolvidas: primeira a arte de prever, e, segunda, reduzir o tempo de reação quando uma estimativa se mostrar errada..."* Assim, novos controles foram introduzidos e, a cada dez dias, quando chegavam os relatórios dos revendedores, cada gerente de divisão comparava seus resultados reais com a previsão do mês. Esse era o ponto crucial.

✓ *A genialidade de Sloan possibilitava a aprendizagem de todos com o erro cometido.*

Caso as vendas estivessem abaixo da previsão, a produção era reduzida; caso estivessem acima, o gerente poderia, dentro dos limites da capacidade de sua fábrica, aumentar o quantitativo programado. Era preciso acompanhar a tendência do mercado, mas, acima de tudo, o gerente deveria ter sensibilidade às mudanças.

2.6.9 O que Deve Ser Aprendido com as Crises

Sloan destaca que os controles financeiros, implementados na GM, surgiram de crises. Foram introduzidos para garantir a não-repetição dos erros do passado. Sua eficiência foi demonstrada, particularmente, no ano da recessão de 1932.

A gerência central da GM podia saber se o gerenciamento descentralizado de cada departamento, estava compatível com as metas estabelecidas. Segundo Sloan, a GM estava com fundamentos da Administração por Objetivos, devidamente estruturados, justamente na época em que ocorreu uma das maiores mudanças do mercado automotivo. Era a oportunidade que a GM estava aguardando para conquistar novos mercados.

✓ *Sloan introduziu a Administração por Objetivos para concorrer com a Ford.*

---

[24] SLOAN, Alfred P. *Meus Anos com a General Motors*. São Paulo: Negócio Editora. 2001, p. 111.

2.6.10 Como Fazer Riqueza Produzindo Automóveis

Conforme Womack[25]: *"Entre 1914 e 1924, as inovações industriais da GM e da Ford destruíram uma vigorosa indústria norte-americana: a produção artesanal de veículos motorizados. Durante esse período, os EUA tinham mais de cem empresas automobilísticas e só sobreviveram cerca de uma dúzia, das quais três – Ford, General Motors e Chrysler – representavam 90% de todas as vendas."* Henry Ford e Alfred Sloan foram os pioneiros em aperfeiçoar o processo produtivo em massa. Assim, a indústria automobilística veio a se transformar no símbolo global da produção, para atender a demanda sempre crescente.

O automóvel ainda tinha uma mecânica pouco confiável e as estradas não estavam preparadas para a sua utilização. A GM e a Ford acreditavam que o mercado absorveria a produção de um milhão de carros por ano. As duas montadoras perceberam a oportunidade mercadológica representada pelo automóvel, em seus primeiros dias.

Esses visionários possuíam coragem, ousadia e visão do futuro, porém, seus métodos de trabalho estavam apoiados em filosofias gerencias opostas. Henry Ford era excessivamente centralizador, e Sloan, da GM, pregava a descentralização, incentivava a geração de novas idéias e era exemplo a ser seguido pela capacidade de aprender com os erros praticados pela organização.

2.6.11 Decadência do Modelo Gerencial de Ford

Em 1926, os automóveis da Ford eram montados em mais de 30 cidades norte-americanas e em mais de 15 países. As limitações administrativas para organizar e controlar empreendimentos em escala global, foram o principal problema de Henry Ford. Por ser excessivamente centralizador, tudo dependia, exclusivamente, de sua capacidade de pensar e gerar novas idéias.

✓ *Henry Ford cometeu o maior erro comercial: miopia mercadológica. O seu sucesso do passado – modelo "T", ficou obsoleto no mercado.*

Ford tentou produzir alimentos, tratores e aviões em massa, com recursos próprios, para manter o controle das companhias envolvidas. O resultado foi desastroso. Desviou a atenção de seu principal plano de negócio – produção

---
[25] WOMACK, James P. *A Máquina que Mudou o Mundo*. Rio de Janeiro: Campus, 1992, p. 223.

seriada do modelo "T" – e não teve tempo para acompanhar a evolução do mercado consumidor e os avanços dos concorrentes. Enquanto isso, a GM estava implementando melhorias em todos os segmentos da organização. O modelo industrial desenvolvido por Ford, aos poucos, foi sendo superado pela GM, porque a ação criativa de Sloan possibilitou a formatação de veículos e performance comercial, dentro das expectativas dos clientes. Ford não acompanhou as novas expectativas dos consumidores, e esse erro estratégico foi chamado por muitos autores de "miopia mercadológica".

REFLEXÕES

✓ Quais oportunidades disponíveis, atualmente, no mercado não são exploradas por miopia mercadológica?

✓ As filosofias implementadas por Henry Ford e Alfred Sloan podem nos ajudar a evitar erros gerenciais na atualidade?

✓ Por que é importante estar sintonizado com o mercado?

2.6.12 Produção de Veículos com Carroceria Fechada

O automóvel na época, produto considerado supérfluo, porque era utilizado como esporte ou para passeio, aos poucos se transformou em bem de primeira necessidade e, com carroceria fechada, passaria a ser usado o ano todo.

Os engenheiros responsáveis pela evolução do automóvel, conforme as reais necessidades dos consumidores, levaram muitos anos para perceber que o usuário precisava se proteger das intempéries da natureza. A forma mais funcional era isolar o ambiente interno do externo, como as carruagens antigas, o que veio a acontecer em 1926.

Mesmo assim, o carro com carroceria ainda tinha alguns inconvenientes, destacados por Sloan[26]: "... *o carro fechado, uma geringonça alta e desajeitada com portas estreitas... tinha cerca de 1,80 metro de altura... quando dirigido mais depressa, impulsionado por motores mais eficientes, tornava-se perigoso...*". Assim, novos estudos foram realizados para a melhoria do visual externo do automóvel. Era preciso mudar o conceito do carro, melhorar a sua aparência, arredondar os cantos e baixar sua altura, para ficar mais atraente.

A referência de automóveis bonitos era os fabricados, sob medida, por Harley Earl, encomendados pelos astros de Hollywood e ricos da Califórnia. Sloan descobriu Earl que, com um dom excepcional para o desenho e criação, era tudo de que a GM precisava para revolucionar os novos modelos.

---

[26] SLOAN, Alfred P. *Meus Anos com a General Motors*. São Paulo: Negócio Editora, 2001, p. 225.

Em 1927, Earl foi contratado e, até 1960, influenciou no design de mais de 30 milhões de automóveis. Destaque para o carro modelo "La Salle", que marcou época na história automotiva americana.

> ✓ A GM precisava de um gênio do design para superar a Ford e contratou Harley Earl. De 1927 a 1960, foi responsável por 30 milhões de veículos.

O sucesso do modelo deu a Earl promoção para gerenciar a seção de arte e cor da GM. Posteriormente, viajou para a Europa para estudar o desenho dos carros europeus, que, por serem fabricados em pequenas quantidades, eram melhores em mecânica e aparência.

> ✓ Aprendizagem contínua com os fornecedores e terceirização das atividades "meio": receita de sucesso das empresas vitoriosas.

Posteriormente, a GM investiu no Chevrolet "modelo K", com carroceria fechada, pintura Duco, pára-brisas inteiriços com limpadores automáticos, iluminação interna, prevendo a nova tendência do mercado. O "modelo K" era um carro muito superior aos da Ford. Com vários opcionais e com preço acima dos concorrentes, os vendedores tinham que ter criatividade para convencer os clientes sobre os benefícios introduzidos no veículo. Sloan[27] detalha a estratégia explorada: *"Queríamos demonstrar ao comprador que, embora nosso carro custasse X dólares a mais, ele era X mais Y melhor. Também queríamos melhorar, continuamente, nosso produto... Esperávamos que a Ford continuasse acomodada. Pusemos este plano em ação e ele funcionou conforme previsto."*

> ✓ Uma das metas da GM era investir em tecnologia para melhorar, continuamente, os produtos fabricados.

De 1925 até 1930, a General Motors priorizou a revisão dos preços de venda, para melhorar a colocação dos produtos no mercado. O objetivo era concorrer com a Ford com preços atraentes. A decisão foi reduzir, em 25%, os lucros da corporação, programar o lançamento anual de novos modelos e

---

[27] SLOAN, Alfred P. *Meus Anos com a General Motors*. São Paulo: Negócio Editora, 2001, p. 129.

explorar o slogan *"Modelos do ano versus melhoramentos constantes"*. Com esses diferenciais, a GM superou a Ford.

Em 1926, foram comercializados 1.235.000 carros e caminhões, um aumento de praticamente 50% sobre o ano anterior. Em 1929, a transformação do mercado automobilístico estava concluída. Enquanto a General Motors buscava a diversificação do produto final, com uma filosofia gerencial descentralizada, com controle coordenado técnico e gerencial, Henry Ford, teimosamente, mantinha as mesmas estratégias implementadas no início de 1900.

De 1930 a 1934, durante um período de recessão, a GM se contraiu de forma organizada e ainda conseguiu ter lucro. Os executivos da montadora tinham aprendido a reagir, rapidamente, mediante a leitura dos cenários, envolvendo a queda de consumo de bens duráveis e os ajustes financeiros necessários.

✓ *A GM, estrategicamente, eliminou a vantagem comparativa da Ford, ao reduzir os lucros da organização em 25%.*

À medida que as vendas declinaram 71% (de US$ 1,504 bilhão, em 1929, para US$ 432 milhões, em 1932), os estoques, em função da capacidade gerencial dos principais gestores da GM, caíram, aproximadamente, 60%. Em 1935, prevendo a recuperação do poder de compra dos consumidores, Sloan autorizou investimentos de mais de US$ 50 milhões para modernizar as unidades produtivas. Essas medidas redundaram no crescimento da GM e superação da Ford.

2.6.13 A GM e as Relações Comerciais com os Revendedores

Sloan[28] sempre priorizou o princípio do "ganha-ganha" nas negociações com o mercado. Nunca se interessou por relacionamentos comerciais que não fossem benéficos para todos os envolvidos. Acreditava que cada um deveria sustentar seu lado e ser compensado de acordo. O presidente da montadora evidenciava que era preciso um grupo de revendedores sólidos, com uma margem de lucro compatível para representar a montadora no mercado. Era o revendedor que fazia o contato pessoal, demonstrava o veículo, evidenciava os benefícios do modelo e apresentava as opções para o pagamento. Uma lição para ser aprendida por gestores da atualidade.

---

[28] SLOAN, Alfred P. *Meus Anos com a General Motors*. São Paulo: Negócio Editora, 2001, p. 238.

✓ *Relacionamentos comerciais tendo como referencial o princípio do "ganha-ganha". Foi o diferencial dos revendedores da GM e superação da hegemonia da Ford.*

2.7 ALFRED SLOAN E O MÉTODO "CA+MA+DI"

"In+Form+Ações" exploradas por Alfred Sloan para a estruturação da GM.

FASE "IN"	FASE "FORM"	FASE "AÇÃO"
Arcabouço cultural disponível explorado por Sloan	Formatação das informações disponíveis por Sloan	Ações implementadas por Sloan e resultados obtidos
➢ Realizações do gênio Henry Ford captadas por Sloan: • Padronização das tolerâncias de cada componente. • Normatização da seqüência operacional e tempos cronometrados para a montagem do modelo "T". • Produção em massa em uma linha móvel. • Ford exportava para vários países e a produção crescia aceleradamente. • A excessiva determinação de Ford, em não mudar o modelo "T", começava a prejudicá-lo porque não aceitava sugestões de seus colaboradores. • Seu estilo centralizador não deixava que ele percebesse a mudança dos paradigmas.	➢ O crescimento da classe média, com desejos e necessidades diversificados, mudaria o perfil do consumidor de veículos. • O modelo "T" estava ficando saturado no mercado porque os consumidores estavam valorizando produtos diferenciados. ➢ Para Sloan, não era possível centralizar o processo decisório em empresas com culturas diferentes. ➢ Deu autonomia para cada divisão desenvolver seu estilo de veículo, respeitando as metas da organização. ➢ Cada erro cometido era estudado para a elaboração de medidas corretivas e, para evitar sua repetição.	➢ Novo modelo de gestão para a GM priorizava a descentralização do processo decisório. • Os gestores da GM conheciam as metas e seriam cobrados pela realização delas. • As fábricas da GM foram programadas para produzir conforme o poder aquisitivo dos consumidores. • O gênio Sloan explora o slogan, "um carro para cada gosto e bolso". • As sugestões apresentadas pelos gestores da GM levavam em consideração o feedback de mercado. • A GM supera a Ford transformando-se na maior montadora mundial.
Resultado: Alfred Sloan, o gênio da GM, é considerado, por Bill Gates, o maior empreendedor do século XX.		

Quadro 13: Sloan e o Método "CAMADI".

2.7.1 Desafio das Organizações Durante a Segunda Guerra Mundial

A GM conseguiu se adaptar às novas demandas do mercado porque a descentralização do processo decisório estava presente em cada divisão industrial. Assim, converteu-se, rapidamente, na maior fabricante de material bélico do mundo.

A produção de armamentos para os campos de batalha foi incrementada após o massacre em Pearl Harbor. Só no mês de janeiro de 1942, o governo americano oficializou US$ 2 bilhões em pedidos e, durante o mesmo ano, mais 4 bilhões.

✓ *A meta da GM era priorizar projetos complexos para as Forças Armadas e treinar engenheiros e executivos para o futuro.*

A performance da General Motors no mercado americano permitiu que ela assumisse novos compromissos com as Forças Armadas. O ponto forte da montadora era o sistema de "subcontratação", onde uma divisão repassava processos produtivos para outra. Como exemplo, o tanque M-24, que a Cadillac começou a produzir em 1944, tinha partes fornecidas por outras divisões e fornecedores parceiros. Administrar a produção e expedição, conforme Sloan[29], exigia um controle perfeito de integração entre as unidades fabris. A General Motors estava preparada para esse desafio.

✓ *A integração da GM com os fornecedores para a produção de armamento bélico possibilitou crescimento técnico e administrativo.*

A carteira de pedidos das Forças Armadas durante a guerra foi, basicamente, a seguinte: 20% eram produtos projetados pela GM, em cooperação com o governo americano, envolvendo: tanques, carros blindados, metralhadoras de calibres 30 e 50, carabina MI, avião de caça e o torpedeiro Avenger.

Conforme Sloan[30]: *"Programar a produção durante a Segunda Guerra Mundial ... era de arrepiar os cabelos."* O exemplo destacado por Sloan ilustra, com muita propriedade, as programações e reprogramações das Forças Armadas e a complexidade no atendimento das mesmas:

---

[29] SLOAN, Alfred P. *Meus Anos com a General Motors*. São Paulo: Negócio Editora, 2001, p. 327.
[30] SLOAN, Alfred P. Op. Cit. p. 325.

PRODUTO FINAL: Trem de Aterrissagem do Bombardeiro B-24
PEDIDO (confirmado em jan/45 para entrega em abr/45) .... 95 peças
1ª REPROGRAMAÇÃO em fev/45: de 95 para .... 285 peças
2ª REPROGRAMAÇÃO em mar/45: de 285 peças para .... 60 peças
3ª REPROGRAMAÇÃO em abr/45: de 60 peças para .... 120 peças
QUANTIDADE REALMENTE ENTREGUE: .... 85 peças

Quadro 14: Programação e Reprogramação de Pedidos das Forças Armadas Americanas.

Apesar das constantes alterações na programação, a GM, em função da integração de seus departamentos produtivos e administrativos, conseguiu entregar 85 conjuntos na data programada. Comparando-se a entrega com o pedido original, ocorreu um pequeno déficit, aproximadamente 10%.

Em função da grande variedade dos produtos solicitados pelas Forças Armadas americanas, a GM calculou os quantitativos necessários para montar cada produto final, através de listas de materiais específicos. O abastecimento pontual das linhas de montagem com matérias-primas e componentes era o maior desafio dos programadores de produção.

Cada divisão tinha de relatar e explicar os problemas de qualidade e falhas, no cumprimento de um contrato, com as Forças Armadas, para a Administração Central da General Motors. Os gestores da GM falharam relativamente poucas vezes, além disso, em sua grande maioria, os problemas eram causados por circunstâncias sobre as quais a montadora não dispunha de controle efetivo – escassez de mão-de-obra ou de materiais, falta de instruções para embarque, mudanças nas exigências do governo.

De 1942 a 44, a General Motors contratou e treinou, aproximadamente, 750 mil trabalhadores para o processo produtivo. Muitos com baixo nível de qualificação profissional, outros não fisicamente aptos e muitas mulheres sem qualquer experiência industrial anterior.

2.7.2 Fim da Segunda Guerra Mundial – 1945: Converter as Fábricas Para Produção em Paz

Após a Segunda Guerra Mundial, o consumismo era o principal referencial da população americana, para esquecer os momentos difíceis do período da guerra. A economia cresceu de forma acelerada.

Todo o aprendizado tecnológico e gerencial do período de guerra foi direcionado para o lançamento de novos modelos para atender a demanda reprimida. Os processos administrativos e decisões técnicas precisavam ser implementados para a produção em tempos de paz. Envolveram engenharia e estilo, tendo como referencial o custo-benefício para satisfazer os desejos e necessidades dos consumidores.

✓ *Para o sucesso comercial de uma organização é preciso priorizar os atributos valorizados pelos clientes e aprender com as estratégias utilizadas pelos concorrentes.*

Segundo Sloan[31]: *"Os carros... precisavam mostrar algumas características comuns... uma aparência General Motors, mas ao mesmo tempo ser, claramente, distintos uns dos outros. Eles, também, deveriam se completar em preço, o que significaria que seus elementos de custo e a tendência dos preços da concorrência precisavam ser estimados antes da produção."* Era preciso conhecer o mercado, os consumidores, a concorrência e a própria capacidade técnica e administrativa da GM. Os erros cometidos no passado serviram para organizar os departamentos da empresa.

Designers, engenheiros e cientistas para o desenvolvimento de ferramentas necessárias. Peritos financeiros para a captação de financiamento externo conforme previsões de custos. Especialistas em marketing para identificar as reais oportunidades mercadológicas e novas tendências. Programadores de produção e compras para o abastecimento das linhas produtivas. Controladores de qualidade para que a marca GM fosse um diferencial mercadológico.

2.8 Origens do Modelo Industrial Japonês

2.8.1 Tratado de Versailles

O Tratado de Versailles, após a Primeira Guerra Mundial, assinado em 1919, definiu as perdas dos países derrotados: Alemanha, Áustria e Turquia. Conforme Galbraith[32], o objetivo dos países vencedores era arruinar a Alemanha. Foi determinado que esta deveria se responsabilizar pela chamada cláusula

---

[31] SLOAN, Alfred P. *Meus Anos com a General Motors*. São Paulo: Negócio Editora, 2001, p, 201.
[32] GALBRAITH, John Kenneth. *Uma Viagem Pelo Tempo Econômico*. São Paulo: Pioneira, 1994. p. 25-28.

de culpa de guerra, pelas perdas e danos que provocara. A desvalorização do marco frente ao dólar e o crescimento da taxa inflacionária afetaram a economia alemã, aumentando o sofrimento da população. Para muitos estudiosos, a Segunda Guerra Mundial não passou da batalha final da Primeira, por causa da postura dos vitoriosos que "sugaram", praticamente, todos os recursos financeiros dos vencidos. Em síntese, para muitos historiadores, o Tratado de Versailles massacrou os derrotados da guerra e incentivou o desejo de vingança.

✓ *Meta dos países vencedores da Primeira Guerra Mundial: penalizar a economia da Alemanha através da desvalorização do marco alemão.*

2.8.2 Plano Marshall

No acordo de paz da Segunda Guerra Mundial, os países vencedores não cometeram o mesmo erro, para não se criar o desejo de vingança dos derrotados. O Plano Marshall, assinado em 1947, possibilitou empréstimos e juros atraentes para a reconstrução do Japão, Alemanha e Itália, destruídos pela guerra, e o atendimento da população necessitada.

2.8.3 Expansão do Regime Comunista

Nos últimos anos da década de 1940, o regime comunista estava influenciando diversos países da Ásia, com o objetivo de ampliar o modelo adotado pela URSS. Visando a impedir o avanço desse sistema, estrategicamente, os EUA aprovaram o Plano Marshall para a recuperação dos países afetados pela guerra e implementaram bases políticas para a democracia. A Constituição de 1946 privou o imperador japonês de exercer o poder de forma absoluta e desmilitarizou o país.

A aproximação com os EUA possibilitou ao governo japonês financiamentos a juros atraentes para a recuperação de suas fábricas, sem o aumento dos tributos.

2.8.4 União dos Engenheiros Japoneses

A Japanese Union of Scientists and Engineers (Juse) foi criada em 1946 com o objetivo de melhorar a qualidade dos produtos japoneses. Priorizou o incentivo à pesquisa e o desenvolvimento de novas tecnologias, através das universidades. O modelo exportador seria uma alternativa para o Japão, mas exigiria o comprometimento de todos.

Em 1950, a Juse convida William E. Deming, especialista em amostragens estatísticas para o controle da qualidade, para uma série de palestras no Japão. Muitos estudiosos afirmam que o "milagre japonês" teve suas origens no modelo gerencial da produção ensinado por Deming. Outros especialistas americanos, como Joseph M. Juran, contribuíram para a implementação da qualidade em todos os processos de trabalhos.

✓ *Meta dos países vencedores da Segunda Guerra Mundial: recuperar a economia dos países derrotados.*

Desdobramentos:

A Juse priorizou estudos de engenharia e administração voltados para a qualidade. De 1950 a 1970, aproximadamente, 15 mil executivos japoneses estudaram métodos estatísticos e pesquisa de mercado.

A declaração do presidente da Toyota de que para a sobrevivência da indústria automobilística japonesa todos deveriam trabalhar com dedicação para superar os EUA, motivou os funcionários.

Aos poucos, os resultados foram aparecendo, em termos de redução dos problemas de qualidade, aumento da produtividade e eliminação das barreiras interdepartamentais. Subitamente, a qualidade e a confiabilidade dos produtos japoneses deram um salto, em 1950. Em 1954, tinham conquistado mercados no mundo inteiro. Havia começado a nova era econômica, conclui Deming.

Muitos paradigmas foram quebrados. O pensamento de Mizuno[33], por exemplo, possibilita uma reflexão sobre a qualidade perseguida pelo modelo industrial japonês: Um produto não precisa, necessariamente, ter a melhor qualidade intrínseca possível; o único requisito, como atributo extrínseco, é que o produto satisfaça às exigências do cliente para o seu uso.

2.8.5 Medidas do Governo Japonês

A indústria automobilística japonesa foi escolhida, pelo governo, como segmento de interesse nacional, para a captação de moeda internacional,

---

[33] MIZUNO, Shigero. Company-wide total quality control. Tóquio: Asian Productivity Organization, 1992.

através do modelo exportador. A proibição de investimentos externos, diretos na indústria automobilística japonesa e a imposição de elevadas tarifas alfandegárias aos veículos estrangeiros possibilitaram, às 12 embrionárias montadoras de veículos, condições para o desenvolvimento de um sistema produtivo compatível com as exigências internacionais.

Desdobramentos:

A decisão estratégica do governo japonês de criar reserva de mercado para a indústria automobilística foi assimilada pelos americanos porque, nas condições em que se encontrava o Japão, dificilmente resultaria numa ameaça aos EUA.

Conforme Deming[34]: *"O primeiro obstáculo a ser vencido, em nível de direção, no Japão, em 1950, foi a suposição geral de que seria impossível, eles fazerem concorrência à indústria americana e européia, em vista da reputação de má qualidade dos bens de consumo produzidos no Japão."*

Para a implementação do modelo exportador, o governo japonês fixou a cotação de sua moeda, na taxa de câmbio de US$1,00 para cada 240 Ienes. Esse assunto é complexo e envolve decisões macroeconômicas, porque, quando o dólar está excessivamente valorizado, estimula as exportações. Quando desvalorizado, incentiva as importações. É um tema muito polêmico e, brilhantemente, comentado por Iacocca[35]: *"Quando este assunto vem à tona, os japoneses sempre dizem que não é o Iene que está fraco, e sim o dólar que está muito forte."*

✓ *Desafio do governo japonês: mudar a imagem dos produtos fabricados no país.*

2.8.6 – A História da Toyota[36] e o Check-List "DO JOB"

Sakichi Toyoda, considerado, por Taiichi Ohno, como o pai da Toyota, era um empreendedor nato. Em 1888, com 20 anos, passava o dia observando sua avó tecendo, manualmente, o fio de algodão e imaginando como uma

---

[34] DEMING, William Edwards. *Qualidade: A Revolução na Administração*. Rio de Janeiro: Marques Saraiva, 1990, p. 353.

[35] IACOCCA, Lee. *Uma Autobiografia*. São Paulo: Livraria Cultura Editora, 1985, p. 371.

máquina poderia executar as operações envolvidas. Estudando o funcionamento de outros equipamentos, na Spinning and Weaving – Tecelagem e Fiação da Toyota, desenvolveu várias máquinas. Em 1901, em função de sua aprendizagem com fornecedores, iniciou um projeto para a invenção de um tear auto-ativado, que parasse de funcionar, automaticamente, quando problemas surgissem.

O rompimento dos fios ou a finalização da trama geravam desperdícios porque a máquina continuava em processo. Era preciso adaptar, no tear automatizado, dispositivos "especiais" que interrompessem seu funcionamento, sem depender dos operários de produção, evitando-se, assim, perdas desnecessárias.

Ele priorizou a autonomação: nas máquinas automatizadas foram adaptados dispositivos "inteligentes" que passaram a controlar a qualidade da produção realizada.

Os referenciais explorados pelos americanos e europeus, no início do século passado, destacavam: "os japoneses são meros imitadores", preocupando muito Sakichi.

Ele enfatizava, no início de 1900, que o povo japonês deveria desafiá-los com sua inteligência. Como os fatores restritivos japoneses eram imensos, a alternativa encontrada foi a integração com fornecedores para o aprimoramento contínuo e desenvolvimento de projetos em parceria.

Em 1925, sua invenção: o tear auto-ativado – resultado de mais de 20 anos de trabalho em equipe com fornecedores e funcionários da Tecelagem e Fiação Toyota – era uma demonstração para o mundo da inteligência industrial do povo japonês.

Seu nacionalismo pelo Japão ficou evidenciado, em 1930, quando Sakichi Toyoda vendeu a patente do tear autonomatizado para a Patt Brother, da In-

---

[36] OHNO, Taiichi. *O Sistema Toyota de Produção: Além da Produção em Larga Escala*. Porto Alegre: Artes Médicas, 1997, p. 89-91.

glaterra, por 500 mil dólares. A organização européia priorizava a substituição de mão-de-obra braçal por tecnologia, para o enxugamento de sua estrutura hierárquica e, conseqüentemente, maior competitividade mercadológica.

IMPLEMENTAÇÃO DA METODOLOGIA — DOWNSIZING — SIM ✓ / NÃO

Por sua determinação e insistência, direcionou todo esse capital em pesquisa de automóveis. Conforme Ohno, as declarações de Sakichi, após a venda da patente, foram: "Eu servi o nosso país com o tear. Eu quero que você o sirva com automóvel".

IMPLEMENTAÇÃO DA METODOLOGIA — OBJECTIVE — SIM ✓ / NÃO

Assim, antes da Segunda Guerra Mundial, a Toyota já trabalhava no desenvolvimento de um novo modelo industrial. A experiência adquirida, na fabricação de equipamentos "inteligentes", no segmento Fiação e Tecelagem, foi transferida para a industrialização do automóvel.

IMPLEMENTAÇÃO DA METODOLOGIA — BENCHMARKING — SIM ✓ / NÃO

O resultado da persistência e do espírito de equipe transformou o Japão em uma potência industrial. Os carros da Toyota, na década de 70, encantaram o mundo pelo design inovador, tecnologia avançada, qualidade superior e preços competitivos. Os americanos e europeus foram obrigados a estudar e copiar o modelo Industrial Enxuto da Toyota.

IMPLEMENTAÇÃO DA METODOLOGIA — BENCHMARKING — SIM ✓ / NÃO

2.8.7 Estratégia Japonesa: Aprender com os Americanos

A influência dos métodos de gestão americanos no Japão, após a Segunda Guerra Mundial, foi limitada por causa das dificuldades do idioma. Assim, as empresas japonesas buscaram, através de sua tradição e cultura, inspiração para um modelo próprio de Gestão Administrativa e Fabril.

A autoridade militar, a obediência, o cumprimento fiel das tarefas programadas, a falta de diálogo entre superiores e subordinados, não fizeram parte do legado cultural das organizações japonesas. O papel do líder, do mestre, visando à preparação dos funcionários para o desempenho das tarefas programadas, norteou o modelo de administração japonês.

A escassez de recursos, as condições climáticas, a perda da guerra e os efeitos da bomba atômica motivaram o povo japonês ao sentimento de solidariedade e austeridade, desprezando valores americanos como a ganância, a individualidade e o consumismo.

Capítulo II: Gestão das Indústrias Automobilísticas

Os japoneses precisavam aprender os segredos das empresas americanas, para desenvolverem uma maneira oriental de produzir automóveis com finalidade internacional. Os americanos permitiram que muitos engenheiros japoneses visitassem a Ford e a GM, para aprendizagem do sistema industrial. Sugeriram a contratação, pelos japoneses, de professores americanos e especialistas na implementação da qualidade no processo fabril.

✓ *Aprender com os americanos: decisão estratégica priorizada pelos japoneses.*

De acordo com Womack[37], no início da década de 1950, os executivos da Toyota, Eiji Toyoda e Taiichi Ohno visitam, várias vezes, a Ford em Detroit, com o objetivo de estudar o funcionamento da maior indústria do mundo, para aplicação na Toyota. Observaram que os princípios da produção em massa e a repetição de poucos modelos, executada magnificamente pelos americanos, dificilmente poderiam ser superados.

Através do Plano Marshall, os empréstimos concedidos a juros atraentes, incentivaram o governo na reestruturação do país. A decisão de transformar o segmento automobilístico em uma área de interesse nacional foi a salvação para a economia japonesa. Para o modelo exportador, os produtos japoneses tinham que atender aos padrões de qualidade e tinham que praticar preços competitivos. A colocação dos veículos no mercado europeu e americano tinha outro fator complicador: os custos com os transportes marítimos, que deveriam ser "economizados" nas operações industriais.

Com base nas simulações, em termos de planilha de custos, chegou-se a uma configuração ideal para os produtos japoneses, porém, os defeitos de fabricação inviabilizariam o modelo exportador. Os veículos japoneses, colocados nos EUA e Europa, por causa dos custos de transporte, não poderiam apresentar defeitos e retornar às fábricas japonesas. Montar, nos países importadores, bases para consertar defeitos de produção era inaceitável para o presidente da Toyota, porque inviabilizaria o retorno do capital investido. Assim, os veículos da Toyota tinham que ter 100% de qualidade em todas as etapas produtivas. O modelo Enxuto da Toyota foi desenvolvido em, aproximadamente, 20 anos.

---

[37] Womack, James P. *A Máquina que Mudou o Mundo*. Rio de Janeiro: Campus, 1992

✓ *Os veículos japoneses deveriam ter qualidade 100% para enfrentar os produtos americanos e europeus.*

Durante a aprendizagem com a Ford, GM e outras empresas, os executivos da Toyota identificaram diversos fatores restritivos (desperdícios) no sistema industrial dos EUA. Desperdícios com estoques desnecessários, movimentação de materiais que não agregavam valor ao produto final e máquinas paradas. Cada problema foi estudado e uma metodologia específica desenvolvida.

Para a Toyota, as organizações americanas, mesmo com os desperdícios, mantinham seu crescimento porque o potencial de consumo interno era muito elevado e o fator concorrência insignificante. Assim, a configuração do cenário "oferta inferior à procura" possibilitou a convivência com desperdícios e ineficiências de cada organização porque eram repassadas para o preço final dos produtos fabricados.

Para se transformar em indústrias exportadoras e concorrer com os americanos e europeus, os produtos japoneses tinham que eliminar os desperdícios destacados. Os americanos desenvolveram a produção em massa, chamada de "sistema empurrado para o mercado", envolvendo a fabricação para posterior comercialização. O mercado interno dos EUA possibilitava a "garantia" da venda porque o perfil socioeconômico da população era muito elevado e o consumismo era uma referência americana. O potencial de exportação americano também reforçava a produção para o estoque.

✓ *Executivos da Toyota estudam os processos produtivos da GM e identificam os principais gargalos operacionais.*

Os japoneses não podiam contar com o consumo interno, em função das dificuldades financeiras da perda da guerra, muito menos com a exportação, porque seus produtos, até então, eram conhecidos pela má qualidade e pirataria.

Taiichi Ohno pregava que a produção deveria ser efetivada somente após a confirmação da venda. Assim, os estoques seriam minimizados. Para isso, a Toyota deveria estar estruturada para processar, rapidamente, o produto comercializado dentro dos prazos desejados pelos consumidores. Depois de muita reflexão, formataram o "sistema produtivo puxado" pelo mercado, que inverteria a óptica produtiva. Desta forma, o processo fabril começaria com a comercialização do produto final até atingir as primeiras operações produtivas.

2.8.8 Taiichi Ohno – O Gênio da Toyota

A metodologia desenvolvida por Ohno, recebeu o nome de "Just in Time", que significava oficializar a produção ou a aquisição de insumos externos, "no momento certo, na hora certa", sempre após a venda do produto. A instrumentalização do Just in Time (JIT) ocorreu através do Kanban, que definia os lotes econômicos a serem fabricados e os prazos solicitados, apropriados para cada estágio produtivo.

Para a eficácia desta estratégia, Ohno percebeu que era preciso se aproximar dos fornecedores, tratá-los como parceiros e discutir, em conjunto, os problemas identificados na cadeia produtiva.

Conforme Ohno, a idéia do JIT foi inspirada nos supermercados dos EUA, onde o cliente podia obter o que desejava, no momento e na quantidade certa. Através da compra era acionado o processo de reposição do estoque.

✓ *Adquirir matérias-primas e componentes somente no momento certo.*

Para a fabricação de um produto comercializado, dentro dos prazos exigidos pelo mercado, Ohno revolucionou as trocas de ferramentas *(setup)*. No final da década de 50, ele havia reduzido o tempo necessário para trocar moldes de um dia para surpreendentes três minutos, eliminando a necessidade de especialistas.

O modelo Industrial Enxuto da Toyota foi desenvolvido em, aproximadamente, 20 anos, perseguindo o seguinte desafio: "Garantir" qualidade 100% em todas as etapas produtivas. Os japoneses observaram que os defeitos de fabricação eram gerados por falhas humanas e nos processos industriais. Era preciso estudar suas causas motivadoras.

2.8.9 Performance dos Produtos Japoneses

Princípio do baka-yoke (à prova de defeitos): *"Para fabricarmos produtos de qualidade 100% do tempo, são necessárias inovações nos instrumentos e equipamentos. Instalamos dispositivos para a prevenção de defeitos. Isto é chamado de baka-yoke, dispositivos à prova de defeitos, porque se há irregularidade no material utilizado, o equipamento não funcionará; se uma operação for pulada, o processo, subseqüente, não será iniciado"*, explicou Ohno[38].

Os americanos ao desenvolverem e aprimorarem o modelo industrial, em massa, substituíram operações manuais por processos mecânicos cada vez mais automatizados. A velocidade do processo produtivo era o maior desafio da GM e da Ford para atender à demanda sempre crescente. A produção com os equipamentos americanos era muito elevada, por causa da automação, porém, a geração de peças defeituosas crescia proporcionalmente. Esse desperdício não poderia estar presente na fabricação dos produtos da Toyota. *"A base do Sistema Toyota de Produção é a absoluta eliminação do desperdício. Os dois pilares necessários à sustentação do sistema são: Just in Time e Autonomação, ou automação com um toque humano"*, dizia Ohno[39].

Princípio do Kaizen (aprimoramento contínuo): Nos anos 50, os japoneses retomaram as idéias de Taylor, para renovar sua indústria, e criaram os conceitos de kaizen. É o comprometimento, do elemento humano, com a melhoria e para se evitar a repetição do erro. Nas empresas americanas, o kaizen foi chamado de "círculos de qualidade".

Essas ferramentas de gestão – baka-yoke e kaizen – possibilitaram a concretização do sonho da Toyota, para o modelo exportador, porque estavam estruturadas dentro da base conceitual dos cinco por quês. Ao enfrentar um problema, o gestor deveria perguntar "por quê", cinco vezes. Repetindo por que cinco vezes ajuda a descobrir a raiz do problema. *"Podemos chegar à verdadeira causa do problema, que, geralmente, está escondido atrás de sintomas mais óbvios"*, questionava Ohno[40].

Explorando essa metodologia, desenvolvemos um exemplo explicativo, enfocando o dimensional de uma peça em desacordo com o padrão estabelecido.

✓ A base da filosofia de produção da Toyota é a eliminação dos desperdícios dos processos fabris e administrativos.

---

[38] OHNO, Taiichi. *O Sistema Toyota de Produção: Além da Produção em Larga Escala*. Porto Alegre: Artes Médicas, 1997, p. 130.

[39] Idem, p. 25.

[40] Ibidem, p. 37.

Exemplo: Platina Dianteira do Velocímetro, usada nos painéis dos veículos

1º PORQUÊ	Por que a platina está fora da especificação? O defeito foi causado porque a prensa BK-16 não mantém o mesmo padrão de qualidade durante a fabricação.
2º PORQUÊ	Por que a máquina não mantém o mesmo padrão? Porque os funcionários são inexperientes e não conseguem controlar as tolerâncias mínimas e máximas, gerando peças defeituosas.
3º PORQUÊ	Por que não são devidamente treinados? Porque os funcionários da área de estamparia não permanecem por muito tempo na seção, obrigando constantes contratações.
4º PORQUÊ	Por que os funcionários são substituídos? Porque pedem demissão.
5º PORQUÊ	Por que pedem demissão? Porque o trabalho é muito desgastante, a área é excessivamente barulhenta, suja e os funcionários não têm perspectivas.
ANÁLISE FINAL	O defeito da Platina Dianteira do Velocímetro é causado por problemas mecânicos porque a empresa não disponibiliza as condições ideais para o trabalho. O ambiente produtivo precisa ser agradável para não provocar fadiga ou desinteresse dos funcionários.

✓ *Uma das metas da Toyota era identificar as causas reais de cada problema. Após estudo detalhado, propor soluções.*

Através da automação, Ohno adaptou, nas máquinas da Toyota, dispositivos para interromper, automaticamente, o processo produtivo quando uma anormalidade era identificada, evitando-se, assim, a geração de peças defeituosas. Conforme Ohno[41], na Toyota, uma máquina automatizada com toque humano era aquela que estava acoplada a um dispositivo de parada automática... *"A autonomação também muda o significado da gestão. Não será necessário um operador enquanto a máquina estiver funcionando normalmente... como resultado, um trabalhador pode atender diversas máquinas..."* concluiu. Outra medida importante adotada foi a autonomia dada aos funcionários para a interrupção do processo produtivo quando identificassem qualquer anormalidade no fluxo.

De acordo com Womack[42]: *"A produção enxuta é uma maneira superior do ser humano produzir bens. Ela propicia melhores produtos, numa maior*

---

[41] OHNO, Taiichi. *O Sistema Toyota de Produção: Além da Produção em Larga Escala.* Porto Alegre: Artes Médicas, 1997, p. 28.

[42] WOMACK, James P. *A Máquina que Mudou o Mundo.* Rio de Janeiro: Campus, 1992, p. 221.

variedade, e a um custo inferior. Igualmente importante, ela propicia um trabalho mais desafiador e gratificante para empregados, em todos os níveis, da fábrica à alta administração. Segue-se que o mundo inteiro deveria adotar a produção enxuta, e o mais rápido possível".

2.9 Metas do Gênio Ohno que Mudaram a História da Toyota

A citação de Toyoda Kiichiro, presidente da Toyota[43], após a Segunda Guerra Mundial: *"Alcancemos os Estados Unidos em três anos. Caso contrário, a indústria do Japão não sobreviverá"*, influenciou Taiichi Ohno, a questionamentos que, de 1945 a 1963, resultaram na implantação de novo modelo produtivo.

Duas referências de Ohno devem ser estudadas, para a compreensão de sua visão empreendedora:

"O progresso não se pode fazer quando estamos satisfeitos com a situação existente... Se simplesmente andamos sem uma meta, nunca seremos capazes de fazer boas perguntas."

"Para cada problema precisamos ter uma medida de combate específica. Uma afirmação vaga de que o desperdício precisa ser eliminado... não irá convencer ninguém."

Em vinte anos de trabalho, os gestores e gurus da Toyota, liderados pelo gênio Taiichi Ohno, perseguiram a formatação de um novo modelo industrial, fazendo "boas perguntas", e fixando metas para a eliminação dos desperdícios instalados no sistema fabril americano. Evidentemente, nesse longo período de trabalho, houve sucessos, fracassos e estagnações, mas, a perseverança de Ohno, no tocante ao combate específico de desperdícios, foi o diferencial da Toyota para superação das empresas americanas e européias. O quadro a seguir destaca as perguntas realizadas e as ações implementadas por Ohno, conforme seu livro[44].

---

[43] OHNO, Taiichi. *O Sistema Toyota de Produção: Além da Produção em Longa Escala.* Porto Alegre: Artes Médicas, 1997, p. 25.

[44] Idem, pp. 25, 71, 37, 45, 41, 24, 28, 56 e 53, respectivamente.

OS MANDAMENTOS DE TAIICHI OHNO
GÊNIO DA TOYOTA

Anos	Questionamentos	Citações de Ohno
1945	Como superar os EUA em três anos?	"Se pudéssemos eliminar os desperdícios do fluxo fabril, a produtividade deverá decuplicar."
1945	O que é desperdício?	"São elementos de produção que aumentaram custos sem agregar valor: excesso de pessoas, de estoques e de equipamentos."
1946	Como eliminar as causas envolvidas em um desperdício?	"Ao enfrentar um problema, repetir por quê cinco vezes... pode ajudar a descobrir a raiz do problema e corrigi-lo."
1948	Existe um segmento empresarial com desperdícios reduzidos?	"Um supermercado é onde um cliente pode obter o que necessita no momento e na quantidade necessária."
1955	Como expor os desperdícios para que todos possam atacar suas causas?	"Através do sistema 'Andon', um painel visível que mostra o local e a natureza das situações problemas."
1960	Como competir com os americanos e europeus?	"Cortar custos e, ao mesmo tempo, produzir quantidades de muitos tipos (modelos) de carros."
1962	Como produzir em grande escala, sem gerar peças defeituosas?	"Com dispositivos 'inteligentes' de parada automática em cada máquina, sistema 'Baka-Yoke'..., pode-se impedir a fabricação de produtos defeituosos."
1962	Como reduzir as horas consumidas nas trocas de ferramentas (setup)?	"Com treinamento do pessoal e novas tecnologias... nos anos 40, cada setup levava cerca de 3 horas... em 1960, apenas 15 minutos."
1963	Como implementar fluxos produtivos sem estoques desnecessários?	"A implantação de metodologias do Just In Time... do Kanban exigira 10 anos... estávamos introduzindo conceitos completamente novos."

Quadro 16: Mandamentos de Taiichi Ohno.

A primeira crise do petróleo, em 1973, afetou governos, empresas e sociedades do mundo inteiro. Foi a oportunidade aguardada pela Toyota Motor Company para mostrar ao mundo seus veículos fabricados e encantar consumidores americanos e europeus, com design inovador, preços competitivos, qualidade superior e com baixo consumo de gasolina.

2.10 LEE IACOCCA – O GURU DA FORD

Em 1946, Lee Iacocca iniciou, na Ford, como estagiário na área de engenharia. Depois de quase um ano de trabalho, nas áreas de fundição e usinagem, descobriu que sua vocação era marketing ou vendas. Foi efetivado na função de visitar revendedores e orientá-los na venda de caminhões e carros. Para a superação dos primeiros desafios, Iacocca teve muita determinação e força de vontade.

Dizia Iacocca[45]: *"Nem todos os jovens de hoje entendem isso. Eles vêem um homem de negócios bem-sucedido e não param para pensar em todos os erros que ele deve ter cometido quando era mais jovem. Os erros fazem parte da vida; não há como evitá-los. Só se pode esperar que eles não custem muito caro e que não se cometa o mesmo erro duas vezes."*

Em 1949, Iacocca foi promovido a gerente regional de vendas da Pensilvânia. Em função da coordenação de 18 revendedores, percebeu a importância dos mesmos na movimentação de toda a cadeia produtiva e de negócios. Porém, a Ford não dava a devida importância para os verdadeiros clientes, e suas idéias não eram valorizadas. Poucas vezes foram convidados para reuniões gerenciais.

✓ *A Ford não valorizou o aprendizado com os fornecedores-parceiros da cadeia produtiva.*

Em dezembro de 1960, foi promovido a Diretor. Sua missão principal era desenvolver um sistema administrativo que pudesse controlar a produtividade da Divisão Ford.

As potencialidades mercadológicas e o otimismo dos empresários e trabalhadores com os resultados do governo Kennedy, possibilitavam grandes oportunidades para as empresas americanas e seus gestores. Era preciso implementar um sistema administrativo com ferramentas de gestão, para possibilitar resultado para a organização. A metodologia explorada por Iacocca, seguindo os ensinamentos de Sloan, envolvia a definição dos objetivos a serem perseguidos nos próximos três meses, e de que forma cada gestor planejava realizar os planos agendados.

Trimestralmente, os planos eram conferidos pelo supervisor imediato. Na fase do planejamento dos objetivos trimestrais, Iacocca exigia que tudo fosse documentado, para se evitarem imprecisões e esquecimentos. Destacava, ainda, que tanto na programação como, também, na fase de controle (prestação de contas), as partes envolvidas estavam criando um motivo para a aproximação, para o relacionamento e aprendizado. Administrar para Iacocca nada mais era do que motivar outras pessoas, através da comunicação e do diálogo.

---

[45] IACOCCA, Lee. *Uma Autobiografia*. 1ª Edição. São Paulo: Livraria Cultura Editora, 1985, p. 54.

Conclui o então diretor da montadora: *"Afinal de contas... um homem faz um carro sozinho?"* A metodologia administrativa explorada permitiu, a Iacocca, algumas conclusões: *"Gerentes com problemas de relacionamento com subordinados não conseguiam sucesso por muito tempo. Para atingir metas, cada vez mais desafiadoras, era preciso ajudar, e ser ajudado, pelas pessoas que pertenciam à nossa cadeia produtiva."*

A economia americana estava mantendo o ritmo de crescimento e a população com maior poder aquisitivo para o consumo. A Ford precisava lançar um novo modelo, para surpreender o mercado. Várias pesquisas foram realizadas, com o objetivo de se conhecer os desejos e as necessidades do público-alvo e diferenciais competitivos dos concorrentes.

✓ *Aprender com os erros dos concorrentes é o diferencial das organizações vitoriosas.*

2.10.1 Reflexão de Iacocca: O Poder da Logomarca

Quando um cliente Ford optava pela compra de um carro de luxo, ele dava preferência para o Buick, Oldsmobile ou Cadillac, fabricados pela GM. *"O que fazíamos era criar futuros consumidores dos carros de luxo da GM."* destacava Iacocca[46]. A justificativa encontrada era que, apesar de serem bons, os carros da Ford não tinham símbolo de status e o estilo e a identidade não despertavam entusiasmo.

Após diversas reuniões, definiram que os modelos de luxo, Lincoln e Mercury, receberiam um símbolo ousado e criativo. Depois de várias alternativas estudadas, o Puma – o gato selvagem – se firmou como a logomarca para representar toda a divisão. O resultado foi espetacular, e a figura do Puma, em cima do emblema "Lincoln – Mercury" tornou-se muito conhecida. *"Quando você está tentando promover uma marca, sua primeira tarefa é deixar claro onde a marca pode ser encontrada. É por isso que o arco da McDonald's é tão eficaz. Até uma criança pequena sabe aonde ir para comprar hambúrguer"*, concluía Iacocca[47].

---

[46] IACOCCA, Lee. *Uma Autobiografia*. 1ª Edição. São Paulo: Livraria Cultura Editora, 1985, p. 106.

[47] Idem, p. 109.

2.10.2 Custo Operacional de um Modelo

Para produzir mil ou um milhão de carros do mesmo modelo, a estrutura de custos, em termos ferramentais, é a mesma. Os valores monetários para os moldes e ferramentas são muito elevados e têm que ser rateados em cima de um quantitativo produzido. Se um determinado modelo não atingir o mínimo esperado, em termos de comercialização, a empresa tem que bancar as perdas e os gestores envolvidos, assumir as falhas.

Iacocca evidencia a importância da estratégia adotada por Alfred Sloan da General Motors[48]: *"Você precisa oferecer, para todos, um carro para pobres – e isso, o primeiro Ford já pressentia –, mas também, precisa de carros para classe alta. Mas nunca se pode contar quando o operário vai ser demitido. Parece que a única coisa com que se pode contar, nos EUA, é que, mesmo durante uma recessão, os ricos ficam mais ricos. Então, é sempre necessário ter coisas para eles comprarem."*

2.10.3 Desabafo de Lee Iacocca

Sloan implementou um estilo gerencial descentralizado, motivando a geração de idéias e, com isso, alcançou resultados cada vez mais surpreendentes. Na Ford, o clima organizacional era diferente porque sua estrutura hierárquica, com excesso de burocracia, dependia, exclusivamente, de seu fundador. Conforme declarações de Iacocca[49]: *"A única coisa que você nunca podia fazer, na Ford, era chegar muito perto do trono... muitos alertavam... mantenha distância de Henry Ford II... ele tem sangue azul. O seu é apenas vermelho."* Ford não percebia que os novos paradigmas exigiam uma maneira mais humana de gerenciar.

✓ A Ford perdia competitividade por não enxugar sua estrutura hierárquica.

2.10.4 O Guru Lee Iacocca e o Projeto Mustang

As estratégias exploradas por Lee Iacocca, para desenvolvimento e lançamento comercial do novo carro da Ford, envolvendo investimento de U$350

---
[48] Idem, p. 113.
[49] Ibid, p. 119.

milhões, provaram que o guru estava no caminho certo. O sucesso do Mustang transformou Iacocca no guru da montadora, após 1964, o que possibilitou seu acesso à presidência da Ford, em 1970. Nessa época, em conseqüência de inúmeros erros estratégicos, a Ford estava com dificuldades financeiras, por miopia mercadológica de seu presidente, Ford II. Novos modelos de veículos foram postergados, por decisão do presidente, prejudicando a organização.

Reforçando esta Conceituação
Mustang: Uma lição de marketing
Vide o Estudo de Caso - p. 103

Ao assumir a presidência da montadora, como prêmio pelo sucesso do Mustang, Iacocca tinha que mostrar seu estilo de gerenciamento. Na sua análise, uma organização poderia ganhar dinheiro vendendo produtos lucrativos ou reduzindo despesas gerais. Na sua avaliação, a montadora estava cometendo erros estratégicos, na gestão mercadológica, nos recursos humanos e também, no controle dos custos industriais.

A estratégia de Iacocca foi o programa "cinqüenta e quatro", cujo objetivo era reduzir as despesas operacionais em 50 milhões de dólares em quatro áreas: cronograma, complexidade do produto, custo de projeto e modos antiquados de fazer negócios.

Conhecendo profundamente a organização, Iacocca priorizou a redução das despesas e definiu os caminhos que deveriam ser seguidos, em termos de novos controles, para a solução do problema. Observou que algumas empresas do grupo não estavam apresentando o retorno esperado. Através do Projeto "Descarte os Perdedores", decisões radicais foram tomadas para o fechamento de vinte empresas deficitárias do grupo e diminuição dos níveis hierárquicos de outras. Decisões importantes do passado, postergadas por Ford, influenciaram a cultura organizacional e comprometeram a performance da organização, o que justificava as medidas radicais tomadas.

IMPLEMENTAÇÃO DOWNSIZING SIM/NÃO DA METODOLOGIA

✓ *Iacocca priorizou o enxugamento da estrutura organizacional da Ford visando a tomada de decisão com eficácia.*

2.10.5 Henry Ford II na Visão de Iacocca

Através de algumas citações de Iacocca, podemos conhecer a filosofia de estilo gerencial de Ford. *"No início da minha presidência, Ford falou: se um sujeito trabalha para você, não o deixe ficar muito à vontade. Não o deixe sentir-se dono da situação. Faça sempre o contrário do que ele está esperando. Mantenha seu pessoal ansioso e inseguro"*, destacava Iacocca[50], que depois de vários anos de trabalho na organização considerou Ford como um pirralho, frustrado e inseguro, porque nunca precisou lutar por nada na vida.

Sem querer atuar como psicólogo, Iacocca acreditava numa teoria a respeito da origem dos conflitos de Ford. Ele crescera cercado de portões fechados e guardas de segurança, com medo de seqüestradores e de todos que não fizessem parte da sua família.

Para Iacocca, Ford era um pouco paranóico. Odiava escrever as ocorrências da empresa e se gabava de não manter arquivos porque queimava seus papéis. Seu lema era: destrua tudo que puder, principalmente depois do episódio de Watergate.

A Família Ford e a Presidência da Montadora	
Henry Ford	de 1906 a 1919
Edsel Ford	de 1919 a 1943
Henry Ford II	de 1945 a 1979
William Clay Ford Jr.	a partir de 2001

Quadro 17: Os presidentes da Ford Motors Company

2.10.6 Primeira Crise do Petróleo

Em 1973 – primeira crise do petróleo –, os países árabes restringiram suas exportações e aumentaram os preços para os países que, de alguma forma, apoiavam Israel. A indústria norte-americana foi fortemente abalada. Os carros pequenos e econômicos, com o aumento da gasolina, passaram a ser valorizados pelos consumidores. As indústrias automobilísticas americanas sempre priorizaram os carros luxuosos e "bebedores" de combustíveis.

Era preciso colocar, no mercado, carros pequenos e econômicos. Os japoneses, com o modelo produtivo puxado e priorizando carros pequenos e econômicos, conquistavam o mercado americano por causa do design inovador, qualidade superior, preços competitivos e baixo consumo.

---

[50] IACOCCA, Lee. *Uma Autobiografia*. 1ª Edição. São Paulo: Livraria Cultura Editora, 1985, p. 122.

Mas a Ford tinha um problema difícil de superar para enfrentar os novos paradigmas. Iacocca conta que, para Henry Ford, os carros pequenos eram a morte. Sua expressão favorita era: minicarros, minilucros. O estilo centralizador de Henry e sua personalidade vaidosa, resultado do sucesso de seu império industrial, impediam-no de aceitar as novas idéias dos consumidores, dos revendedores e de seus gestores. Iacocca, depois de diversas argumentações, conseguiu convencer Henry Ford a gastar um bilhão, para fazer um carro pequeno, modelo Fiesta, para o mercado europeu. Foi um sucesso estrondoso e, posteriormente, salvou a Ford na Europa.

Como estratégia para reduzir gastos, Iacocca estudou a possibilidade de uma parceria com a Honda, visando ao fornecimento de motores para a Ford, a US$ 711 dólares cada. Na opinião de Iacocca era uma estratégia ousada e poderia resultar em vantagens comparativas para a companhia. Quando Iacocca[51] apresentou a idéia a Henry Ford II, sua resposta foi: *"Nenhum carro com meu nome no capô, vai ter uma máquina japonesa dentro."* Esse foi o fim de uma grande oportunidade.

✓ *Henry Ford II perdeu, sua grande oportunidade comercial, ao recusar a parceria com a Honda.*

2.10.7 1978: Henry Ford II Demite Lee Iacocca

No momento da demissão, as palavras de Iacocca[52] para Ford II foram: *"Olha para mim... seus métodos não valem nada... Acabamos de ganhar um bilhão e oitocentos milhões de dólares pelo segundo ano consecutivo... Você nunca mais vai ganhar um bilhão... E você sabe por quê?... Você não sabe o que fizemos para ganhá-lo."*

O peso de ser demitido[53]

"Pela primeira vez, na vida, aprendi como é terrível ser mandado embora. Meus amigos pararam de me telefonar, pois o meu telefone poderia estar grampeado." Conforme Iacocca, seus amigos estavam com medo de serem perseguidos pelo velho e arrogante ditador que dirigia a organização como um ducado privado.

---

[51] IACOCCA, Lee. *Uma Autobiografia*. 1ª Edição. São Paulo: Livraria Cultura Editora, 1985, p. 132.
[52] Idem, p. 160.
[53] Ibidem, p. 162.

O destino de Iacocca seria a Chrysler, anos depois, porém, conforme sua declaração posterior, pode-se perceber que ele se arrependeu, amargamente, de ter aceitado trabalhar na nova montadora. *"É bom que Deus não nos permita enxergar um ano ou dois à frente, senão ficaríamos muito tentados a dar um tiro na cabeça. Mas ele é um Deus caridoso: só permite que se veja um dia de cada vez. Quando os tempos ficam difíceis, o único jeito é respirar fundo, continuar e fazer o melhor possível"*, concluiu Iacocca[54].

✓ *As parcerias que realizamos na vida particular, em termos de amizade, com os colegas de empresa, sobrevivem após nossa demissão?*

2.10.8 Conseqüências do Aumento do Preço do Petróleo

O novo fator complicador mundial transformaria radicalmente o mundo ocidental e o oriental. Os novos preços da gasolina provocaram recessão econômica, desemprego e os consumidores passaram a dar preferência aos carros econômicos. A Toyota estava preparada para enfrentar a crise do petróleo. As metas perseguidas, desde a década de 1950, possibilitaram a fabricação de veículos com preços competitivos, qualidade superior e design avançado.

✓ *A meta perseguida pela Toyota por 20 anos: encantar os consumidores americanos e europeus.*

As citações, a seguir, possibilitam analisar as conseqüências do modelo Produtivo Enxuto da Toyota, para a economia americana, nas décadas de 1970, 1980 e 1990:

> a) *"No início da década de 1970, os executivos de Detroit viam nas redondezas as vias cheias de grandes carros norte-americanos. Se estivessem mais próximos das cidades portuárias do pacífico, eles teriam observado um número, cada vez maior, de Datsuns e Toyotas enchendo as estradas. Talvez tivessem planejado um contra-ataque mais em tempo."*
>
> **Takeshi Tamasko Imai**

---

[54] IACOCCA, Lee. *Uma Autobiografia*. 1ª Edição. São Paulo: Livraria Cultura Editora, 1985, p. 175.

b) *"A perda da competitividade da Indústria americana, na década passada, foi, simplesmente, um desastre econômico."*

Business Week
(30 de junho de 1980)

c) *"Dois carros idênticos saem da mesma linha de montagem na América. Um deles recebe uma placa de identificação japonesa, enquanto o outro recebe uma placa de identificação americana. E o público prefere o carro com a placa de identificação japonesa! Isso tem de acabar."*

Lee Iaccoca
Chrysler (1990)

Os elementos básicos do sistema fabril em massa, envolvendo o elevado volume de produção, repetição padronizada de processos industriais, utilizando-se mão-de-obra pouco qualificada, eram uma vantagem comparativa americana, nas décadas de 1950 e 1960. Em longo prazo, transformou-se na razão de sua própria decadência, por excessiva repetitividade, sem valor agregado e convivendo com desperdícios na cadeia produtiva.

✓ *A Toyota, através do gênio Taiichi Ohno, aprendeu com os americanos a fabricar automóveis. Posteriormente, superou a performance da GM e da Ford*

Taiichi Ohno destaca que Henry Ford, empreendedor americano, conseguiu estruturar sua unidade de negócio em uma cadeia produtiva integrada. Extraía minério de ferro e, depois de quatro dias, esse mesmo mineral já estava sendo utilizado no automóvel, produzido nas suas linhas de montagem. Faltou a Henry Ford visão para:

✓ *reduzir os tempos de troca de ferramentas;*

✓ *reduzir os estoques com as metodologias just in time;*

✓ *reduzir a geração de peças defeituosas.*

O sistema industrial idealizado por Ohno prioriza a transferência de tarefas e responsabilidades para os trabalhadores que, realmente, têm poder para agregar valor ao produto final. Os defeitos identificados no processo são estudados pelos operários para se descobrirem e eliminarem suas causas.

O caminho trilhado pela Toyota foi substituir a produção de larga escala de produtos padronizados, para o modelo enxuto, com alto valor agregado para os consumidores e preços competitivos. Nas empresas de alto valor, os lucros não provêm de escalas nem de volumes elevados, mas da descoberta dos novos desejos e necessidades do público-alvo envolvido.

De acordo com Ohno[55]: *"O sistema Toyota de produção evoluiu da necessidade. Certas restrições, no mercado, exigiram a produção de pequenas quantidades de muitos modelos, sob condições de baixa demanda... que a indústria japonesa enfrentou no período pós-guerra."*

As montadoras americanas e européias, surpreendidas com a performance da Toyota, passaram a estudar os produtos japoneses. Perceberam, posteriormente, que os japoneses desenvolveram um excelente sistema industrial que envolvia, totalmente, a cadeia automotiva, concatenando ações estratégicas dos fornecedores, para maior produtividade. A Toyota mantinha relação com seus funcionários como colaboradores, com direitos e responsabilidades mais abrangentes que nas empresas ocidentais. Por exemplo, interromper o processo fabril quando identificasse um problema de qualidade.

✓ *O Sistema Enxuto da Toyota passou a ser estudado pelos americanos e europeus. Vide Estudo de Caso, Projeto Saturn (p. 99)*

Estudando a cadeia automotiva, os americanos perceberam que a média de 70% do custo de um veículo estava relacionada às peças e aos componentes. Assim, priorizaram a aproximação com seus fornecedores e redução dos desperdícios, uma das principais razões do sucesso japonês.

A aproximação dos fornecedores tinha como objetivo maior transferir para a contratada atividade considerada "meio", e que a contratante pudesse concentrar todos os seus recursos nas atividades "fim". No caso da indústria automotiva, pode-se destacar que os fornecedores, com capacidade tecnológica e administrativa, passaram de autopeças para auto-sistemas porque assumiram serviços que, anteriormente, eram realizados pelas montadoras. A relação comercial, muitas vezes conflituosa, foi substituída pela parceria. Muitas

---

[55] OHNO, Taiichi. *O Sistema Toyota de Produção: Além da Produção em Larga Escala.* Porto Alegre: Artes Médicas, 1997. p.9.

montadoras visitaram seus fornecedores como "consultoras", para a identificação dos principais fatores restritivos e propor alternativas.

A filosofia industrial denominada "Just in Time" – JIT, aliada ao kanban e à autonomação, possibilitou vantagens competitivas para as organizações orientais, obrigando os Estados Unidos a reformulação completa de seus processos industriais. O "Just in Time", com slogan "no momento certo e na quantidade certa", priorizava a eliminação dos desperdícios, direcionando seu enfoque para a austeridade na alocação dos recursos materiais e humanos. Ele possibilitou excelentes ganhos de escala, através da redução dos estoques.

A resposta americana veio através da Teoria das Restrições, com a eliminação dos fatores restritivos que prejudicam o fluxo da cadeia produtiva (vide p. 94). O fator restritivo é chamado de "gargalo" porque sua capacidade de produção é inferior à demanda. Os gargalos instalados nas áreas de finanças, faturamento, contabilidade, marketing e informática passam a ser estudados, para se eliminarem as causas motivadoras.

✓ As relações entre montadoras e fornecedores, no passado, eram de conflito. No presente estão apoiadas nos princípios de parceria e aprendizagem mútua.

O Just in Time possibilitou a realização de um grande sonho do presidente da Toyota, que era superar a performance industrial americana, baseada na produção em massa desenvolvida por Henry Ford.

2.10.9 Diferenças dos Sistemas Produtivos

- Americano: Sistema "empurrado" para o mercado.
- Japonês: Sistema "puxado" pelo mercado.

Sistema Americano	×	Sistema Japonês
A produção era realizada em grandes lotes para ratear os custos de produção, trocas de ferramentas (setup) e peças defeituosas. O tempo médio de cada setup era de, aproximadamente, quatro horas.		As máquinas foram ajustadas para permitir a flexibilização da mudança de produção em pequenos lotes. Era possível produzir uma variedade maior de modelos. O setup passou para alguns minutos.
Os fornecedores são substituídos quando não conseguem atender às programações da organização. Tudo que fosse possível era fabricado, internamente, para maior controle do "segredo industrial".		Os fornecedores-parceiros foram integrados na Cadeia Produtiva e, priorizado o aprimoramento contínuo entre as empresas. Muitas atividades, consideradas "meio" e "fim" foram terceirizadas.
Os operários de fabricação eram administrados como "mão-de-obra" porque os processos eram repetitivos. A comercialização garantida gerou acomodação e repasse dos desperdícios para os consumidores.		Os operários, administrados como recursos pensantes e estimulados para a melhoria da produtividade, tinham autonomia para interromper o processo produtivo quando identificassem defeitos de fabricação.
A automação das máquinas para a produção em larga escala gerava, também, desperdícios. Se o operador não ficasse atento ao processo fabril, por falta de regulagem, as máquinas poderiam produzir peças defeituosas.		A Toyota desenvolveu a autonomação, que interrompia automaticamente o ciclo fabril, quando a especificação da peça era alterada sem depender do elemento humano. Assim, foi possível reduzir os desperdícios com peças defeituosas, e superar a performance americana.

Quadro 18: Sistema Produtivo Americano e Japonês.

As inovações implementadas pela Toyota com o Sistema Produtivo Puxado pelo mercado, possibilitaram a superação da performance das organizações americanas.

2.10.10 Preço do Petróleo Dobrou – 1979

O aumento do preço da gasolina, em 1979, não estava nos planos das montadoras americanas. A Chrysler teve que se reestruturar para o lançamento, urgente, de carros econômicos, o que ocorreu somente em 1983. Apesar do esforço dos engenheiros, designers e gestores administrativos, quando os carros pequenos foram colocados no mercado, ocorreu outra decepção: redução dos preços da gasolina e, conseqüentemente, a procura por carros grandes.

"Se alguém tivesse dito que o preço da gasolina dobraria em 1979, mas que, quatro anos depois, seria o mesmo apesar da inflação, eu teria dito que estaria maluco. Não haveria como prever a crise do Irã ou o que se seguiu a ela", explicou Iacocca[56].

O Topaz e o Tempo, os carros pequenos da Ford, que passaram a ser vendidos em 1983, deveriam estar prontos cinco anos antes, quando o consumidor estava exigindo carros econômicos. A estratégia da Ford ao aumento dos preços dos combustíveis, em 1973, não tinha sido planejada até 1979.

Para sobreviver, a Chrysler teve de fechar várias fábricas, que estavam trabalhando com déficit, e enxugar a estrutura hierárquica de outras. Nos momentos de crise, saber fazer as escolhas certas e concentrar esforços nas prioridades agendadas é o diferencial do gestor-empreendedor.

✓ Ajustar a estrutura hierárquica conforme o desempenho comercial da organização.

2.10.11 Da Fabricação em Massa para a Produção Enxuta

A fabricação em massa, aprimorada por Henry Ford no início da década de 1990, levou mais de cinqüenta anos para se espalhar pelo mundo porque os sistemas de comunicação eram limitados.

A metodologia da produção enxuta, que proporcionou a fabricação de produtos mais baratos, com qualidade superior e design avançado, colocou os veículos japoneses em destaque no cenário mundial a partir da primeira crise do petróleo, em 1973. Passou a ser estudada por diversas organizações e, em menos de 10 anos, seus conceitos básicos estavam sendo destrinchados pela Ford, GM e Chrysler.

De acordo com Womack[57] três obstáculos devem ser superados, para a plena implementação da produção enxuta nas organizações:

1º - Resistência à Mudança

General Motors, Renault, VW e Fiat são tão grandes e proeminentes, na paisagem industrial norte-americana e européia ocidental, que nenhum go-

---
[56] IACOCCA, Lee. *Uma Autobiografia.* 1ª Edição. São Paulo: Livraria Cultura Editora, 1985, p. 222.
[57] WOMACK, James P. *A Máquina que Mudou o Mundo.* Rio de Janeiro: Campus, 1992.

verno pode permitir seu súbito fracasso. No entanto, muitas se mostraram, notadamente, incapazes de reformular seus procedimentos, nos anos 80.

Vide estudo de caso: Passado, presente e futuro da Fiat (p. 112), no qual é abordado que a montadora priorizou o protecionismo, como forma de enfrentar os carros japoneses.

✓ *A globalização e a Nova Economia possibilitam o aprendizado com o mercado em tempo real.*

2º - Desconhecimento Pleno da Economia Mundial

O Japão planejou o "modelo exportador" e, para isso, desenvolveu a metodologia Just in Time, eliminando os desperdícios das organizações americanas, e pôde colocar no mercado produtos mais baratos.

Priorizou a qualidade superior para que seus produtos não fossem devolvidos por problemas técnicos que, certamente, inviabilizariam a operação comercial, face à elevada distância entre Japão, EUA e Europa. Desvalorizou a sua moeda, em relação ao dólar, para que seus produtos ficassem atraentes, no mercado internacional.

3º - Resistência dos Executivos Japoneses

Conforme Womack[58] destaca, o pensamento de um gerente americano: *"Eu posso ter esperança de chegar ao topo da GM, mas sei que nunca passarei do nível médio numa subsidiária japonesa no estrangeiro, por melhor que seja meu desempenho."* As autoridades governamentais do Japão colocam, em primeiro plano, os trabalhadores, os fornecedores e empresas japonesas. Numa segunda classe, vêm os estrangeiros.

Esta abordagem vivenciada na década de 1980 foi, lentamente, modificada no final da década de 1990.

✓ *A Metodologia de Gestão Japonesa possibilitou a eliminação dos desperdícios do sistema fabril americano.*

---

[58] WOMACK, James P. *A Máquina que Mudou o Mundo.* Rio de Janeiro: Campus, 1992.

2.11 Taiichi Ohno e o Método "CA+MA+DI"

"In+Form+Ações" exploradas por Taiichi Ohno para a formatação do Sistema Produtivo Enxuto da Toyota

FASE "IN"	FASE "FORM"	FASE "AÇÃO"
Arcabouço cultural disponível explorado por Ohno	Formatação das informações disponíveis por Ohno	Ações implementadas por Ohno e resultados obtidos
➢ O Plano Marshall possibilitou a ajuda dos EUA para minimizar a crise social japonesa e aqueceu a economia do Japão. ➢ Após a Segunda Guerra Mundial, o Presidente da Toyota declara que, para a sobrevivência da indústria automobilística japonesa, deveriam superar os americanos em 3 anos. ➢ A meta do governo japonês era recuperar a economia através do modelo exportador. Estratégias adotadas: • Estudar os processos produtivos americanos e aprender com a Ford e a GM. • Desvalorizar o Iene para estimular a competitividade dos produtos japoneses no mercado internacional. ➢ Sakichi Toyoda – pai da Toyota, em 1930, investe 500 mil dólares na produção de automóveis.	➢ Fatores restritivos do sistema industrial americano: • Morosidade nas trocas de ferramentas (setup), consumo de horas de trabalho desnecessárias. • Máquinas automatizadas produziam, em grande escala, mas também geravam peças defeituosas (desperdícios). • Perdas não eram combatidas com rigor, porque os custos eram repassados para o preço final do produto. • Produção em grande escala, com poucos modelos por falta de flexibilidade fabril. • Modelo industrial produzia antes de comercializar os veículos (sistema produtivo empurrado para o mercado) – comercialização garantida porque o consumo interno americano era elevado, motivando o crescimento da economia.	➢ Ohno percebeu que não poderia concorrer com os americanos, utilizando o mesmo processo produtivo. Contrataram especialistas em qualidade industrial (Juran e Deming), para melhorar a performance dos seus produtos. ➢ Os fatores restritivos americanos foram combatidos com metodologias desenvolvidas por Taiichi Ohno: • Just in Time: estoques reduzidos e desperdícios minimizados. • Setup: troca de ferramentas em poucos minutos. • Automação foi substituída pela Autonomação: as máquinas interrompiam, automaticamente, a produção caso as especificações não estivessem corretas. • Fornecedores: tratados como parceiros para o abastecimento da produção sem estoques.

Resultado:
Taiichi Ohno, após aprender com a Ford e a GM, transforma-se no gênio da Toyota, quebrando todos os paradigmas da produção em massa.

Quadro 19: Taiichi Ohno e o Método "CAMADI".

2.12 Teoria das Restrições: de Elyahu Goldratt

Para muitos autores, a Teoria das Restrições surgiu como resposta ocidental aos crescentes avanços das indústrias nipônicas (Sistema Produtivo Enxuto da Toyota – 1973 – após a primeira crise do petróleo). A metodologia foi publicada pelo guru Eliyahu Goldratt, em 1986, com o livro *A Meta* (The Goal). *A Meta* de Goldratt é uma ferramenta excepcional para ajudar os gestores a aprenderem a analisar os fluxos produtivos e administrativos das organizações para a maximização da produtividade.

Do livro de Goldratt, a American Media produziu um filme/vídeo distribuído no Brasil pela Siamar Treinamento e Desenvolvimento (www.siamar.com.br). O excelente filme/vídeo destaca três diálogos, de suma importância, para se conhecer a profundidade dos conceitos da Teoria das Restrições. Alex Rogo, gerente contratado, para recuperar em três meses a performance da organização Único, encontra um ex-professor (Jonah) e solicita ajuda.

Primeiro Diálogo: Eficiência não é meta de uma organização

Alex: Estou dirigindo uma fábrica, e desde que começamos a utilizar robôs industriais nossa produtividade aumentou 36%.

Jonah: Quer dizer que vocês estão ganhando 36% mais dinheiro só porque instalaram robôs industriais?

A: Bem, o aumento foi só em determinada área.

J: Se não ganhou mais dinheiro, como pode dizer que teve um aumento de produtividade? Você reduziu os estoques? Os custos caíram?

A: De imediato não... Mas meu preço por peça caiu bastante e minha eficiência aumentou.

J: Eficiência? Eficiência não é meta de uma empresa. Você acha que a empresa foi construída para exibir eficiência?

A: Não... para ganhar dinheiro.

J: Se a meta da empresa é ganhar dinheiro, só se pode dizer que uma coisa é produtiva se ela der mais dinheiro.

Segundo Diálogo: Procure o seu fator restritivo – "gargalo"

Jonah: Por que, com tanta tecnologia, você tem tantos pedidos atrasados?

Alex: Estamos sobrecarregados, não temos pessoal suficiente no momento.

J: Mas você disse que os estoques estão saindo pelo telhado! A única maneira para ter excessos de estoques é porque você tem excesso de capacidade.

Você não aprendeu a administrar a capacidade que tem. Pensando isoladamente, você está medindo apenas a eficiência de algumas máquinas. Pense como cada processo afeta o todo.

A: *O que eu faço agora?*

J: *Procure o seu gargalo!!!*

Terceiro Dialogo: Acelerem o "gargalo" para maior lucro organizacional

Alex: *Eu não sei como aplicar a idéia do gargalo aqui na fábrica.*

Jonah: *Gargalo é qualquer recurso cuja capacidade é inferior à demanda. Os gargalos controlam a produção da fábrica inteira.*

A: *E como identificá-los?*

J: *São máquinas que estão aguardando processamento. Geralmente, é a única que realiza determinadas operações. Vocês precisam encontrar mais capacidade para essa máquina. Se ela é um gargalo, uma hora perdida com essa máquina é uma hora perdida na fábrica inteira.*

A capacidade da fábrica é igual à capacidade do gargalo. Se vocês querem acelerar a fábrica, acelerem o processo gargalo.

2.12.1 Paralelo com o Check-List "DO JOB"

Downsizing

Revisar a estrutura hierárquica de uma empresa é de suma importância para o enxugamento dos níveis funcionais, que não agregam valor na cadeia produtiva. O diferencial competitivo das organizações vitoriosas – sua força humana de trabalho – deve estar comprometido com o aprimoramento contínuo e com a identificação e eliminação dos fatores restritivos que se apresentam, diariamente. Quais são os funcionários aliados e alienados de sua organização?

Outsourcing

A terceirização com fornecedores-parceiros é uma excelente alternativa para se minimizar os gargalos do processo fabril e administrativo e ainda reduzir custos. A matriz "entradas-transformação-saídas" deve ser analisada para se identificar pontos fracos e fortes da organização. Os fornecedores-parceiros devem ser envolvidos para a redução dos fatores restritivos. Para uma parceria duradoura, são necessárias negociações dentro da filosofia "ganha-ganha".

Just in Time

O processo produtivo não pode ser prejudicado por algumas operações que não acompanham a demanda do fluxo, gerando desperdícios. Uma hora perdida, no recurso gargalo, é uma hora perdida em toda a cadeia produtiva. Esse desperdício tem de ser eliminado. Procure o seu gargalo.

Objective

Os funcionários devem conhecer a missão e os valores da organização, como metas a serem seguidas por todos. Os orçamentos mensais devem ser divulgados de forma clara e objetiva. Devem ser factíveis, mensuráveis, relacionados em um prazo e os recursos necessários devem estar disponíveis aos envolvidos na execução. Como cada processo afeta o todo?

Benchmarking

Como os concorrentes estão administrando os seus gargalos? Através do feedback do mercado é possível identificar, com mais objetividade, os pontos fracos da organização. Miopia mercadológica foi a causa encontrada pela falência de muitas organizações.

2.12.2 Demonstração Gráfica da Teoria das Restrições

A cadeia produtiva pode ser representada por uma corrente integrada, envolvendo as fases entradas-transformação-saídas. O objetivo de cada gestor é a identificação do elo mais fraco, chamado de "gargalo". O elo mais fraco, o fator restritivo, acaba influenciando a velocidade da cadeia produtiva. Assim sendo, o recurso "gargalo" deve ser otimizado para um ganho em toda a cadeia produtiva.

O elo identificado como "gargalo" não produz na velocidade da demanda. Os integrantes da cadeia produtiva são obrigados a diminuir seu fluxo produtivo por causa de sua performance. Neste exemplo, o elo localizado fora da organização demonstra que os fornecedores não alimentam as linhas produtivas conforme suas demandas.

O gargalo pode estar localizado dentro da organização, quando, por exemplo, o Setor de Lojística não consegue abastecer eficazmente os fluxos de produção; ou quando o Setor de Pinturas não consegue atender a demanda de outros departamentos nos quantitativos programados.

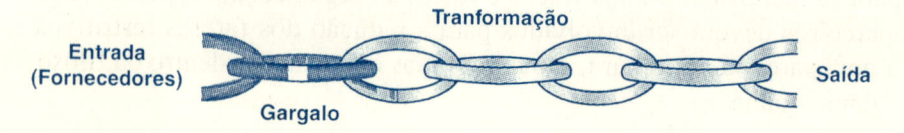

2.12.3 Passos para a eliminação dos Gargalos Operacionais

1º passo:	Identificar o fator restritivo (recurso gargalo).	Exemplo:	O recurso "gargalo", envolvendo os fornecedores, acarreta atraso nas entregas das programações e, conseqüentemente, no processo produtivo da organização.
2º passo:	Estudar o problema para se eliminarem os fatores restritivos.	Exemplo:	Verificar se o setor identificado como gargalo é realmente o único responsável pelo déficit produtivo. Muitas vezes, ele é prejudicado pelo desempenho de outro setor.
3º passo:	Identificar o fator restritivo (recurso gargalo).	Exemplo:	Marketing, por não acompanhar com precisão as reais expectativas dos clientes, autoriza a fabricação de produtos não desejados pelo mercado, gerando estoques desnecessários.
4º passo:	Executar os passos 2 e 3 novamente, para a eliminação de novos fatores restritivos, para maximizar a performance da cadeia produtiva.		

Quadro 20: Passos para a Eliminação dos Gargalos Operacionais.

2.12.4 Aplicabilidade da Teoria das Restrições

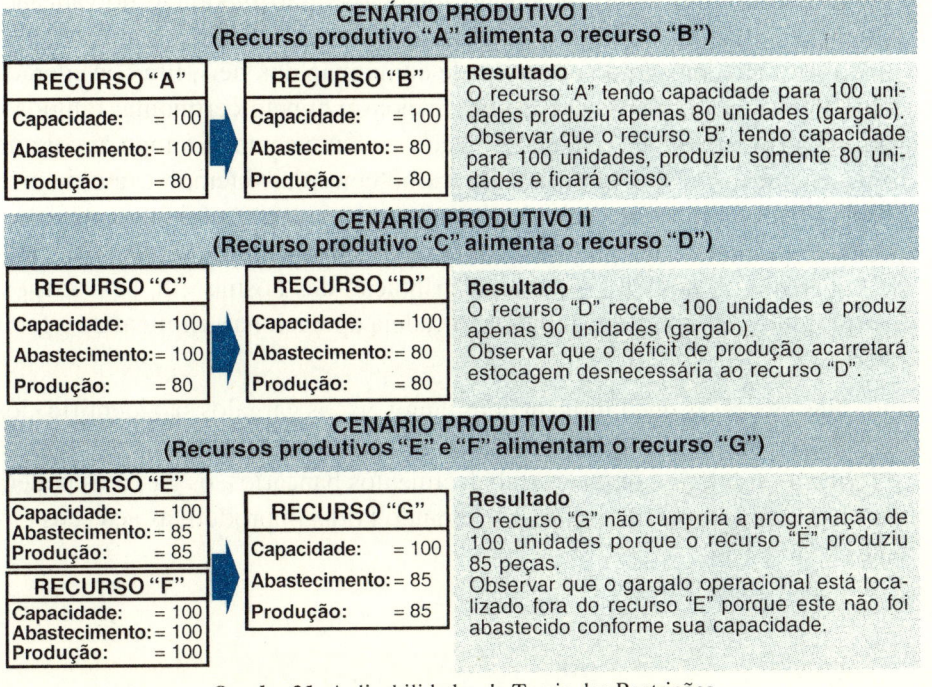

CENÁRIO PRODUTIVO I (Recurso produtivo "A" alimenta o recurso "B")		
RECURSO "A" Capacidade: = 100 Abastecimento: = 100 Produção: = 80	**RECURSO "B"** Capacidade: = 100 Abastecimento: = 80 Produção: = 80	**Resultado** O recurso "A" tendo capacidade para 100 unidades produziu apenas 80 unidades (gargalo). Observar que o recurso "B", tendo capacidade para 100 unidades, produziu somente 80 unidades e ficará ocioso.

CENÁRIO PRODUTIVO II (Recurso produtivo "C" alimenta o recurso "D")		
RECURSO "C" Capacidade: = 100 Abastecimento: = 100 Produção: = 80	**RECURSO "D"** Capacidade: = 100 Abastecimento: = 80 Produção: = 80	**Resultado** O recurso "D" recebe 100 unidades e produz apenas 90 unidades (gargalo). Observar que o déficit de produção acarretará estocagem desnecessária ao recurso "D".

CENÁRIO PRODUTIVO III (Recursos produtivos "E" e "F" alimentam o recurso "G")		
RECURSO "E" Capacidade: = 100 Abastecimento: = 85 Produção: = 85 **RECURSO "F"** Capacidade: = 100 Abastecimento: = 100 Produção: = 100	**RECURSO "G"** Capacidade: = 100 Abastecimento: = 85 Produção: = 85	**Resultado** O recurso "G" não cumprirá a programação de 100 unidades porque o recurso "E" produziu 85 peças. Observar que o gargalo operacional está localizado fora do recurso "E" porque este não foi abastecido conforme sua capacidade.

Quadro 21: Aplicabilidades da Teoria das Restrições.

2.12.5 Outras Aplicações da Teoria das Restrições

A Metodologia da Teoria das Restrições nos possibilita reflexão sobre aspectos de nossa vida familiar no século passado. Normalmente, o homem está pronto para um encontro social, antes que a mulher, pelos motivos que já conhecemos. Considerando o homem como recurso normal e a mulher, somente como exemplo, recurso "gargalo" porque tem mais afazeres domésticos.

O evento social é a linha de montagem, que conta com a pontualidade dos dois, no horário previsto. Para não gerar atrasos, na "linha de montagem", o recurso normal, o homem, ao invés de reclamar da morosidade da esposa, deverá ajudar o recurso "gargalo", realizando operações que, normalmente, são das mulheres como: fechamento da casa, revisar o sistema de alarme, alimentar o cachorro, apagar as luzes, anotar recados e iniciar a manobra do carro.

Assim, o recurso "gargalo" poderá ganhar tempo, aumentar o fluxo de suas atividades e garantir a pontualidade no evento social. Concluímos que, na realidade, a mulher não é o recurso "gargalo" real, porque o homem, normalmente, não é um parceiro da cadeia administrativa do lar.

Outro exemplo, muito apropriado, foi uma decisão importante do Vaticano. A Igreja Católica tinha um grande gargalo operacional, até anos atrás, envolvendo o tempo consumido na atividade comunhão dos fiéis. Era considerada como fator restritivo porque o padre, responsável pelo cerimonial religioso, não sabia o número de comunhões e, conseqüentemente, o tempo envolvido nessa operação. Assim, ele não tinha como controlar o tempo exato de uma missa. Para eliminar esse gargalo, a estratégia encontrada foi aumentar a capacidade produtiva do "gargalo" comunhão com a introdução dos Ministros da Eucaristia. A nova logística na distribuição das hóstias em, pelo menos, quatro frentes, possibilitou alimentar a cadeia operacional, eliminando o fator restritivo.

Nas empresas que fabricam bens tangíveis, os gargalos são identificados na falta de abastecimento de máquinas, gerando horas improdutivas. Nas que "fabricam" serviços, como os estabelecimentos bancários, os gargalos podem ser identificados nas filas morosas, gerando horas improdutivas aos seus clientes "parceiros".

Estudo de Caso 2
PROJETO SATURN: ESTRATÉGIA DA GM PARA APRENDER COM OS JAPONESES

"O lucro é subproduto das coisas bem-feitas."
Philipp Kotler

Até 1973, antes da primeira crise do petróleo, pouco se ouvia falar do Sistema Produtivo Enxuto da Toyota. O aumento do preço da gasolina significou, para a Toyota, uma grande oportunidade mercadológica. Desde a década de 50, Taiichi Ohno, o gênio da Toyota, estudou os processos industriais americanos e trabalhou para superar a performance da Ford e GM, através da eliminação dos fatores restritivos, envolvendo estoques desnecessários, elevado percentual de defeitos e morosidades nas trocas de ferramentas.

No final da década de 1970, quando os japoneses dominavam os mercados em todo o mundo, muitas organizações, surpreendidas com a superioridade dos produtos da Toyota, Honda e Nissan, passaram a valorizar seus métodos de gestão.

As montadoras americanas descobriram que 30% do mercado global estava sendo conquistado por veículos japoneses. Dentre as justificativas para a perda de competitividade, foram apontados o design, a qualidade e os preços. Os produtos americanos não estavam coerentes com os novos paradigmas mercadológicos (design, qualidade e preços). Após analisar os métodos utilizados pelos japoneses, perceberam que os desperdícios instalados nos processos produtivos e administrativos prejudicavam o desempenho de suas empresas.

O diferencial dos veículos japoneses era resultado de idéias de funcionários e fornecedores comprometidos com a organização, chamados de parceiros, e sintonizados com os novos desejos e necessidades do público-alvo.

A Toyota priorizou a descentralização do processo decisório, para maior velocidade na tomada de decisão. O desafio das equipes de trabalho envolvia o cumprimento de metas agendadas para o lançamento de novos modelos, visando a melhorar o desempenho da organização.

A qualidade, desafio organizacional para superar a performance da GM e Ford, tinha, como referencial, idéias de americanos como Walter Shewhart, Edwards Deming e Joseph Juran, contratados na década de 50, pelo governo japonês. Taiichi Ohno, o grande gênio da Toyota, ao formatar o modelo produtivo enxuto, desenvolveu metodologias para a eliminação dos defeitos de fabricação, causados pelas máquinas automatizadas e pelas pessoas descomprometidas.

Para a eliminação dos problemas de qualidade, os funcionários passaram a ter autonomia para interromper os processos produtivos quando qualquer irregularidade fosse detectada. Com uma estrutura organizacional reduzida e descentralizada, a tomada de decisão era mais eficaz, os problemas eram solucionados com criatividade pelos próprios responsáveis pelos fluxos de trabalho.

Os americanos tinham um mercado interno fabuloso e, por causa da demanda sempre crescente, podiam embutir suas ineficiências no preço final dos produtos e repassar aos consumidores. Muitos autores destacam que o crescimento acelerado dos EUA, de 1950 a 1970, influenciou a acomodação de muitas organizações.

Nesse mesmo período, o Japão fazia o "dever de casa" estudando os processos americanos, eliminando seus fatores restritivos e desenvolvendo metodologias para o Modelo Industrial Enxuto. Foi recompensado porque colocou no mercado, produtos com design inovador, qualidade superior e preços competitivos, encantando o mercado mundial. As metodologias de gestão, desenvolvidas pela Toyota, tinham como principal desafio superar os americanos. Essa meta foi realizada durante a 1ª crise do petróleo em 1973.

> Os operários da Toyota tinham autonomia
> para interromper os processos produtivos.

Segundo Maximiano[59]: *"Empresas ocidentais começaram a sentir-se pressionadas pela competição dos japoneses. Nasceram, então, tentativas de copiá-los ou juntar-se a eles. A GM começou as mais complexas experiências de utilização das técnicas do modelo japonês. Associou-se à Toyota, numa de*

---

[59] MAXIMIANO, Antonio César Amaru. *Teoria Geral da Administração: Da Escola Científica à Competitividade na Economia Globalizada.* São Paulo: Atlas, 2000, p. 234.

suas fábricas, que havia sido fechada, a Nummi, e instalou nova divisão chamada Saturn Corporation, *explicitamente para aprender a trabalhar com as técnicas japonesas."*

Com um investimento de 4 bilhões de dólares, a New United Motor Manufacturing Inc. (Nummi), com o Projeto Saturn, priorizou a utilização de novas tecnologias e maior integração com os fornecedores parceiros para a troca de experiências e envolvimento em novos projetos. O Presidente da GM, Roger Smith, afirmou, em 1985, que o Projeto Saturn, se tornaria um marco para a sobrevivência e sucesso da GM. Para êxito do projeto, priorizou-se a administração participativa para as responsabilidades coletivas. Cada integrante tinha consciência da importância de sua atuação, para a realização das metas planejadas e conquista dos resultados.

O projeto Saturn-Nummi foi a estratégia da GM para aprender com a Toyota

No tocante ao principal objetivo da parceria da GM com a Toyota, Womack[60] destaca: *"A Nummi deveria se ater, estritamente, aos princípios da produção enxuta. Os gerentes seniores eram todos da Toyota, e, rapidamente, implementaram cópia do modelo produtivo japonês.* Oitenta por cento da força de trabalho... consistiam em antigos empregados da GM... Em 1986, a Nummi estava operando a pleno vapor."

A GM priorizou a transferência de aprendizado com o projeto Nummi para outras filiais da montadora. O presidente de vendas do Projeto Saturn, Joe Kennedy, segundo Womack[61], destacou que os avanços culturais para maior produtividade de uma organização, geralmente, são muito difíceis de serem reaplicados em outras divisões. As dificuldades são justificadas porque dependem de vários fatores, como a história da organização e do perfil de seus líderes, estrutura hierárquica e descentralização do processo decisório.

Enfoques estratégicos:
✓ *Aprendizagem mercadológica.*
✓ *Eliminar disperdícios.*
✓ *Encantar os consumidores.*

---

[60] WOMACK, Jones. *A Máquina que Mudou o Mundo*. Rio de Janeiro: Campus, 1992, p. 72.
[61] Ibid. 1992.

Enfoques destacados neste Estudo de Caso para o paralelo com o check-list "DO JOB"

PARÁGRAFO EM ESTUDO	Ferramentas de Gestão Exploradas				
	D	O	J	O	B
... através da eliminação ...			X		
Após analisar os métodos utilizados ...					X
O diferencial dos veículos japoneses ...		X			
O desafio das equipes ...				X	
A qualidade, desafio organizacional ...					X
Com uma estrutura organizacional ...	X				
... podiam embutir suas ineficiências ...			NÃO		
... estudando os processos americanos ...					X
Associou-se à Toyota ...		X			
Cada integrante tinha consciência ...				X	
Os gerentes sêniores ...					X

Comentários:
A ferramenta administrativa Benchmarking está em evidência neste Estudo de Caso, porque ela possibilitou aos japoneses aprenderem com os americanos os princípios da produção em massa. Porém, a Toyota priorizou, também, o Downsizing, Outsourcing, Just in Time, e objective, para a alavancagem da organização. Aproximadamente, depois de 40 anos, tendo como maestro Taiichi Ohno, os funcionários da Toyota de aprendizes viraram mestres e, através do Benchmarking, ensinaram aos americanos os princípios da produção enxuta. Os americanos aplicaram os conceitos da Metodologia Produtiva Enxuta da Toyota em suas organizações. A metodologia utilizada pelos americanos foi a Teoria da Restrições qua priorizava a identificação e eliminação dos "gargalos" operacionais, instalados na cadeia fabril e de serviços (vide conceituação da Teoria das Restrições nas páginas 94 a 98).

Quadro 22: Respostas do Estudo de Caso 2

Estudo de Caso 3
MUSTANG: LIÇÃO DE MARKETING DE LEE IACOCCA

"Um homem sensato criará para a sua vida mais oportunidades do que a vida lhe proporcionará."

Francis Bacon

O sucesso comercial do Mustang influenciou a Ford Motors Company a promover Lee Iacocca[62] seu novo presidente, em 1970. O retorno financeiro, do novo carro da Ford, mostrou que Iacocca estava certo, em termos de mudança de paradigma, para o lançamento de um produto envolvendo o trabalho em equipe e capacidade para aceitar novas idéias. Para a definição dos detalhes técnicos do Mustang, Iacocca preocupou-se em levantar as informações disponíveis, no cenário mercadológico, envolvendo os concorrentes e o perfil dos consumidores, no início dos anos 60.

Informações trabalhadas por Lee Iacocca:

- ✓ uma explosão de jovens, gerada pelo clima de euforia do fim da Segunda Guerra, chegava ao mercado;
- ✓ consumidores com perfis diferentes, com curso superior e mais exigentes. Em função do crescimento da economia americana, consumiriam mais automóveis que as gerações anteriores;
- ✓ muitas famílias estavam adquirindo o segundo carro e a preferência era por modelos esportivos e menores. O público feminino começava a adquirir carros luxuosos e fáceis de manobrar.

A leitura apurada do cenário da época pelos executivos da Ford, liderados por Iacocca, mostrava que era preciso mudar, radicalmente, a forma de projetar e lançar um novo modelo. Um mercado consumidor mais instruído, certamente, optaria pelo design avançado, desempenho excepcional e preço competitivo no ato da compra de um novo veículo. O procedimento de praxe, de muitas empresas americanas, até então, era projetar e fabricar um novo modelo de carro, conforme metas planejadas pela montadora. Posteriormente, com milionária campanha publicitária, teria de convencer o público para o

---

[62] IACOCCA Lee. *Uma Autobiografia*. São Paulo: Livraria Cultura Editora, 1984.

consumo. Lee Iacocca percebeu que as organizações, antes de desenvolver as novas "invenções", deveriam estudar os desejos e necessidades do mercado consumidor, e conhecer o que os concorrentes estavam produzindo.

Os novos clientes exigiriam das organizações mudança radical, em termos de gestão. Primeiro: era preciso descobrir os nichos de mercado através dos desejos e necessidades dos consumidores; segundo: projetar e produzir, sob medida, os produtos solicitados; terceiro: abastecer o mercado de forma criativa, antes dos concorrentes. Através das informações disponíveis, definiram, de forma participativa, que o novo modelo de carro teria que ter o capô longo, a traseira curta, quatro lugares e o preço máximo de 2.500 dólares. Deveria possuir glamour para os encontros sociais, status para o trabalho e desempenho para as viagens familiares.

O grupo envolvido no projeto teve, como referência, o primeiro Mark Continental. O detalhe da parte dianteira dava-lhe um aspecto de grandeza, energia e capacidade. Era isso que o mercado estava desejando, segundo Iacocca.

Desenvolver as ferramentas e os acessórios para novo veículo consumiria, na época, aproximadamente, 350 milhões de dólares. Como o retorno do investimento era incerto, por depender de centenas de variáveis, a proposta apresentada foi aproveitar os motores, as transmissões e os eixos das rodas, utilizados no Falcon, para reduzir os gastos para 50 milhões. Foi a forma encontrada para se reduzir o investimento planejado, seguindo a mesma estratégia de outras empresas.

Ao consultar o coordenador do produto sobre essa idéia, ele emitiu o seguinte comentário: "Projetar um carro esporte, a partir do Falcon, é como colocar seios postiços na vovó." Um novo carro, para atender às expectativas da geração 60, exigiria o desenvolvimento de todos os componentes. Assim, a Ford liberou os 350 milhões de dólares necessários para o projeto, conforme planejamento inicial da organização. Os melhores profissionais da organização foram convocados para esse grande desafio, que, apesar dos recursos disponíveis, tinham que priorizar a criatividade e reduzir os gastos desnecessários em todo o processo produtivo.

Capítulo II: Gestão das Indústrias Automobilísticas **105**

Para a definição do melhor protótipo do carro, uma competição interna envolveu três grupos de trabalho. A melhor idéia foi aprovada e os nomes selecionados foram: Monte Carlo, Mônaco, Torino e Cougar. A descentralização do processo decisório para a definição dos detalhes técnicos do novo veículo foi o ponto forte do projeto.

Foi escolhido Torino para o nome do novo carro da Ford por causa da cidade industrial da Itália. O projeto Torino era desenvolvido com grande expectativa e as decisões eram tomadas por consenso, priorizando os atributos valorizados pelo mercado. O nome do novo carro teve de ser mudado. Um executivo de relações públicas da organização advertiu o grupo de trabalho de que Henry Ford estava se divorciando e tendo um romance com uma italiana. O nome Torino poderia influenciar uma publicidade maldosa, prejudicando o novo carro e a imagem do proprietário da organização.

Foram selecionados alguns nomes de animais: Bronco, Puma, Cheetah, Colt, Mustang e Cougar. O nome Mustang tinha sido escolhido, na fase do desenvolvimento dos protótipos e referia-se ao famoso avião de combate da Segunda Guerra Mundial. Como ele tinha sido, novamente, selecionado, como nome de um animal (Mustang: Cavalo Selvagem), o grupo de trabalho, por perceber a enorme coincidência, optou, definitivamente, por ele.

Após a fabricação do lote piloto, alguns consumidores-parceiros foram selecionados para conhecer o Mustang e manifestarem suas opiniões. Foi a estratégia da organização para conhecer as expectativas do mercado. Os consumidores, impressionados com seu estilo, evidenciavam o glamour e o status do novo carro. Era tudo que a montadora esperava ouvir.

Quando o referencial preço foi abordado com os consumidores-parceiros, a maioria, sem saber qual seria o valor oficial do novo veículo, avaliou que ele custaria, pelo menos, mil dólares a mais do preço real. Um consumidor disse: "Se eu estacionar esse carro na minha garagem, todos os meus vizinhos vão ficar se perguntando onde foi que eu arranjei tanto dinheiro." O Mustang inspirava, por sua beleza e estilo, uma idéia de que custava muito mais caro. Assim, a Ford, na hora de promover sua comercialização, deveria evidenciar seu preço competitivo. O projeto foi um sucesso porque seguiu, fielmente, a meta planejada pela organização, inclusive seu preço final não ultrapassou os 2.500 dólares. O Mustang foi capa da "Time". A famosa revista destacou que "Iacocca produziu mais do que só outro carro novo. Com seu capô longo e traseira curta, sua vocação de Ferrari... o projeto Mustang tão flexível, seu preço razoável ... 2.368 dólares..."

A revista Car Life evidenciou: "Um mercado que estava procurando um carro já o encontrou." Conforme Iacocca, as manchetes publicadas foram habilmente articuladas, seguindo estratégia explorada por outros segmentos industriais. Foi um lance publicitário que influenciou, de forma marcante, as vendas, atingindo, no primeiro ano, 418.812 unidades comercializadas. Em 1964, dois anos após o lançamento, o Mustang gerou um lucro líquido de 1,1 bilhão de dólares.

Muitos críticos questionaram que o cavalo, na frente do carro, estava virado para o lado errado porque, nas pistas americanas, ele corre no sentido anti-horário. Iacocca respondia, com muita criatividade, que o cavalo do Mustang galopava na direção dos ponteiros do relógio, porque era selvagem e não um corredor domesticado. A criatividade de Iacocca possibilitava alternativas de um grande mestre nas situações difíceis. A estrutura hierárquica descentralizada envolvida no projeto estava integrada para responder, rapidamente, os questionamentos do mercado. O projeto Mustang foi um aprendizado para a Ford e influenciou para a reestruturação da organização no tocante à Gestão de Recursos Humanos.

Surgiram centenas de clubes de Mustang. Foram criados inúmeros produtos com o nome do novo modelo, desde óculos, chaveiros e até brinquedos. Mas Iacocca destaca que um anúncio deixou-o emocionado, porque evidenciava que o Mustang estava associado ao sucesso e presente nos diversos segmentos da sociedade. Uma padaria colocou a seguinte mensagem para chamar a atenção dos clientes: "Nossos pães quentes estão vendendo como Mustangs."

Enfoques destacados neste Estudo de Caso para o paralelo com o check-list "DO JOB"

PARÁGRAFO EM ESTUDO	Ferramentas de Gestão Exploradas				
	D	O	J	O	B
Para definição dos detalhes...					X
Lee Iacocca percebeu que...					X
...definiram, de forma participativa...				X	
Foi a forma encontrada...					X
.. tinham que priorizar a criatividade...			X		
A descentralização...	X				
Após a fabricação do lote piloto...		X			
O projeto foi um sucesso...				X	
Conforme Iacocca, as manchetes...					X
A estrutura hierárquica descentralizada...	X				

Comentários:
O grande mérito de Iacocca foi perceber que, para investir US$ 350 milhões em novo modelo de veículo, era preciso conhecer as expectativas de público-alvo e diferenciais das organizações vitoriosas. A concorrência, cada vez mais acirrada, exigia que as empresas americanas quebrassem o paradigma de projetar e "empurrar para o mercado" suas invenções. Iacocca foi prudente e antes de decidir sobre os detalhes técnicos do veículo, realizou uma ampla pesquisa mercadológia. Assim, ao invés de "empurrar para o mercado" o novo modelo de veículo, ele deixou que os consumidores definissem seus desejos e, com criatividade, transformou-os em realidade.

Quadro 23: Respostas do Estudo de Caso 3

Estudo de Caso 4
ALCOA/AFL: APRENDIZAGEM COM OS JAPONESES

"Mude seus pensamentos e estará mudando seu mundo."
Norman Vicente Pearle

O Sistema de Produção da Toyota, baseado na qualidade total, Just in Time e comprometimento dos funcionários, para a melhoria contínua, foi estudado, analisado e imitado por milhares de corporações, nos últimos anos.

De acordo com a Revista Exame[63], há quatro anos a americana ALCOA, maior produtora mundial de alumínio, liderada pelo guru brasileiro Alain Belda, decidiu seguir o exemplo de sucesso da Toyota, para a eliminação dos desperdícios instalados nas etapas do processo de produção e administração.

O chamado Alcoa Business System (ABS) resultou numa economia mundial de 1 bilhão de dólares. Através de um plano de metas bem elaborado, priorizou-se a redução dos estoques (produção somente após a comercialização) e maior velocidade no atendimento dos pedidos em carteira.

Nas 228 fábricas da Alcoa, em 36 países, o modelo de gestão ABS é um grande diferencial competitivo. Foi preciso estudar o chão de fábrica e convencer os operários de que havia uma forma mais criativa de administrar as entradas, o processamento e as saídas. Com o redesenho dos fluxos de trabalho e a participação ativa dos funcionários para a produtividade e eliminação dos desperdícios, os custos foram reduzidos.

Uma das empresas da Alcoa, a AFL do Brasil, de Itajubá-MG, liderada pela fabricação de chicotes elétricos automotivos, tem 890 funcionários. Eles foram responsáveis por 11 mil sugestões de melhorias no processo de gestão, sendo 70% aproveitadas. Nos últimos anos, foram priorizados a descentralização do processo decisório e o enxugamento da estrutura hierárquica, para colocar em prática as idéias criativas dos funcionários. A estratégia com-

---
[63] REBOUÇAS, Lídia. *Uma Questão de Valor*. Revista *Exame*. São Paulo: Edição 757. 09/1/2002, p. 56-58.

petitiva da AFL é incentivar a criatividade de seus funcionários para a eliminação dos fatores restritivos que se apresentam.

A AFL mudou o seqüenciamento de produção da área de cortes dos circuitos elétricos e o resultado foi um ganho de 30% em produtividade, reduzindo o tempo consumido no transporte de produtos semi-acabados. Foi implantado um fluxo contínuo, envolvendo desde a oficialização do pedido até a entrega da mercadoria. Antes, esses processos consumiam uma semana e, atualmente, apenas quatro horas, confirma Edson Schiavotelo, gerente geral da organização.

O aumento da produtividade foi conquistado em função da definição de metas planejadas de forma participativa, facilitando a identificação dos déficits e dos superávits.

O gerente geral da AFL prioriza três pilares do Alcoa Business System (ABS):

✓ Produção vinculada à demanda do mercado;

✓ Eliminação dos desperdícios;

✓ Envolvimento dos funcionários.

A Alcoa América Latina iniciou, em 1998, um programa de redução de custos e os resultados foram os seguintes:

Produção: Produzir o que é desejado pelo mercado

A manufatura passou a ser administrada não mais pela capacidade produtiva, mas pelos pedidos dos clientes. É o pedido do cliente que aciona a fábrica e é ele que define o modelo, a cor, o tamanho do lote e a data de entrega. A Toyota foi pioneira neste fluxo produtivo chamado de "sistema puxado" pelo mercado, metodologia desenvolvida por Taiichi Ohno, observando o funcionamento de um supermercado.

Estoques: Abastecer o mercado no momento certo

Os estoques de produtos acabados e semi-acabados foram reduzidos em 50%, eliminando desperdícios e facilitando a administração da logística. A empresa trabalhava com um tipo de produto final ao longo do mês. Se o cliente solicitava uma alteração, tinha que aguardar a mudança da programação da produção. Hoje, isso já não acontece. A produção foi flexibilizada para o atendimento das necessidades dos clientes e a pontualidade é o diferencial perseguido pela organização.

Gerenciamento: Identificar os superávits e os déficits

Os processos comerciais e financeiros, das unidades de negócios da Alcoa, foram otimizados. Há algum tempo, o balanço mensal consumia, aproximadamente, 50 horas de trabalho antes de ser enviado a Pittsburgh, sede mundial da Alcoa. Hoje, é feito em apenas oito horas. <u>A organização prioriza a transparência dos resultados conquistados para o comparativo com as metas planejadas. Quando os funcionários têm conhecimento dos déficits que proporcionaram, imediatamente uma contramedida se torna urgente para reverter o processo.</u>

Enfoques estratégicos:
✓ *Benchmarking com a Toyota.*
✓ *Reduzir os Desperdícios.*
✓ *Sistema produtivo "puxado pelo mercado".*

Enfoques destacados neste Estudo de Caso para o paralelo com o check-list "DO JOB"

PARÁGRAFO EM ESTUDO	Ferramentas de Gestão Exploradas				
	D	O	J	O	B
... foi estudado, analisado ...					X
Através de um plano ...				X	
Com o redesenho dos fluxos ...			X		
Nos últimos anos foram priorizados ...	X				
O aumento da produtividade ...				X	
A Toyota foi a pioneira ...					X
Os estoques de produtos ...			X		
A organização prioriza a transparência ...				X	

Comentários:
O Sistema Produtivo Enxuto da Toyota, formatado de 1945 a 1965 pelo gênio Taiichi Ohno, destrui todos os paradigmas da produção em massa. Os diferenciais do modelo industrial da montadora japonesa são: Downsizing, Outsourcing, Just in Time, Objective e Benchmarking. Todas as ferramentas de gestão do check-list "DO JOB" estão presentes na filosofia produtiva "puxada pelo mercado". A Alcoa, através do guru brasileiro Alain Belda, priorizou o modelo fabril enxuto apropriado para os cenários concorrenciais. Conseqüentemente, a produtividade da Alcoa vem crescendo, aumentando a competitividade e superando os concorrentes.

Quadro 24: Respostas do Estudo de Caso 4

Estudo de Caso 5
O PASSADO, O PRESENTE E O FUTURO DA FIAT

> *"Meu interesse está no futuro, pois é lá que vou passar o resto da minha vida."*
> **Charles Kettering**

O lançamento do carro de luxo da Fiat, Lancia Thesis, por Paolo Catarella, principal executivo do grupo, contou com a presença do Presidente do Parlamento e do primeiro Ministro da Itália. Conforme o jornal *Business Week*, de Turim, de 11 de abril de 2002, durante o evento, foi feito apelo para que o país comprasse carros italianos e fosse pouco nacionalista. Apesar de o grupo estar em posição confortável, a Fábrica Italiana-Automóveis de Turim (FIAT) lutava para sobreviver e necessitava de novos clientes para seus produtos. Por que a Fiat italiana chegou a essa performance? Quais foram os principais erros estratégicos cometidos? As metas deixaram de ser cumpridas ou não foram elaboradas conforme as novas tendências mercadológicas?

A Fiat foi fundada em 1899. Giovanni Agnelli recebeu o comando de seu avô e chegou ao Conselho de Administração em 1943, quando tinha 22 anos. Chamado, com freqüência, de rei não coroado da Itália, teve como amigos, na juventude, celebridades de Hollywood e elite política como Ava Gardner e John F. Kennedy. A gestão de Giovanni, envolvendo aproximadamente meio século, foi marcada por um controle autocrático sobre os projetos da família e como tivesse influência marcante nos segmentos industrial e político italianos, conseguiu conter, por várias décadas, a concorrência.

A estratégia utilizada foi a manutenção de cotas para os carros importados, principalmente japoneses, contrariando a política industrial praticada por outros países. Foi um erro gerencial da montadora, porque teve como conseqüência a acomodação da organização. Enquanto isso a Volkswagen, GM, Renault e Ford batalhavam por participação de mercado, investiam em novas tecnologias, buscavam o feedback dos consumidores e acompanhavam as ações realizadas pelos concorrentes.

Capítulo II: Gestão das Indústrias Automobilísticas

A influência política de Giovanni Agnelli possibilitou à Fiat subsídios e concessões governamentais que motivaram a ineficácia na tomada de decisão, em vários níveis da organização. As metas eram planejadas sem a participação dos gestores da empresa e, quando não realizadas, o acompanhamento era negligenciado.

Em 2001, Jack Welch foi contratado como consultor para gerenciamento de Recursos Humanos e, após análise, afirmou que a organização sofria por ter níveis gerenciais em excesso e sistema de avaliação confuso, que não permitia a identificação transparente dos departamentos que apresentavam desempenho ineficaz.

A participação de mercado da Fiat na Itália, na década de 90, caiu, aproximadamente 12%. No passado, os italianos eram considerados clientes fiéis. Na atualidade, ao compararem os modelos da Fiat com os concorrentes, passaram a exigir qualidade e preços melhores. Por causa da "reserva de mercado", a acomodação e os desperdícios instalaram-se em vários segmentos da organização. Os motoristas de táxi, estudantes e executivos priorizavam os carros japoneses, franceses e alemães.

A Fiat se recuperou de crises passadas, como outras montadoras. Dessa vez, o cenário está muito diferente. Aos 81 anos de idade, Giovanni Agnelli, o patriarca da família, permitiu, antes de morrer, que a General Motors adquirisse 20% de participação acionária envolvendo US$ 2,4 bilhões e, em troca, a Fiat adquiriu uma participação de 6% na GM. Essa decisão possibilitou a troca de experiências e reflexão sobre as atividades "fim" e "meio", para a redução dos custos operacionais. Os estoques e o sistema de abastecimento das linhas produtivas estão sendo ajustados dentro da metodologia japonesa: "na quantidade e na hora certa".

A GM aprende com a Fiat... que aprende com a GM.

No acordo com a GM, ficou acertada a opção de vender os 80% restantes das ações da Fiat para a montadora americana, após 2004, mas muitos especialistas admitiram que a hora da venda definitiva da empresa italiana está chegando.

Enfoques Estratégicos:
✓ Metas organizacionais.
✓ Tendências mercadológicas.
✓ Aprimoramento contínuo.

Enfoques destacados neste Estudo de Caso para o paralelo com o check-list "DO JOB"

PARÁGRAFO EM ESTUDO	Ferramentas de Gestão Exploradas				
	D	O	J	O	B
Por que a Fiat Italiana chegou ...				NÃO	
... enquanto a Volkswagen, GM, Renault ...					X
As metas eram planejadas ...				NÃO	
Por causa da "reserva de mercado" ...			NÃO		
Esta decisão está possibilitando ...					X
Os estoques e o sistema ...					X

Comentários:
A reserva de mercado, estratégia organizacional do passado, foi explorada pela Fiat para impedir a entrada de produtos importados na Itália. Enquanto os concorrentes priorizavam a eliminação dos fatores restritivos, buscavam, através do comprometimento de seus funcionários, a formatação de produtos com qualidade superior e preços atraentes, a Fiat Italiana ficou acomodada no seu estágio de desenvolvimento. É oportuno destacar as ferramentas de gestão do check-list "DO JOB" dentro da abordagem da Gestão do Passado e a do Presente, focalizada na página 17 e comparada com as decisões estratégicas da Fiat. Para não inviabilizar os produtos fabricados e agravar a crise financeira da organização, a alternativa foi a "parceria" com a General Motors visando à entrada de recursos financeiros e troca de experiências técnicas e gerenciais. A aproximação da Fiat com a GM influenciou outras parcerias. O estudo de caso 11 abordado na página 213, destaca o acordo entre a Renault e a Nissan para a superação dos fatores restritivos da organização, tendo como maestro, para coordenar as ações estratégicas, o brasileiro Carlos Ghosn.

Quadro 25: Respostas do Estudo de Caso 5

Estudo de Caso 6
A VW E O CONSÓRCIO MODULAR

"Devo o meu sucesso a haver escutado, respeitosamente, os melhores conselhos e aí sair e fazer exatamente o oposto."

Gilbert Keith Chesterton

Depois de muitos anos na liderança do mercado brasileiro de automóveis, a Volkswagen, em 2001, não conseguiu acompanhar a performance da Fiat. Se a Volkswagen Automóveis, presidida pelo austríaco Herbert Demel, estava com dificuldades, a VW Ônibus e Caminhões trilhou um surpreendente caminho. Implementou em Resende, RJ, a primeira fábrica do mundo a deixar a montagem dos veículos, integralmente, sob a responsabilidade dos fornecedores, sistema produtivo pioneiro chamado de Consórcio Modular. O investimento de 1 bilhão de reais possibilitou à VW Ônibus e Caminhões crescimento mercadológico passando de 15% para 28%, colocando-a em segundo lugar, atrás da Mercedes, de acordo com a revista *Exame*[64].

Com o excelente resultado operacional do Consórcio Modular, o presidente da VW do Brasil, Herbert Demel, passou a comandar, somente, o segmento de automóveis. Antonio Roberto Cortês tornou-se o primeiro guru brasileiro a comandar uma unidade de negócio da Volkswagen no mundo. A matriz alemã decidiu, ainda, que o Consórcio Modular de Resende será sua base de exportação de caminhões e ônibus e receberá, até 2006, investimentos de mais de 1 bilhão de reais.

A nova estrutura organizacional da VW em Resende prioriza a integração dos executivos, através de um organograma funcional enxuto e descentralizado para maior rapidez na tomada de decisão.

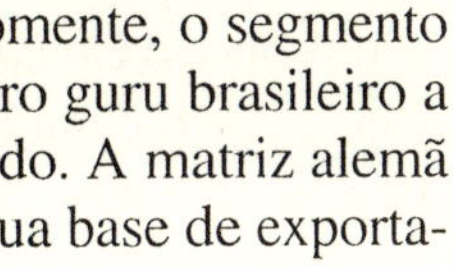

O Consórcio Modular teve, como inspiração, o sistema produtivo da Toyota, que priorizava:

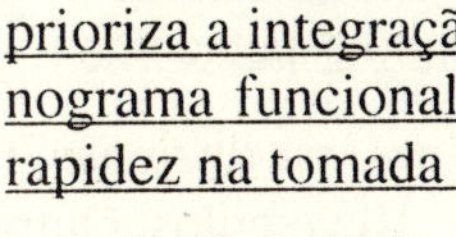

✓ A eliminação das atividades que absorviam recursos, mas não criavam valor, chamadas, por Taiichi Ohno, de "muda". Os desperdícios com as estocagens excessivas e logística ineficaz foram eliminados.

---

[64] CAETANO, José Roberto. *Futuro Incerto*. Revista *Exame*. São Paulo, 31 out. 2001, Edição 752, p. 54/57.

- ✓ Desenvolver parcerias com os fornecedores, para que eles assumissem a fabricação de atividades "meio". Participassem de novos projetos e trocassem experiências visando ao aprimoramento contínuo.

- ✓ Plano de metas transparente para que os fornecedores agregassem valor ao sistema de abastecimento. A montadora japonesa eliminou os estoques e, conseqüentemente, os custos envolvidos. As estratégias desenvolvidas pela Toyota com o Modelo Industrial Enxuto, revolucionaram a gestão dos processos produtivos e administrativos.

- ✓ Partindo dessas inovações, surgiram idéias pioneiras uma delas articulada pelo espanhol José Ignácio López de Arriortúa, que envolvia a transferência terceirização total dos processos de montagem para os fornecedores. Ele pretendia quebrar todos os paradigmas da cadeia automobilística, quanto às relações entre a montadora e seus parceiros. Arriortúa, na época executivo da GM, não conseguiu convencer os diretores e, por não concordar com as estratégias em termos de novos projetos, transferiu-se para a Volkswagen.

Na nova montadora, Arriortúa teve autorização para a concretização de seu sonho: o Consórcio Modular, chamado por ele de "terceira revolução industrial", porque mudaria, completamente, as responsabilidades dos fornecedores. O projeto gerou, na época de sua implantação, tanto fascínio como ceticismo, em função da complexidade envolvida. Com um plano de metas bem elaborado, envolvendo a produção diária, percentual máximo de defeitos e responsabilidades de cada modulista-fornecedor, a unidade de negócio da VW Resende superou as dificuldades iniciais e obteve desempenho espetacular.

A fábrica de Resende iniciou suas operações em 1996, para produzir até 70 veículos, por turno de trabalho. Em maio de 2002, montou 110 veículos. Outra inovação foi a implementação do processo produtivo "puxado pelo mercado". Os ônibus e caminhões são produzidos após a comercialização, o que possibilita eliminar desperdícios do processo produtivo, como, por exemplo, estoques desnecessários.

Com a transferência das atividades "fim" para os fornecedores-parceiros, a VW, comandada pelo guru brasileiro Antônio Roberto Cortês, pôde dedicar-se, de corpo e alma, à engenharia e, principalmente, ao marketing, ao pós-vendas e acompanhar as ações implementadas pelos concorrentes. Os modulistas são responsáveis pela montagem do produto final, dentro dos prazos agendados, e com o padrão de qualidade fixado pela VW.

O consumidor pode escolher entre 19 modelos de caminhões, com 280 configurações possíveis, envolvendo variações da distância entre os eixos, tipo de embreagem, de freio, de motor, criteriosamente planejados. A meta da Volkswagen é integrar os envolvidos na cadeia produtiva para surpreender o mercado e superar os concorrentes.

Enquanto os concorrentes demoravam em média 75 dias para atender um pedido, o prazo máximo da VW é de 45 dias. O resultado da parceria está possibilitando grandes resultados para a Volkswagem. Os modulistas, parceiros das montadoras, aprenderam a trabalhar em conjunto. Os problemas são discutidos entre as partes, e todos estão preparados para buscar o consenso. Quando isso não é possível, é feita a votação, na qual cada gerente de módulo tem um voto, assim como a VW, cuja única regalia é ter decisão especial, em caso de empate.

Após a última etapa do processo de montagem, a VW assume o controle final do veículo. O faturamento é processado, após a aprovação do produto, pelos seus inspetores de qualidade. Por isso, o grupo de modulistas prioriza a lealdade, o companheirismo e o clima de franqueza para a solução dos problemas diários. Caso contrário, não terão faturamento. A relação conflituosa do passado, envolvendo as montadoras e seus fornecedores, em que cada um trabalhava, isoladamente, foi totalmente superada. A meta da VW é a integração dos parceiros para a maximização da produtividade.

A VW de Resende-RJ está colocando em prática conceitos desenvolvidos pela Toyota, através do Modelo Produtivo Enxuto. A aprendizagem com o mercado é o diferencial das empresas que estão superando os fatores restritivos que se apresentam.

O Consórcio Modular eliminou a burocracia desnecessária na Cadeia Produtiva, através da descentralização do processo decisório, e das relações igualitárias entre os parceiros modulistas. É uma nova cultura para o gerenciamento da cadeia produtiva e serviços que mudou, radicalmente, o sistema produtivo em massa, desenvolvido por Henry Ford e aprimorado por Alfred Sloan.

Com a nova estratégia produtiva, a VW ameaça a Mercedes no segmento de Caminhões. A Mercedes Caminhões, líder imbatível no mercado de caminhões, desde 1971, experimentou o dissabor de ficar em segundo lugar nas vendas internas de produtos de 7 a 45 toneladas, por duas vezes, em 2001. O modelo produtivo da VW, Consórcio Modular de Resende-RJ, iniciado em 1997, superou a performance da Mercedes. Eliminou restrições comerciais ao lançar caminhões mais simples e baratos, aproveitando experiências praticadas por outras organizações. Com isso, aumentou sua participação no mercado.

O crescimento da VW, no segmento de Caminhões e Ônibus, produtos fabricados em Resende, mostrou para a Mercedes que muita coisa precisava mudar. Em primeiro lugar, perceberam que a postura da Mercedes, em relação ao mercado, era considerada, até pouco tempo, arrogante. *"Muitos clientes foram maltratados e até ridicularizados em concessionárias da Mercedes"*, afirmou o engenheiro Ivo Fecchio[65], gerente de manutenção da frota de 212 caminhões da transportadora Expresso Araçatuba.

Destaca, ainda: *"Eles já mudaram bastante a mentalidade, mas ainda vejo vestígios do velho comportamento."* A falta de diretrizes organizacionais transparentes, no tocante ao padrão de serviços, no contato direto com o mercado, afetou a performance da Mercedes. O domínio inconteste do mercado, por muitos anos, acomodou a empresa.

Para eliminar esse problema, a Mercedes lançou, em 2000, um programa batizado de "Concessionário do Futuro". O enxugamento da estrutura hierárquica e o treinamento de pessoal das revendas e das oficinas, ligado a serviços, serão as prioridades da organização. A gestão dos talentos internos das concessionárias focaliza o encantamento dos clientes para recuperar a performance da organização. A velocidade na tomada de decisão, quando identificado problema de relacionamento entre funcionários e consumidores, será uma das prioridades da organização na atualidade.

---

[65] FERRAZ, Eduardo. *Futuro Incerto*. Revista *Exame*. São Paulo, 31 out. 2001, p. 57.

Estratégia Mercadológica da VW

A transferência de todo o processo produtivo para os fornecedores, também chamada de Outsourcing Radical, possibilitou à VW concentrar-se no atendimento aos clientes, com mais eficácia. Assim, surgiu a VW Titan Tractor, uma idéia genial para atender empresas preferenciais, com produtos sob medida e personalizados. Os caminhões e ônibus são expedidos da montadora, com a logomarca do cliente pintada no veículo.

Analisando o comercial da VW, na revista *Veja*[66], podemos observar que a montadora está acompanhando as tendências do mercado, de forma inovadora. Por exemplo, após a comercialização de 700 caminhões, para a empresa Júlio Simões, ela destacou sua estratégia mercadológica: *"Para clientes assim, a VW desenvolveu um caminhão versátil, que carrega 28 toneladas de carga líquida, com custo-benefício inédito no mercado. Qual o segredo? O de sempre: fazer sob medida."*

A revista *Veja*[67] destaca a confiança que a Rodonaves deposita na VW. O seu presidente e fundador, João Braz Naves, após a compra de 110 caminhões personalizados, deu a seguinte declaração: *"A confiança que a Rodonaves deposita na Volkswagen é a soma do excelente desempenho de seus produtos e da qualidade dos serviços de sua Rede Autorizada."*

Em outra edição, *Veja*[68] evidencia que a Braspress resolveu utilizar o Titan Tractor, porque uma boa empresa de encomendas urgentes não pode atrasar nunca. Os veículos custam menos que os concorrentes extrapesados. Conforme Urubatan Helou, presidente da empresa: *"O Titan Tractor caiu como uma luva para nossas operações, entre São Paulo, Rio de Janeiro, Minas, Paraná e Santa Catarina. Seu desempenho tem sido uma garantia de que nossos negócios com a VW podem ser ampliados."*

Conforme Dagnor Roberto Schneider, Diretor-Presidente da Coopercarga, em matéria publicitária publicada na revista *Veja*[69], *"o Titan Tractor apresenta-se como uma alternativa eficaz de maximização dos resultados, na adequação da frota às necessidades específicas demandadas por nossos clientes. Nossas operações consolidadas no Mercosul são um ótimo exemplo."*

---

[66] Informativo Publicitário. Revista *Veja*, São Paulo, 23 abr. 2003, p. 69.
[67] Idem, 30 abr. 2003, p. 109.
[68] Ibidem, 07 maio 2003, p. 47.
[69] Ibidem, 14 maio 2003, p. 89.

Com o Consórcio Modular, a VW terceirizou atividades "fim" para agregar valores às relações cotidianas com o público-alvo. Como o Titan Tractor é utilizado para operações logísticas, limpeza pública e transporte de passageiros, com muita criatividade, a VW oferece um veículo sob medida e personalizado para cada cliente. O Consórcio Modular produz caminhões sob medida para o transporte de cana-de-açúcar, concreto, madeira maciça ou móveis, para estradas de terra ou asfaltadas. O slogan utilizado pela montadora demonstra como ela evoluiu mercadologicamente: "Menos você não quer, mais você não precisa."

Enfoques Estratégicos:
✓ *Terceirização das Atividades "Fim".*
✓ *Produção Puxada pelo mercado.*
✓ *Estratégia Comercial.*

Enfoques destacados neste Estudo de Caso para o paralelo com o check-list "DO JOB"

PARÁGRAFO EM ESTUDO	Ferramentas de Gestão Exploradas				
	D	O	J	O	B
Implementou em Resende, RJ ...		X			
A nova estrutura organizacional ...	X				
Os desperdícios ...			X		
Desenvolver parcerias com os fornecedores ...				X	
Partindo dessas inovações ...		X			
Com um plano de metas ...				X	
... dedicar-se, de corpo e alma ...					X
A meta da Volkswagen ...		X			
Os modulistas parceiros ...		X			
A VW de Resende - RJ ...					X
O consórcio modular eliminou ...	X				
Eliminou restrições comerciais ...					X
A falta de diretrizes organizacionais ...				NÃO	
O enxugamento da estrutura ...	X				

Comentários:
O guru espanhol Lopes de Arriortúa, ao estudar o Sistema Produtivo Enxuto da Toyota, observou que, dentre diversas medidas implementadas com sucesso por Taiichi Ohno, na empresa japonesa, a terceirização, das atividades "meio", possibilitou minimizar desperdícios, aprender com os parceiros-fornecedores e reduzir custos. Partindo dessa conceituação, ele idealizou um processo produtivo tendo como referencial a terceirização das atividades "meio" e "fim". Assim, os fornecedores produziriam os componentes e se responsabilizariam pela montagem final. Para muitos especialistas, a proposta de Arriortúa era uma utopia. Ele precisava quebrar paradigmas e revolucionar o "status quo" para colocar em prática sua proposta. Com muita criatividade e conhecimento técnico de processos de fabricação de ônibus e caminhões, ele dividiu o fluxo produtivo em sete fornecedores, rigorosamente selecionados, para se responsabilizarem pela fabricação dos componentes e montagem final. A Volkswagen acreditou no projeto de Arriortúa. Assim, ela apenas acompanha as etapas produtivas e quando os ônibus e caminhões são concluídos realiza os testes finais para aprovação dos produtos. Ousadia, criatividade e fazer diferente são os ensinamentos do guru Arriortúa para transformar os nossos processos de trabalho, visando à ampliação das oportunidades individuais e melhor desempenho das organizações.

Quadro 26: Respostas do Estudo de Caso 6

CAPÍTULO III

Evolução dos Fluxos Produtivos da Cadeia Automotiva

"Por que não estudamos a história do pensamento gerencial de forma mais consistente? Olhar para trás ... pode nos ajudar a perceber como chegamos às nossas idéias atuais sobre gestão empresarial."

Karl Albrecht

3. EVOLUÇÃO DOS FLUXOS PRODUTIVOS DA CADEIA AUTOMOTIVA

3.1 Matriz Organizacional

A Teoria dos Sistemas de Ludwig von Bertalanffy, envolvendo a matriz "entradas/transformação/saídas", foi aplicada na administração, após a década de 1960, para a análise do desempenho organizacional com mais objetividade. A matriz organizacional foi demonstrada na página 3, e nos possibilita a visualização das três fases do fluxo e a importância de cada uma.

As entradas, recursos adquiridos no mercado (fase input), compreendem as matérias-primas, informações e capital, para o início do processo. A transformação envolve a realização da proposta da organização, em termos de manufatura ou serviços. As saídas (fase output) são produtos finais ou serviços disponibilizados para o mercado. Com essa matriz, a identificação dos pontos fortes e fracos das organizações possibilita aos gestores priorizar estratégias apropriadas.

Sabemos que o ambiente mercadológico exerce influência nos três elementos básicos da matriz organizacional, podendo afetar sua performance. Assim, toda organização deve acompanhar o nível de satisfação dos clientes e fornecedores, para o aprimoramento contínuo. Porém, no início de 1900, esse legado cultural não estava disponível. Os empreendedores que conseguiram implementar esses conceitos nos processos de trabalho, quebrando paradigmas de cadeia produtiva e serviços, tranformaram-se em gestores, gurus e gênios.

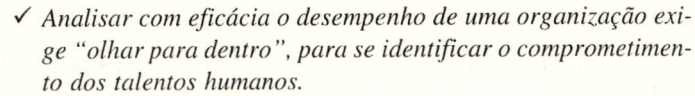

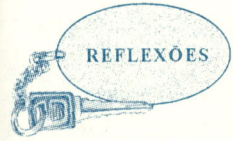

REFLEXÕES

✓ *Analisar com eficácia o desempenho de uma organização exige "olhar para dentro", para se identificar o comprometimento dos talentos humanos.*

✓ *É preciso, também, "olhar para fora", para observar o potencial dos fornecedores e as expectativas dos clientes.*

✓ *Os inputs desnecessários e os outputs não desejados pelo mercado afetam o desempenho das organizações.*

3.2 Matriz Pessoal

Assim como a Teoria dos Sistemas de Bertalanffy aborda a matriz organizacional em três fases (input/transformação/output), podemos aproveitar esses conceitos e estabelecer um link com a palavra "in+form+ação", correspondendo a, respectivamente, captar, maturar e disponibilizar.

A matriz pessoal, formatada através do método "camadi", estruturada com as iniciais das palavras "captar", "maturar" e "disponibilizar", foi demonstrada na página 4, e nos direciona aos seguintes questionamentos:

- ✓ *Como estão sendo captadas as informações disponíveis no arcabouço cultural?*
- ✓ *A maturação das novas idéias está contemplando a administração participativa e o aprendizado criativo?*
- ✓ *A ação, o ato de disponibilizar o que foi aprendido e maturado, está sendo efetivado no momento certo com a estratégia apropriada?*

> *"Os resultados são obtidos explorando-se as oportunidades, não resolvendo problemas."*
> **Peter F. Drucker**

As "entradas/transformação/saídas", fases das matrizes pessoal e organizacional, possibilitam um paralelo com a evolução dos fluxos produtivos de 1900 até a atualidade. No início de 1900, as manufaturas artesanais eram morosas porque a divisão do trabalho e a padronização das especificações dos componentes utilizados não tinham sido implementadas. Cada mestre artesão era responsável direto por todas as etapas do processo fabril. Geralmente, a conclusão de um produto final era efetivada fora do prazo desejado pelos compradores. Com o aumento da demanda, o gênio Frederick Taylor desenvolveu metodologias, transformando os processos de trabalho em operações produtivas, calculadas cientificamente.

A administração científica possibilitou a Henry Ford a formatação da primeira linha de produção em massa. A produtividade sempre crescente possibilitou a redução do preço final do modelo "T" e ampliou as vendas. Para melhor compreensão da evolução dos processos produtivos em massa, de 1900 até a atualidade, foram estruturados oito fluxos produtivos. Nos oito fluxos, conforme detalhado a seguir, a matriz "entradas/transformação/saídas" foi gerenciada de forma diferenciada porque o acirramento da concorrência começou a afetar o resultado comercial das organizações.

EVOLUÇÃO DOS FLUXOS PRODUTIVOS

1º Fluxo – 1900/1920 – Gênio Henry Ford: A padronização das peças fabricadas e a seqüencia otimizada dos processos fabris possibilitaram a formatação da produção em massa. O modelo "T" da Ford foi o pioneiro desse novo sistema industrial.

2º Fluxo – 1920/1940 – Gênio Alfred Sloan: Superar a velocidade do processo produtivo em massa da Ford era, praticamente, impossível. A GM optou pela diversificação dos modelos colocados no mercado. A estratégia foi explorar o *feedback* do público-alvo para identificar suas expectativas e realizá-las antes da Ford.

3º Fluxo – 1940/1950 – Gênio Alfred Sloan: A departamentalização da GM possibilitou a integração dos setores da organização, aumentando a produtividade. A GM priorizou, também, o feedback com os fornecedores, para atender aos pedidos "urgentes" das Forças Armadas, durante a Segunda Guerra Mundial.

4º Fluxo – 1950/1970 – Gênio Alfred Sloan: Após a Segunda Guerra Mundial, a integração dos departamentos da GM foi transformada em intersecção: cada decisão a ser tomada deveria levar em consideração os demais setores da organização para o aumento da produtividade.

5º Fluxo – 1970 em diante – Gênio Taiichi Ohno: A Toyota, depois da Segunda Guerra Mundial, estuda o modelo industrial americano, identifica os principais fatores restritivos, e cria o Sistema Produtivo Flexível Enxuto. Na década de 1970, surpreende o mundo com produtos competitivos, superando os americanos.

6º Fluxo – 1980 em diante – Gênio Eliyahu Goldratt: A Teoria das Restrições possibilitou às empresas americanas reflexões importantes sobre produtividade. Os fatores restritivos, chamados de gargalos, foram identificados e eliminados. As organizações americanas priorizaram ações estratégicas para superar os japoneses.

7º Fluxo – Final dos anos 1990 em diante – Gênio José Ignácio de Arriortúa: A transferência das atividades "fim" e "meio" para os fornecedores, possibilitou a formatação do Consórcio Modular da Volkswagen, quebrando todos os paradigmas do sistema industrial tradicional.

8º Fluxo – 2000 em diante – Gênio Richard Wagoner Jr.: O Consórcio Modular estimulou a General Motors para a formatação de uma fábrica com fornecedores exclusivos, instalados no seu parque industrial, para a produção do modelo Celta, dentro da Metodologia Just in Time.

3.3 Primeiro Fluxo Industrial: de 1900/1920

✓ Processo Produtivo do Modelo "T" da Ford
✓ Primeira Linha de Montagem Móvel em Massa

A normatização das operações industriais, através de metrologia, intercambialidade das peças e balanceamento do fluxo fabril, possibilitou a Henry Ford a implementação da primeira linha de produção em massa da indústria automobilística, quebrando todos os paradigmas da produção artesanal. Em função de sua genialidade e persistência, depois de cinco anos de trabalho, ele inaugurou, em 1908, a plataforma móvel para a produção do modelo "T".

Na matriz produtiva, são destacadas as três fases "entradas/ transformação/ saídas" que possibilitam a padronização dos processos em produção em massa:

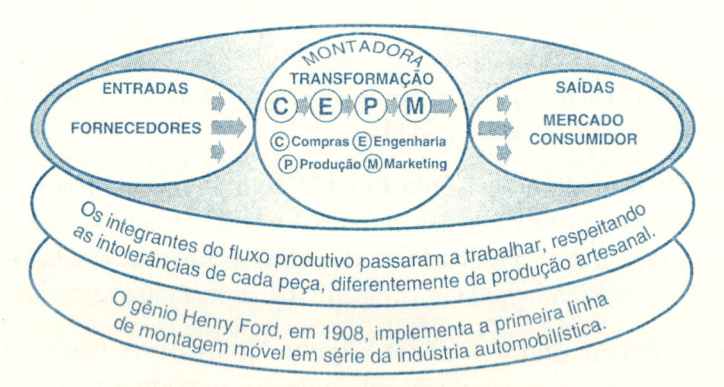

Figura 3: Fluxo Industrial de 1900/1920

Como a procura era superior, produzir mais rápido significava lucros maiores. Conseqüentemente, os trabalhadores eram cobrados para aumentar a produtividade.

Para que não ocorresse a interrupção do processo fabril, motivado por problemas com os fornecedores, Ford priorizou, gradativamente, a verticalização dos componentes do modelo "T", fabricando-os em sua unidade industrial.

Henry Ford se transformou no industrial mais influente da época e sua linha de montagem móvel era uma referência em todo o território americano e em outros países.

Porém, sua personalidade forte, seu método autoritário e seu estilo centralizador estruturaram a organização para o seguinte diálogo corporativo, entre os chefes e os subordinados:

A maioria dos gestores da cadeia produtiva se posicionava como empreendedores auto-suficientes e não valorizava o diálogo com seus colaboradores, para se buscar a melhor alternativa para a tomada de decisão. Os trabalhadores, "mão-de-obra", eram pagos para repetir operações industriais e cumprir as metas de produção com quantitativos sempre crescentes.

DIÁLOGO CORPORATIVO ENTRE O CHEFE E OS SUBORDINADOS

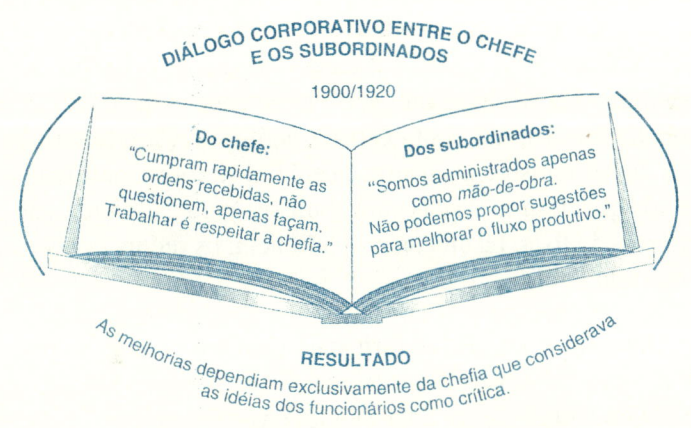

1900/1920

Do chefe:
"Cumpram rapidamente as ordens recebidas, não questionem, apenas façam. Trabalhar é respeitar a chefia."

Dos subordinados:
"Somos administrados apenas como *mão-de-obra*. Não podemos propor sugestões para melhorar o fluxo produtivo."

RESULTADO
As melhorias dependiam exclusivamente da chefia que considerava as idéias dos funcionários como crítica.

Figura 4: Diálogo Corporativo 1900/1920

3.3.1 Contribuições de Taylor, Gantt e Gilberth

Para Frederick Taylor, a Administração Científica envolve métodos, estudos, pesquisas e experimentação para confirmação do fenômeno e configuração da ciência. Uma seqüência operacional de montagem exige estudo científico. Assim, o empirismo dos processos de trabalhos com tolerâncias aproximadas, "achologismos", quanto aos tempos de produção, foi eliminado. A produtividade máxima tinha que ser perseguida para atender à demanda sempre crescente e, para isso, a normatização e a padronização das peças e processos foram priorizados. Essas contribuições permitiram que Henry Ford transformasse a fabricação artesanal em fluxo produtivo em massa.

Henry Lawrence Gantt, companheiro de trabalho de Taylor, afirmava que as tarefas repassadas para os funcionários, envolvendo quantidades e prazos, eram impossíveis de serem cumpridas, gerando déficits e perdas. Urgia a necessidade de métodos científicos para os processos produtivos, como, também, para administração das pessoas. Conforme Riggs[70]: *"A pergunta sobre quais tarefas o homem deve realizar não pode ser respondida com precisão até que se determine como ele pode desempenhá-la."* Cada trabalho a ser realizado deveria ser desmembrado em fases menores, chamado de *therbligs*, em alusão à Frank Bunker Gilberth e sua esposa Lílian, criadores dessa metodologia. Os Gilberth evidenciaram a importância de se incluir nos tempos de produção a fadiga do operário devido ao excesso de repetições das mesmas operações.

Se Taylor e os Gilberth se preocuparam, cientificamente, com o processo fabril, padronizando os tempos produtivos, Henry Fayol percebeu que, paralelamente aos trabalhos operacionais, era necessário que os operários se preocupassem com a administração da organização, envolvendo as seguintes áreas: fabricação, comercialização, capital, contabilidade, administração e segurança. Aos poucos, a Teoria da Administração, inspirada em Fayol, foi encontrando os gestores, gurus e gênios que deram as suas contribuições para a estruturação das etapas administrativas, de forma a alocar, com eficácia, os recursos necessários para execução de cada tarefa.

Henry Gantt ficou famoso ao formatar um instrumento para programação e controle de projetos, chamado de gráfico de Gantt, muito explorado na 1ª Guerra Mundial. Sua genialidade foi inverter a lógica da programação. Tradicionalmente, o planejamento de um projeto tendia a começar da primeira fase até a última. Partindo da data final de conclusão do projeto (última providência), ações anteriores foram planejadas até atingir o primeiro estágio do projeto. Assim, todas as ações seriam "ajustadas", para atender à data limite prevista. Gantt deu excelente contribuição para o avanço da Administração da Produção e Controle dos Processos Industriais.

REFLEXÕES

✓ *Os trabalhadores eram administrados como "mão-de-obra", obedientes e pouco questionadores.*

✓ *Os "achologismos" quanto aos tempos de produção tinham de ser eliminados.*

✓ *Cada trabalho a ser realizado foi dividido em fases menores, chamadas* therbligs.

---

[70] RIGGS, James L. *Administração da Produção – Planejamento, Análise e Controle – Uma Abordagem Sistêmica*. São Paulo: Atlas, 1981, p. 340.

3.3.2 Henry Ford e o Check-list "DO JOB"

OBJECTIVE ✓ A meta de Henry Ford era padronizar todos os processos fabris, para maior produtividade na montagem dos veículos. Depois de cinco anos de experiências, ele realizou seu grande objetivo, em 1908, implantando a 1ª linha de montagem móvel em série da indústria automobilística.

✓ Os fornecedores da Ford assimilaram a metrologia e abasteciam as linhas de montagem com peças e componentes padronizados. A relação entre a Ford e seus fornecedores estava apoiada na parceria. *OUTSOURCING*

BENCHMARKING ✓ A genialidade de Ford possibilitou o aprendizado com outros segmentos indústriais, para a implementação da produção em massa. Como outras empresas utilizavam, com sucesso, a metrologia e a padronização dos processos fabris, ele adaptou esses conhecimentos para a montagem do modelo "T".

✓ Com o retorno financeiro do modelo "T", o objetivo de Ford foi produzir todos os componentes envolvidos na sua organização (verticalização do processo fabril). *OUTSOURCING*

BENCHMARKING ✓ Como o sucesso do modelo "T", Henry Ford ficou rico e famoso. Porém, ele deixou de aprender com o mercado e aceitar sugestões de seus colaboradores.

3.3.3 Miopia Mercadológica de Henry Ford

Henry Ford cometeu o maior erro estratégico que um executivo pode cometer. Ele permitiu que a produção em massa, razão do sucesso do passado, ficasse obsoleta, por falta de inovação. Seu autoritarismo exagerado e a incapacidade de aceitar novas idéias comprometeram sua genialidade, levando a organização quase à falência. A produção repetitiva, priorizando apenas a velocidade dos processos operacionais, estava prestes a ser sucumbida, porque esse diferencial tinha sido copiado por outras organizações.

Para enfrentar o império industrial criado por Henry Ford, somente outro gênio, do segmento automobilístico, seria capaz de fazê-lo. Alfred Sloan, da General Motors, descobriu que o sistema fabril do modelo "T", repetitivo e empurrado para o mercado, precisava ser modificado. Colocou em prática uma ferramenta de gestão que se tornaria um referencial obrigatório nos processos decisórios das organizações: o feedback para acompanhamento das novas tendências do mercado.

Conceituação Básica

Metrologia
Padronização das medidas de cada peça para se eliminar a necessidade de ajustes durante a montagem.

Intercambialidade
O encaixe perfeito das peças do modelo "T" possibilitou a montagem mais rápida dos componentes do módulo e conseqüente redução dos tempos de produção.

Balanceamento do fluxo fabril
Através da normatização dos processos de trabalho do modelo "T", foi possível distribuir as tarefas aos operários de forma balanceada. A montagem obedecia aos tempos previamente calculados.

Plataforma fixa
O "veículo" ficava fixo na bancada de fabricação. Os funcionários se movimentavam para transportar os componentes e realizar as operações de produção.

Plataforma móvel
O chassi do "veículo" se movimenta e, por onde passa recebe os componentes. Os funcionários, fixos em suas bancadas de trabalho, encaixam as peças conforme sua habilidade. Proporcionou aumento sempre crescente da produtividade.

Verticalização do processo fabril
A meta de Henry Ford, no início de 1900, era produzir todos os componentes do modelo "T" em sua unidade fabril. Um exemplo clássico é o minério de ferro que, três dias após sua exploração, já estava sendo utilizado nos automóveis da Ford.

Quadro 26: Conceituação Básica

RESUMO DO FLUXO INDUSTRIAL 1900/1920

Figura 5: Resumo do Fluxo Industrial 1900/1920

A metrologia possibilitou ao gênio Henry Ford quebrar todos os paradigmas da fabricação artesanal. Ele criou a primeira linha de montagem em massa móvel para fabricar o modelo "T".

3.4 Segundo Fluxo Industrial: de 1920/1940

✓ *Exaustão do modelo "T" preto da Ford*
✓ *Com o* feedback *do mercado, a GM lança novos modelos*

No fluxo "entradas/transformação/saídas" abaixo, a General Motors, preocupada em superar a performance da Ford, prioriza o feedback do mercado. Trata-se de uma importante estratégia que exige dos gestores a atenção, com as mudanças que estão acontecendo no tocante às expectativas dos consumidores. Henry Ford não escutava seus operários, executivos e consumidores. Para ele, o feedback não era necessário, porque considerava que tinha as respostas prontas para todos os problemas.

O gênio da GM, Alfred Sloan, ao valorizar o feedback, deu importância às opiniões dos clientes internos e externos e revolucionou a montadora. Como a GM era formada por várias empresas, adquiridas nos últimos 20 anos, era impossível gerenciar a organização de forma centralizada. Seu modelo administrativo priorizou a descentralização do processo decisório, com a elaboração de metas, para que os gerentes pudessem cumpri-las.

Figura 6: Fluxo Industrial de 1920/1940
Comparar este fluxo com a Figura 5
Diferencial deste fluxo: (destacado em azul)
Feedback com o mercado consumidor.

O fluxo fabril do modelo "T" era inflexível, impossibilitando a produção de outros modelos. Através do feedback do mercado, Sloan percebeu que o modelo "T" estava saturado e os consumidores começavam a preferir os veículos mais sofisticados. Ele demonstrou sua genialidade ao perceber que, pela alternativa velocidade, o fluxo produtivo da Ford era imbatível, porém, pela diversificação dos produtos, certamente, não seria. Com slogan criativo, "um carro para cada bolso e gosto", ele inseriu no mercado vários veículos, surpreendendo consumidores e concorrentes. Alavancou as vendas da GM e superou a maior empresa automobilística do mundo. Sloan priorizou a descentralização da organização, para maior velocidade na tomada de decisões.

Conforme Plantullo[71] *"devido às modernas técnicas administrativas implantadas por Sloan – embora a empresa sofresse os percalços da Grande Depressão de 1929 a 1933... todos os indicadores revelavam um crescimento firme".* O consumismo americano, sempre crescente, estimulou as organizações a aumentarem a velocidade dos processos produtivos, sem a preocupação com ineficiências e gastos desnecessários.

O diálogo corporativo, a seguir, evidencia que o consumismo americano levou as organizações a conviverem com desperdícios e a repassar suas ineficiências para o preço final do produto fabricado.

DIÁLOGO CORPORATIVO ENTRE O CHEFE E OS SUBORDINADOS

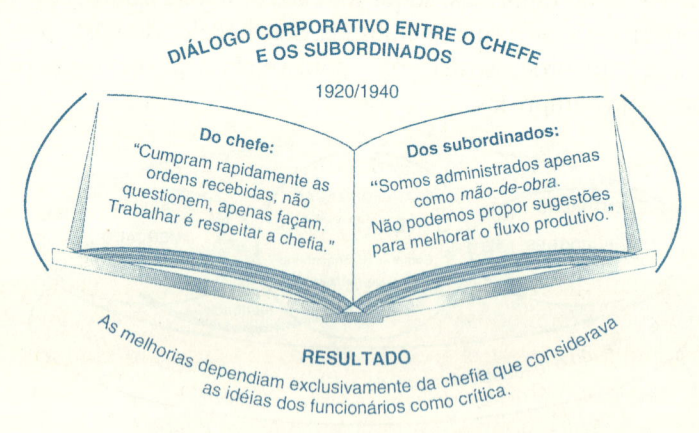

1920/1940

Do chefe:
"Cumpram rapidamente as ordens recebidas, não questionem, apenas façam. Trabalhar é respeitar a chefia."

Dos subordinados:
"Somos administrados apenas como *mão-de-obra*. Não podemos propor sugestões para melhorar o fluxo produtivo."

RESULTADO
As melhorias dependiam exclusivamente da chefia que considerava as idéias dos funcionários como crítica.

Figura 7: Diálogo corporativo de 1920/1940

3.4.1 Contribuições de Mayo, Shewhart e McGregor

A abordagem mecanicista de Frederick Taylor influenciou Henry Ford para a padronização dos processos industriais. Foi implementada em todo o fluxo produtivo a seqüência das tarefas planejadas com tempo-padrão rigoroso, previamente estabelecido. De acordo com Uhlmann[72] *"o trabalhador que cumprisse 100%*

---

[71] PLANTULLO, Vicente Lentini. *Teoria Geral da Administração: de Taylor às Redes Neurais.* Rio de Janeiro: FGV, 2001, p.44.
[72] UHLMANN, Günter Wilhelm. *Administração: das Teorias Administrativas à Administração Aplicada e Contemporânea.* São Paulo: FTD, 1997, p.31.

da produção, calculada pelo tempo padrão, realizava, com eficiência, sua obrigação. O funcionário que não alcançasse a meta estabelecida estaria sujeito à punição." A visão de Taylor do "homem-máquina", programado para produzir cada vez mais rápido, chegava à exaustão. Muitos estudiosos consideravam "exploração" do elemento humano em muitas organizações.

O radicalismo de Taylor pode ser exemplificado através do filme de Charles Chaplin *Tempos Modernos*, que enfoca, com muita propriedade, a excessiva preocupação com a padronização das operações fabris e as conseqüências para os operários. O ponto forte do filme foi a tentativa de se padronizarem as etapas de uma refeição dos trabalhadores. Os resultados foram drásticos e possibilitaram reflexão por que o homem não pode ser visto somente como máquina ou, simplesmente, um "aperta-botões".

O gênio George Elton Mayo liderou movimento de oposição à Teoria Clássica de Administração. Pesquisas realizadas por Mayo, em 1923, em uma Indústria Têxtil, observaram que a rotação anual de pessoal (turnover) estava acima de 20%. Em 1927, na Western Electric Company, identificou problemas por fadiga dos operários, acidentes de trabalho e turnover elevado. Era preciso humanizar as organizações, para tornar o trabalho menos sacrificante.

Surgiu, assim, a Teoria das Relações Humanas, que tinha como proposta inicial mudar a forma de administrar os trabalhadores e melhorar as condições fabris. O relacionamento mais humano e a motivação dos trabalhadores poderia influir para o aumento da produtividade. George Elton Mayo, cientista social australiano, conseguiu provar que, ao se introduzirem melhorias na linha de fabricação, a produtividade aumentava. Os trabalhadores valorizaram o ambiente harmonioso, o coleguismo e criticaram o excesso de cobranças dos superiores. Era preciso transformar o funcionário alienado em aliado para se eliminarem os desperdícios, gerados pela falta de comprometimento.

Descoberta importante de Mayo foi a existência de uma organização informal dos operários, que por um lado punia aqueles que superavam o tempo padrão estabelecido e, por outro, protegia das ameaças dos superiores os que seguissem suas orientações quanto aos quantitativos a serem produzidos. As regras não escritas e a informalidade estavam presentes em muitas organizações. O homem diante de uma situação difícil e desafiadora normalmente age e reage em grupo, recebendo apoio quando é fiel ou coação quando não cumpre as regras informais estabelecidas. Na realidade, os que superavam o tempo padrão obrigavam os demais a terem performance idêntica, o que nem sempre era possível.

Walter Shewhart entra em cena com uma metodologia apoiada no levantamento estatístico dos problemas de qualidade. Porém, o crescimento acelerado dos Estados Unidos, de 1900 a 1920, e a comercialização garantida dos produtos desviaram a atenção das empresas para a produção em larga escala. Por isso, a filosofia de Shewart não emplacou na maioria das organizações americanas. O controle dos defeitos de fabricação não era a prioridade. Conforme Womack[73], *"nenhum modelo "T" da Ford jamais passou por um teste de pista"*.

Douglas McGregor publica *The Human Side of Enterprise*, gerando grande repercussão na época. A Teoria X, analisando as contribuições de Taylor, era orientada para a gestão mecanicista das fábricas, visando ao aumento da produção, e a Teoria Y, enfocando idéias de Elton Mayo, evidenciava que as empresas deveriam levar em conta as dimensões humanas do trabalho.

- PARA A TEORIA X:

(concepções "pré-conceituosas sobre o comportamento humano).

Os indivíduos não gostam de trabalhar, por isso precisam ser controlados; são incapazes de assumir responsabilidades; têm pouca ambição.

- PARA A TEORIA Y:

(concepções sem preconceitos sobre a natureza humana).

O trabalho é uma necessidade dos seres humanos, que buscarão melhor performance se as condições estimularem a motivação.

De acordo com Montana[74]: *"A Teoria Y desenhou um caminho humanista que levou à introdução de descrições de trabalho ..., promoveu o crescimento pessoal ... e facilitou a produtividade."*

McGregor provocou reflexão, na época, sobre as condições oferecidas pelas empresas e a satisfação dos funcionários. A General Motors, diante das abordagens de McGregor, prioriza uma pesquisa na organização. Conforme Drucker[75], a GM lançou, na década de 1940, um concurso envolvendo 190 mil funcionários sobre o tema: "Meu serviço e por que gosto dele." Foi a maior mostra das posi-

---

[73] WOMACK, James P. *A Máquina que Mudou o Mundo*. 13ª edição. Rio de janeiro: Campus, 1992, p. 26.
[74] MONTANA, Patrick J. *Administração*. São Paulo: Saraiva, 1998, p. 21.
[75] DRUCKER, Peter Ferdinand. *Introdução à Administração*. 3ª edição. São Paulo: Pioneira, 2000, p. 272.

ções de empregados. Poucos deles deixaram de fazer suas críticas e mencionar algum desafio apresentado pelo seu serviço. Através dessas e outras decisões estratégicas importantes, a GM superou a Ford e se transformou na maior organização do mundo.

O Ford "T", exclusivamente preto, teve de concorrer com os maravilhosos carros da GM. O mercado desejava modelos, designs e preços diferentes. Na medida em que o feedback com os consumidores era valorizado, informações captadas e maturadas eram disponibilizadas para os processos industriais e administrativos.

Alfred Sloan percebeu que, para dar respostas rápidas aos desejos e às necessidades dos clientes, era preciso integrar os departamentos da organização. Os objetivos globais da GM foram desmembrados em metas mensais para cada departamento e acompanhadas pelos comitês de fábrica. Assim, enquanto a Ford permanecia acomodada com o modelo "T", a GM implementava a descentralização, estimulava a geração de idéias de seus colaboradores e acompanhava os novos desejos e as necessidades do mercado.

3.4.2 Alfred Sloan e o Check-list "DO JOB"

✓ Sloan, gênio da GM, prioriza o aprendizado com o mercado e descobre que o modelo "T" estava saturado.

✓ Os objetivos globais da GM eram repassados aos gerentes de departamentos. Se o desempenho de um gestor não atingisse de forma repetitiva o objetivo proposto, ele poderia ser substituído.

✓ Sloan implementou a descentralização com o enxugamento dos níveis hierárquicos desnecessários.

✓ Aproveitando experiências bem-sucedidas de outras empresas, Sloan prioriza uma pesquisa interna na GM para conhecer melhor a opinião dos funcionários.

Conceituação Básica

Produção flexível

Sistema industrial que permite a fabricação de produtos finais variados, na mesma plataforma fabril. Possibilita ajustar o fluxo produtivo às necessidades do mercado.

Produção inflexível

A linha de produção do modelo "T" era inflexível porque foi estruturada para fabricar, exclusivamente, esse veículo. O ponto forte era a fabricação em escala sempre crescente de produtividade.

Feedback

Retorno de informações. Significa acatar as sugestões apresentadas para melhorar a performance da organização.

Miopia mercadológica

Não dar a devida importância às expectativas dos clientes internos e externos. Não priorizar o aprimoramento contínuo. Erro gerencial cometido por Henry Ford em face da sua excessiva gestão centralizadora.

Descentralização

Possibilitar que funcionários de 2º e 3º escalões decidiam sobre suas rotinas de trabalho. Para isso, é necessário que as metas globais da organização sejam factíveis, mensuráveis e os recursos estejam disponíveis aos envolvidos.

Estratégia

Alfred Sloan tinha consciência de que a Ford era imbatível na produção em massa repetitiva. Optou por enfrentá-la pela diversificação dos produtos, com os modelos produzidos pela Buick, Chevrolet, Cadillac, Olds, Oakland e Opala.

Quadro 27: Conceituação Básica

RESUMO DO FLUXO INDUSTRIAL 1920/1940

Figura 8: Resumo do Fluxo Industrial 1920/1940

O gênio da GM, Alfred Sloan, explora com maestria o feedback do mercado e lança vários modelos, conquistando os consumidores. O modelo "T", sempre preto, entra em decadência.

3.5 TERCEIRO FLUXO INDUSTRIAL: DE 1940/1950

✓ Produção de armamentos bélicos para a 2ª Guerra Mundial
✓ GM prioriza projetos complexos para as Forças Armadas

Ao serem mobilizadas para a Guerra, a General Motors, a Ford e a Chrysler foram obrigadas a aprender, rapidamente, sob grande pressão, como produzir tanques, metralhadoras, munições e aviões, uma vez que não tinham nenhuma experiência. Produzir armamento bélico foi uma excelente oportunidade para a GM crescer, tecnicamente, porque sempre priorizou os projetos mais complexos.

As contínuas mudanças dos produtos e quantidades solicitadas pelas Forças Armadas exigiam dos executivos envolvidos nas programações, capacidade gerencial para absorver a pressão. Conforme palavras de Sloan[76]: *"Programar a produção naquelas condições era de arrepiar os cabelos..."* Era necessário abastecer as forças combatentes, dentro dos prazos solicitados, com pontualidade e qualidade. Os atrasos e os defeitos nos armamentos bélicos poderiam provocar mortes.

No fluxo fabril, observa-se o início da integração dos departamentos das organizações para a troca de experiências, eliminação dos fatores restritivos visando ao atendimento pontual das programações das Forças Armadas.

Figura 9: Fluxo Industrial de 1940/1950

Comparar este fluxo com a Figura 8
Diferenciais deste fluxo (destacado de azul):
✓ Integração dos departamentos das organizações
✓ Feedback com os fornecedores.

---

[76] SLOAN, Alfred P. *Meus Anos com a General Motors.* São Paulo: Negócio Editora, 2001, p. 122.

3.5.1 A GM, o Conflito Militar e o Check-list "DO JOB"

OBJECTIVE [IMPLEMENTAÇÃO / METODOLOGIA — SIM ✓ / NÃO]
- ✓ Atender às exigências das Forças Armadas, nos prazos solicitados, era o objetivo principal das indústrias automobilísticas dos EUA.

- ✓ Logística eficaz no abastecimento de armamento bélico, alimentos e remédios para se evitarem "baixas" militares.

JUST IN TIME [IMPLEMENTAÇÃO / METODOLOGIA — SIM ✓ / NÃO]

BENCHMARKING [IMPLEMENTAÇÃO / METODOLOGIA — SIM ✓ / NÃO]
- ✓ A aprendizagem com a guerra revolucionou as indústrias americanas. A GM aprendeu com as Forças Armadas dos EUA.

- ✓ O consumismo americano e a comercialização "garantida", antes da guerra, influenciaram para que as organizações não priorizassem parcerias com os fornecedores para a superação dos fatores restritivos.

OUTSOURCING [IMPLEMENTAÇÃO / METODOLOGIA — SIM / NÃO ✓]

Produzir armamento bélico foi uma excelente oportunidade para as empresas crescerem, tecnicamente. A GM priorizou os projetos mais complexos e sua aprendizagem tecnológica e administrativa foi maior.

O diálogo militar entre o capitão e o general ilustra a preocupação com a qualidade e a logística dos armamentos bélicos e a alimentação das tropas.

DIÁLOGO MILITAR ENTRE O CAPITÃO E O GENERAL

1940/1950

Do capitão:
"Os armamentos com defeitos estão gerando mortes. Os atrasos no abastecimento das munições e alimentação causam descontentamento."

Do general:
"A qualidade do material bélico e o atendimento pontual das solicitações dos combatentes serão nossas metas prioritárias."

CONCLUSÃO
A qualidade e a logística passaram a ser tarefa de todos para não gerar baixas militares.

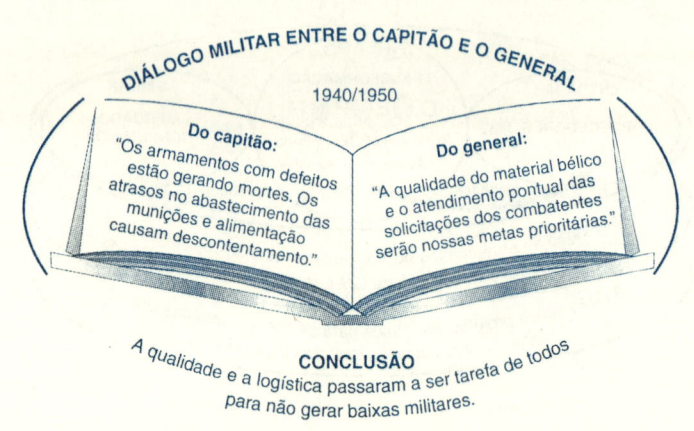

Figura 10: Diálogo militar durante a Segunda Guerra Mundial

Fabricar rápido, também, gerava desperdícios que não podiam ser assimilados durante a guerra, em face da escassez dos recursos disponíveis. Foram desenvolvidos diversos estudos para se identificarem as deficiências dos processos industriais.

3.5.2 Estratégias Adotadas pelos Japoneses

A única saída para o governo japonês, para aquecer a economia e minimizar o desemprego, era através das exportações por causa da limitação do mercado interno. O diálogo a seguir possibilita compreender as dificuldades que tiveram de ser superadas pelos japoneses:

DIÁLOGO JAPONÊS: EMPRESÁRIOS E GOVERNO

1940/1950

EMPRESÁRIOS: "Os americanos têm o maior parque industrial do mundo. Sua economia está crescendo constantemente por causa do potencial de consumo de sua população."

GOVERNO: "Com todas essas vantagens foram beneficiadas com a guerra. Nossa estratégia é investir em um modelo de gestão industrial para enfrentar os americanos."

RESULTADO
A Toyota priorizou o aprendizado com os americanos para posteriormente superá-los.

Figura 11: Diálogo japonês após a Segunda Guerra Mundial

3.5.3 Contribuições de Weber, Drucker e Maslow

Conforme Chiavenato[77]: *"Hoje em dia é moda menosprezar Taylor... mas ele foi o primeiro homem, de que se tem notícia, que não aceitou o trabalho como favas contadas, mas o examinou e o estudou a fundo."* Em seu enfoque trabalho, ele procurou libertar os operários de tarefas e encargos excessivos, transformando-se num gênio do século XIX.

Max Weber desenvolveu a Teoria da Burocracia para uma reflexão sobre o mecanicismo da abordagem da Administração Clássica. A Burocracia priorizava a adequação dos objetivos "fins" pretendidos pela organização, através da hierarquia de autoridade e rotinas de procedimentos inspirados na estrutura militar rígida. Ela não conseguiu responder a todos os questionamentos das organizações por não valorizar as expectativas do público-alvo e as oscilações do mercado.

Peter Drucker, como consultor, foi convidado, em 1943, a estudar a estrutura administrativa da GM e a elaborar um diagnóstico. O resultado desse trabalho foi publicado em 1943 com o livro *The Concept of the Corporation*. O enfoque central do livro causou grande impacto no ambiente corporativo, provocando, na épo-

---

[77] CHIAVENATO, Idalberto. *Teoria Geral da Administração.* 6ª edição. Rio de Janeiro: Campus, 1999, p. 323.

ca, uma reflexão sobre o paradigma da descentralização. Era temida e combatida pela alta administração. Drucker provou que, na medida em que as responsabilidades secundárias fossem transferidas para os subalternos, as tarefas-chave dos executivos seriam conduzidas, certamente, com mais produtividade.

No final da década de 1940, a Teoria Comportamental (behaviorista em inglês), teve Abraham Maslow (1908/1970) como importante pensador. Ele destacou que todo ser humano busca o atendimento de suas necessidades primárias ou inferiores (sobrevivência: fisiológicas e de segurança) e necessidades secundárias ou superiores (valorização pessoal: apreço, auto-realização). A produtividade e a criatividade dependem diretamente da motivação de cada funcionário pelo que faz.

3.5.4 Administração por Objetivos – APO

Diante da necessidade de garantir o abastecimento pontual e com qualidade para as forças combatentes, Sloan inplementou a Administração por Objetivos. As metas planejadas tinham de ser realizadas dentro dos prazos previstos, para não prejudicar os objetivos da organização.

Influenciadas pelo retorno financeiro, em face do consumismo americano, as organizações acomodaram-se. Insistiram nos modelos fabris desenvolvidos por Henry Ford e aprimorados por Alfred Sloan, com desperdícios envolvendo estoques desnecessários, fabricação de peças defeituosas e horas de trabalho sem agregação de valor ao produto final.

Enfoque financeiro

De acordo com Montana[78], *"os orçamentos são declarações formalizadas das metas de uma organização em termos financeiros. Eles apresentam as projeções futuras das receitas, os gastos e os lucros esperados... podem ser usados como padrões de desempenhos financeiros"*. Os orçamentos possibilitam, aos gestores, conhecer suas metas planejadas e identificar, de forma eficaz, os déficits e superávits. Os orçamentos da GM eram elaborados pela alta administração (enfoque de cima para baixo). Posteriormente, seus gerentes passaram a participar do planejamento das metas da organização (enfoque de baixo para cima).

REFLEXÕES

✓ Meta do presidente da Toyota[79]: *"Alcancemos os Estados Unidos em três anos. Caso contrário, a indústria automobilística do Japão não sobreviverá."*

(Toyoda Kiichiro, presidente da Toyota, em 1945, após a derrota na Segunda Guerra Mundial.)

---

[78] MONTANA, Patrick J. *Administração*. São Paulo: Saraiva, 1998, p. 250.
[79] OHNO, Taiichi. *O Sistema Toyota de Produção: Além da Produção em Larga Escala*. Porto Alegre: Artes Médicas, 1997, p. 25.

Capítulo III: Evolução dos Fluxos Produtivos da Cadeia Automotiva **143**

Conceituação Básica

Brainstorming

Através dessa metodologia, os funcionários, apoiados pela administração superior, são preparados para darem suas opiniões para a melhoria dos processos, sem o receio de serem mal interpretados.

Integração

Aproximação dos funcionários de uma organização para juntos identificarem problemas e proporem soluções.

Intersecção

É um estágio avançado da integração. Exige o comprometimento dos envolvidos no fluxo produtivo e administrativo, para trocas de experiências, visando ao aprimoramento contínuo. Nenhuma decisão pode ser tomada isoladamente.

Administração por Objetivos – APO

Através da APO, uma meta deve ser definida de forma participativa e mensurável. Deve estar relacionada a um período de tempo e os recursos para sua realização devem estar disponíveis.

Gestão orçamentária

São metas financeiras que os departamentos devem realizar. A definição do que se pretende conquistar possibilita acompanhar o desempenho de cada gestor com eficácia.

Quadro 28: Conceituação Básica

Figura 12: Resumo do Fluxo Industrial 1940/1950

Para produzir tanques, aviões e munições, nos prazos exigidos pelas Forças Armadas, foi preciso integrar os departamentos das montadoras e priorizar o feedback com os fornecedores.

3.6 Quarto Fluxo Industrial: de 1950/1970

✓ **Japoneses estudam o modelo industrial americano**
✓ **Acomodação industrial americana**

Quando a guerra acabou, as organizações voltaram-se rapidamente para a produção de veículos tradicionais para os consumidores. Conforme Sloan[80]: *"a rapidez, com a qual a guerra terminou tornou impossível uma transição ordenada para operações em tempo de paz e fez com que ficássemos imersos em papelada – a maior parte da qual ligada a problemas de cancelamentos..."* A GM precisou do equivalente a 9 mil vagões de carga para remover os produtos militares e de outros 8 mil para retirar as prensas, tornos e outros equipamentos de propriedade do governo, de suas fábricas. O aprendizado com o conflito militar proporcionou à GM o Projeto Industrial Pós-guerra, para expansão e melhoramento da organização, envolvendo melhor balanceamento das linhas de produção, máquinas mais modernas para garantir a qualidade e melhores condições de trabalho para os funcionários.

No fluxo fabril, a seguir, observa-se a intersecção dos departamentos da organização para a tomada de decisão compartilhada e a superação dos problemas gerados com o fim da guerra.

A intersecção dos departamentos possibilitou a transferência rápida do aprendizado industrial, adquirido na fabricação de arsenais de guerra, para a fabricação dos novos modelos de veículos, conforme as expectativas do mercado. Sloan priorizou a Administração por Objetivos (APO), para que as metas da organização fossem perseguidas por todos os gestores.

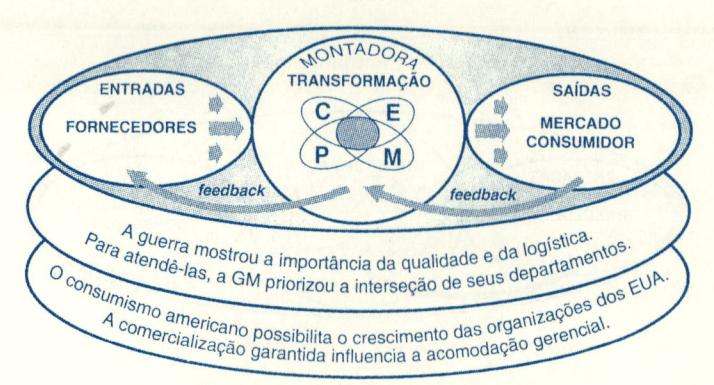

Figura 13: Fluxo Industrial 1950/1970

Comparar este fluxo com a Figura 12
Diferencial deste fluxo (destacado em azul):
Intersecção dos departamentos das organizações.

---

[80] SLOAN, Alfred P. *Meus Anos com a General Motors.* São Paulo: Negócio Editora, 2001, p. 330.

A aprendizagem com a guerra revolucionou os processos produtivos. A otimização dos fluxos industriais tinha como enfoque a redução dos erros de fabricação. A qualidade passou a ser uma prioridade. A preferência dos consumidores era pelos carros luxuosos, para esquecer o sofrimento dos campos de batalha. Isso direcionou o desenvolvimento de novos modelos.

Veículos suntuosos exigiram um fluxo produtivo mais eficaz, que integrasse os departamentos da organização visando à eliminação dos tradicionais defeitos de fabricação.

> *"Os fabricantes nunca estiveram tão conscientes da qualidade... algumas empresas agora exigem que os inspetores assinem etiquetas de inspeção das operações... para garantir um menor número de itens defeituosos."*
>
> **Newsweek – 25.11.1968**

O livro de Peter Drucker, *A Prática da Administração de Empresa*, em face do seu aprendizado na GM, influenciou os gestores da organização, maximizando o desempenho global da empresa.

A Administração por Objetivos (APO) revolucionou a montadora. As metas da organização passaram a ser efetivadas de forma participativa e os meios para sua realização estavam disponíveis aos responsáveis pelas mesmas. O modelo industrial americano, principalmente o da GM, foi estudado por vários países, inclusive pelo Japão.

Administração por Objetivos – APO

- ✓ **Gestão do Passado:** A falta de concorrência e, conseqüentemente, a comercialização garantida dos produtos fabricados influenciaram os administradores a priorizar seus objetivos individuais em detrimento às metas da organização.

- ✓ **Gestão do Presente:** A globalização e a concorrência acirrada exigem nova postura gerencial. As metas da organização devem ser priorizadas por todos, para a conquista do mercado.

3.6.1 O Pós-Guerra e o Check-list "DO JOB"

✓ A definição dos diferenciais tecnológicos a serem perseguidos pela GM resultou no crescimento acelerado da organização.

✓ A Toyota estuda o modelo industrial americano. Copia seus pontos fortes e propõe alternativas para eliminar os fatores restritivos.

DOWNSIZING — IMPLEMENTAÇÃO DA METODOLOGIA: SIM ☐ NÃO ☑

✓ Os organogramas das empresas americanas tinham níveis hierárquicos que não agregavam valor ao fluxo produtivo e poderiam ser eliminados.

✓ Os estoques intermediários, as peças fabricadas com problemas de qualidade e as horas improdutivas encareciam o produto final por falta de gerenciamento.

JUST IN TIME — IMPLEMENTAÇÃO DA METODOLOGIA: SIM ☐ NÃO ☑

OUTSOURCING — IMPLEMENTAÇÃO DA METODOLOGIA: SIM ☑ NÃO ☐

✓ Os fornecedores não podiam continuar isolados dos processos fabris. Eles foram integrados na cadeia produtiva, assumindo a fabricação de conjuntos mais complexos.

Os americanos não perceberam que os japoneses trabalhavam com afinco, com o objetivo de criar um novo modelo industrial. O diálogo, abaixo, possibilita analisar o pensamento dos americanos e as estratégias japonesas. Os japoneses buscavam, insistentemente, a solidificação de um novo modelo de gestão industrial. Os produtos japoneses, sem sucesso no passado, não preocupavam os americanos: eram considerados por eles como a "pirataria japonesa".

Competir com os produtos americanos, no mercado internacional, era, praticamente, uma missão impossível. O diálogo, da Figura 14 possibilita uma reflexão sobre as estratégias exploradas pelo governo japonês.

PENSAMENTO AMERICANO E ESTRATÉGIA JAPONESA

1950/1960

AMERICANOS: "Somos o maior exemplo industrial do mundo. Vencemos a Segunda Guerra Mundial e nossa economia não pára de crescer."

JAPONESES: "Enquanto os americanos estão acomodados, a Toyota identifica e elimina os pontos fracos do Sistema Industrial em Massa Americano."

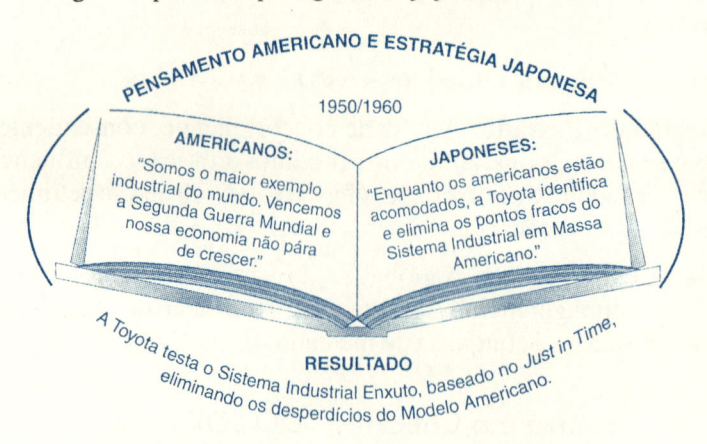

RESULTADO
A Toyota testa o Sistema Industrial Enxuto, baseado no Just in Time, eliminando os desperdícios do Modelo Americano.

Figura 14: Pensamento americano e estratégia japonesa

3.6.2 Contribuições de Drucker, Maslow, Deming e Ishikawa

Conforme Cygler[81] *"se Peter Drucker é o guru dos gurus, quem será o guru dele? Provavelmente, Abraham Maslow... o mais importante teórico da*

---

[81] CYGLER, Jimmy. Maslow – O Titanic da Administração. São Paulo: *Exame*, jul. 2002, p. 188.

psicologia pós-Freud é amplamente conhecido pela criação da pirâmide de necessidades." De acordo com Maslow, é preciso compreender melhor cada funcionário, em termos daquilo que ele está buscando. É tarefa do superior imediato conhecê-lo melhor e motivá-lo para a produtividade.

Na essência, Maslow apresenta, com clareza e argumentação, dois tipos de administração: o autoritário (Teoria X) e o democrático (Teoria Y). Maslow elogiava a Teoria Y e criticava a Teoria X pela sua "desumanidade". Os gerentes de Recursos Humanos das montadoras são treinados para observar as prioridades de cada funcionário. Os conceitos das Teorias X e Y sempre estiveram presentes no dia-a-dia das organizações, face ao estilo autoritário ou democrático de seus executivos.

Após a Segunda Guerra Mundial, um desconhecido estatístico americano, W.E. Deming, atendendo ao convite do sindicato dos cientistas engenheiros do Japão (Juse), iniciou um ciclo de palestras sobre qualidade. Deming utilizava as bases conceituais de Walter Shewhart, liderado por Kenichi Koyanagi do Juse, preocupado com a reconstrução do Japão. As idéias de Deming inspiraram Genichi Taguchi, Kaoru Ishikawa, Taiichi Ohno e outros para a implementação de um novo sistema produtivo, adaptado à realidade japonesa. Eles se transformaram em verdadeiros gênios do pensamento industrial nipônico.

Justamente no país derrotado na Segunda Guerra Mundial, com menor possibilidade de sucesso, em função dos fatores restritivos em recursos naturais e financeiros, surge, em meados da década de 50, Taiichi Ohno, da Toyota, com o Sistema Industrial Enxuto, que quebrou todos os paradigmas dos fluxos produtivos da época.

Os avanços da ciência, a reestruturação constante das empresas, a conscientização dos trabalhadores contribuíram para a melhoria das condições de vida da população americana. O consumismo era o comportamento padrão de uma sociedade que crescia de forma acelerada. Inúmeros fatores contribuíram para transformar os EUA na maior potência do mundo.

Conforme Peter Drucker[82] *"a Carta de Direitos dos Ex-combatentes, a qual deu a todos os soldados americanos, que voltaram da Segunda Guerra Mundial, o dinheiro para freqüentar uma universidade... assinalou a mudança para uma sociedade do conhecimento..."* Os problemas que os americanos enfrentariam, nos anos 70, com a concorrência dos produtos japoneses, foram superados na década de 80 porque seus Gestores, Gurus e Gênios, preparados para a competição pelo conhecimento, encontraram alternativas criativas para administrar os fatores restritivos que se apresentavam.

---

[82] DRUCKER, Peter: *Administrando em Tempos de Grandes Mudanças*. São Paulo: Editora Pioneira, 1999, p. 57.

Conceituação Básica

Logística

Envolve a administração da movimentação, a estocagem e a distribuição de recursos tangíveis e intangíveis de uma organização.

Qualidade

Atributos de um produto ou de um serviço percebido pelo público-alvo. O padrão de qualidade de um produto deve atender às expectativas dos consumidores.

Intersecção

É a integração maximizada dos departamentos de uma empresa. É o engajamento dos gestores para a realização da sua atividade priorizando, também, o objetivo global da organização.

APO

A importância da Administração por Objetivos reside no fato de conscientizar os funcionários para metas a serem realizadas. É um método para o autocontrole.

Fatores restritivos

São os recursos que dificultam a realização das metas planejadas. Eles restringem a capacidade produtiva e administrativa da organização.

Quadro 29: Conceituação Básica

RESUMO DO FLUXO INDUSTRIAL DE 1950/1970

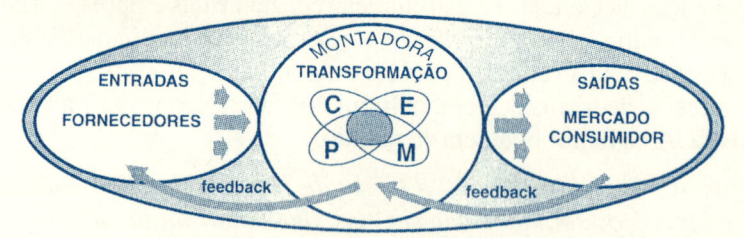

Figura 15: Resumo do Fluxo Industrial 1950/1970

De integração, os departamentos das organizações passaram para intersecção. As decisões integradas possibilitaram o aumento da produtividade e o atendimento das expectativas dos consumidores.

3.7 Quinto Fluxo Industrial: de 1970 em diante

✓ **Toyota supera a performance das montadoras americanas**

✓ **Produção somente após a comercialização**

Da mesma forma que Sloan não enfrentou Henry Ford, tentando superar a velocidade produtiva do modelo "T", Taiichi Ohno, da Toyota, não estruturou seu modelo industrial, conforme a produção em massa, porque a GM era imbatível. Ohno optou pela redução dos desperdícios. Enxugou os organogramas, os estoques, minimizou as horas consumidas nas trocas de ferramentas e fabricação de peças defeituosas.

Para a redução dos estoques, Ohno priorizou a intersecção com os fornecedores. Muitas operações "fim" foram transferidas para os fornecedores, resultando na redução de custos.

O Fluxo, a seguir, evidencia a intersecção com os consumidores e os fornecedores.

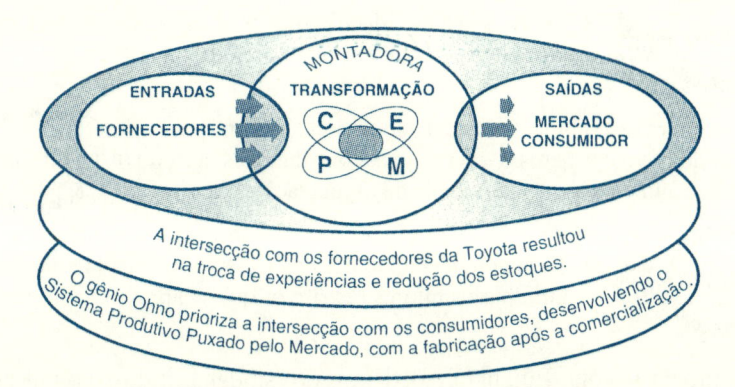

Figura 16: Fluxo Industrial de 1970/1980

Comparar este fluxo com a Figura 15
Diferenciais deste fluxo (destacado em azul):
✓ Intersecção com os fornecedores e com o público alvo.

Para a operacionalização da filosofia Just in Time na Cadeia Produtiva, Ohno reduziu o tempo de abastecimento das linhas produtivas. Pneus, câmbio, chicotes etc. passaram a ser fornecidos de 2 em 2 horas, possibilitando a eliminação dos estoques da Toyota, gerando, conseqüentemente, economia de espaço, de recursos financeiros e redução de pessoal de logística.

Enquanto a Toyota implementava novo modelo industrial, sem desperdícios, a maioria das organizações nos EUA estava acomodada, porque o mercado interno garantia a comercialização dos veículos fabricados.

A intersecção e a parceria com os fornecedores possibilitaram retorno financeiro para a Toyota acima do esperado. Ohno envolveu os fornecedores em novos projetos. Essa estratégia possibilitou o enxugamento da estrutura hierárquica da Toyota. Os funcionários envolvidos foram recolocados em outras empresas.

3.7.1 Taiichi Ohno e o Check-list "DO JOB"

- ✓ A meta era flexibilizar os processos produtivos para superar a performance dos concorrentes.

- ✓ Estoques de componentes e produtos acabados deveriam ser fabricados somente após a comercialização.

- ✓ Ao transferir atividades "fim" para os fornecedores, Ohno reduziu a estrutura hierárquica da Toyota.

- ✓ Os fornecedores escolhidos para realizar atividades "fim" participavam de novos projetos e davam suas contribuições com o objetivo de aumentar a produtividade da organização.

- ✓ Toda aprendizagem com os EUA foi colocada em prática para eliminar os fatores restritivos que se apresentavam na Toyota.

O gênio da Toyota, Taiichi Ohno, depois de estudar as indústrias automobilísticas americanas, percebeu que muitos desperdícios eram causados por falta de integração com os fornecedores. Por meio de feedback, as empresas de autopeças foram treinadas para abastecer as linhas produtivas no momento exato da montagem, eliminando, assim, os estoques de componentes.

O aumento dos preços dos combustíveis e a procura por carros econômicos eram a oportunidade que a Toyota esperava para exportar seus veículos. O consumismo americano, ponto forte da economia dos EUA, passou a beneficiar a Toyota, e, após 1973, as importações dos veículos japoneses cresceram assustadoramente nos EUA. No diálogo a seguir é possível analisar o ocorrido.

DIÁLOGO ENTRE EMPRESÁRIOS E CONSUMIDORES AMERICANOS
1970 EM DIANTE

EMPRESÁRIOS:
"A crise do petróleo está mudando a preferência dos consumidores para carros econômicos?"

CONSUMIDORES:
"Os veículos americanos são 'bebedores' de gasolina. Com o aumento do combustível, superior a 300%, temos que adquirir automóveis econômicos."

RESULTADO
O Corolla, da Toyota, conquistou a preferência dos americanos e foi importado em grande quantidade.

Figura 17: A crise do petróleo de 1973 e suas conseqüências

O sucesso do modelo industrial da Toyota passou a incomodar a General Motors, Ford e Chrysler, como também, o governo americano, preocupado com os valores, sempre crescentes, das importações de veículos japoneses. A reserva de mercado, através de práticas protecionistas, foi priorizada para evitar o aumento do déficit da balança comercial dos EUA (exportações menos importações).

Percebendo que a Toyota produzia veículos superiores, as empresas americanas foram obrigadas a estudar os métodos de gestão japoneses. Observaram que os custos industriais dos produtos japoneses eram menores porque o Sistema Industrial Enxuto, praticamente, não possuía desperdícios. A produção dos veículos ocorria, praticamente, após a comercialização dos mesmos, chamado de "sistema puxado pelo Mercado".

No fluxo em estudo é possível observar que o Modelo Produtivo Enxuto da Toyota priorizava a intersecção tanto com os fornecedores-parceiros como, também, com o mercado consumidor. Os fornecedores parceiros, para troca de experiências e abastecimento das linhas produtivas, conforme a Metodologia Just in Time, e o mercado, para a confirmação de seus pedidos antes da produção. Este modelo fabril, chamado de Cadeia Produtiva, integrando todos os participantes do processo, quebrou todos os paradigmas industriais americanos, possibilitando um retorno financeiro excepcional para a Toyota.

3.7.2 Conceito de Cadeia Produtiva

A genialidade de Ohno foi conscientizar os fornecedores da Toyota, para os desafios do modelo exportador. Os problemas de qualidade passaram a ser responsabilidade de todos. Assim, surgiu o conceito de Cadeia Produtiva: integração dos fornecedores com o sistema administrativo e produtivo da Toyota, para o aprendizado contínuo. A burocracia desnecessária foi eliminada. O engajamento das empresas, dos processos e das pessoas para o aprender a aprender foram os diferenciais competitivos da Toyota, superando a performance das montadoras americanas. As empresas fornecedoras, com capacidade tecnológica, foram transformadas de autopeças para autosistemas, responsabilizando-se por componentes mais complexos.

Com design inovador, qualidade superior e preços competitivos, Ohno encantou o mercado na década de 1970. Conhecendo os pontos fracos do modelo industrial americano, eliminou os fatores restritivos, instalados no sistema fabril da Ford e GM, e implementou o sistema fabril enxuto da Toyota. Sua genialidade foi eliminar os inputs desnecessários (desperdícios com estoques e horas improdutivas) e os outputs não solicitados pelo mercado (produtos com design ultrapassado, qualidade limitada e preços inviáveis).

A Toyota tinha o modelo exportador como meta para o crescimento. Em função da sua localização geográfica, os produtos deveriam ter qualidade total. Os produtos exportados para a Europa e Estados Unidos deveriam ter qualidade total porque sua devolução comprometeria a viabilidade financeira da operação.

A abordagem estratégica das atividades "fim" (essenciais) e atividades "meio" (secundárias) possibilitou uma reflexão muito produtiva A estratégia foi direcionar a gestão da organização para as tarefas "fim", as quais deveriam ser administradas com mais eficácia para se tornarem um diferencial da organização. As operações menos importantes foram transferidas para empresas parceiras.

> O estudo de caso *Gestão de talentos: Diferencial da Toyota*, (p. 306) aborda a importância dos seres humanos para as organizações.

3.7.3 Contribuições de Bradford, McGregor e Ouchi

Diversos consultores de empresas americanas passaram a escrever suas experiências nas organizações. Um aspecto importante precisava ser estudado: os objetivos dos trabalhadores nem sempre combinavam com as metas planejadas pelas organizações. Como resultado, muitos empregados tinham uma postura alienada, considerada como fator restritivo ao crescimento das empresas.

De acordo com Chiavenato[83], a publicação do livro de Leland Bradford, em 1964, intitulado *T-Group Theory and Laboratory Methods*, é o marco principal da Teoria do Desenvolvimento Organizacional (DO) que focaliza as relações humanas dentro das corporações.

---

[83] CHIAVENATO, Idalberto. *Teoria Geral da Administração*. 6ª edição. Rio de Janeiro: Campus, 1999, Vol. II, p. 272-275.

3.7.4 Princípios Considerados Ultrapassados pela Teoria do Desenvolvimento Organizacional (DO)

✓ Administração dos recursos humanos como mão-de-obra repetitiva, passiva, obediente e motivada para "apertar parafusos" todos os dias;

✓ Modelo de gestão estilo capataz da fábrica que explora a coação e a ameaça para conseguir resultados.

3.7.5 Novos Valores a Serem Explorados

✓ O homem é "cabeça pensante", capaz de superar limites estabelecidos, se puder trabalhar em áreas compatíveis com a sua vocação;

✓ O homem aceita a hierarquia que motiva, que orienta e que, em cada cobrança, se transforme numa oportunidade para o aprimoramento contínuo.

Para o crescimento de uma organização, eram necessários ideais humanístico-democráticos. Em primeiro lugar, era preciso conquistar os clientes internos, responsáveis pelo diferencial da organização e, posteriormente, com eles, buscar o crescimento da empresa. A estrutura organizacional, motivada para as relações humanas, define, de forma participativa, as metas a serem realizadas, possibilitando plenas condições para o Desenvolvimento Organizacional.

3.7.6 Variáveis do Desenvolvimento Organizacional

✓ Adequação ao ambiente mercadológico em constante mutação;

✓ Capacidade gerencial para se ajustar aos novos cenários mercadológicos;

✓ Integração do grupo para aprimoramento contínuo.

Essas variáveis interdependentes servem como um check-list para diagnosticar a capacidade da organização para promover o seu desenvolvimento. De acordo com Chiavenato[84]: *"Os autores do D.O. adotam uma posição antagônica ao conceito tradicional da organização, salientando as diferenças fundamentais existentes entre os sistemas mecânicos e os sistemas orgânicos."* A Teoria do D.O. enfoca os sistemas orgânicos para a tomada de decisão descentralizada e compartilhada para as responsabilidades coletivas e confiança recíproca para a solução dos conflitos.

---

[84] CHIAVENATO. Idalberto. *Teoria Geral da Administração*. 6ª edição, Rio de Janeiro: Campus, 1999, Vol. II, p. 278.

A Teoria Geral da Administração possibilita uma reflexão sobre o desempenho dos gestores, através de um paralelo com as Teorias X e Y, de McGregor (enfoque americano), e Z, de Willian Ouchi (enfoque japonês).

3.7.7 Enfoques Americano e Japonês

- **Teoria X:** Prega que é preciso controlar as pessoas para que executem as ordens com eficácia.

- **Teoria Y:** Prioriza a descentralização do processo decisório e a delegação de mais responsabilidades aos funcionários que participam das decisões da organização.

- **Teoria Z:** Princípios inspirados no comprometimento do trabalhador japonês. Prioriza o aprimoramento contínuo dos trabalhadores para que a organização aumente sua performance de forma a encantar os consumidores.

Ouchi, descendente japonês, professor da Universidade da Califórnia, justifica que a Toyota se transformou no grande sucesso econômico porque os seus trabalhadores não mediam esforços para o aumento da produtividade da organização. A satisfação dos funcionários com a Toyota era o ponto forte da organização. Ouchi destaca que esse comportamento era motivado pelo "emprego vitalício" concedido pela organização aos funcionários que contribuíssem para o aprimoramento da mesma.

3.7.8 Um Exemplo Real Vivenciado

A experiência vivenciada pelo meu pai, na década de 1960, pode ilustrar a abordagem das Teorias X, Y e Z. Trabalhando como operário de fabricação numa empresa localizada em Lorena, interior de São Paulo, foi motivado a aumentar a produção, com promessa de recompensa financeira. A alternativa encontrada por ele e pelos 200 funcionários foi eliminar os tempos improdutivos.

Como eram mínimos, decidiram continuar o processo produtivo após o sinal do almoço. Posteriormente, prolongaram o trabalho após o expediente. Com essas ações informais, conseguiram aumentar a jornada diária de trabalho em, aproximadamente, 45 minutos. Muitos deixaram de utilizar a condução disponibilizada pela empresa, após o expediente, para continuar a produção. Meu pai, por diversas vezes, retornava caminhando para casa em virtude do aumento das horas de trabalho. A distância entre a fábrica e a nossa casa era em torno de 10km.

Como meu pai, os empregados estavam motivados com o salário extra. Depois de quase um ano de trabalho, com o dinheiro adicional, conseguimos comprar a nossa primeira televisão em preto e branco. Foi uma fase inesquecível, em que toda a vizinhança se reunia em minha casa para assistir ao futebol, aos filmes e às novelas da TV Tupi.

Para surpresa de todos, a empresa redefiniu os tempos de cada operação, considerando a média total da produção dos últimos seis meses, incluindo os "esforços-extra" de cada trabalhador. Assim, as reduções do horário de almoço e trabalho, após o expediente, foram incluídas no novo cálculo de produção.

O chefe do Departamento Pessoal informou que somente as horas autorizadas seriam utilizadas para o trabalho e que os déficits de produção poderiam gerar demissões. As metas de produção estavam acima do realizável, porque, aproximadamente, 45 minutos de trabalho foram eliminados. Em conseqüência, muitos operários que não conseguiram cumprir as programações de produção foram demitidos, entre eles meu pai.

Essa decisão impensada da empresa repercutiu negativamente na cidade e na região. Os trabalhadores constataram que a organização não se preocupava com o elemento humano e a baixa auto-estima dos funcionários que permaneceram na organização passou a ser evidenciada em diversos setores. O esforço extra deixou de ser praticado. Surgiram funcionários alienados que apenas obedeciam às ordens recebidas.

A Teoria do Desenvolvimento Organizacional trouxe excelentes contribuições para os gestores refletirem antes de tomarem decisões que afetem diretamente os trabalhadores. É de suma importância valorizar os ideais humanísticos e democráticos, para não transformar os que praticam o esforço extra para a realização das metas planejadas em funcionários alienados que comprometem o desempenho organizacional.

Conceituação Básica

Modelo Exportador Japonês

- **Enfoque Qualidade**

    Para o Japão, exportar para os Estados Unidos e para a Europa, em face das grandes distâncias envolvidas, os seus veículos não poderiam apresentar defeitos, porque a devolução inviabilizaria a operação comercial.

- **Enfoque Macroeconômico**

    A taxa de câmbio em que um dólar valia aproximadamente 220 ienes, foi uma das estratégias para a competitividade dos produtos japoneses.

- **Enfoque Econômico**

    Após a crise do petróleo, os consumidores americanos passaram a priorizar veículos que consumiam pouco combustível. A Toyota aproveitou-se da excelente oportunidade mercadológica para colocar seus veículos no mercado americano.

Produtividade Organizacional

É a capacidade de se produzir mais com os mesmos recursos disponíveis. Exige a intersecção dos departamentos da organização com os fornecedores, para eliminação dos fatores restritivos da cadeia produtiva.

Quadro 30: Conceituação Básica

RESUMO DO FLUXO INDUSTRIAL DE 1970/1980

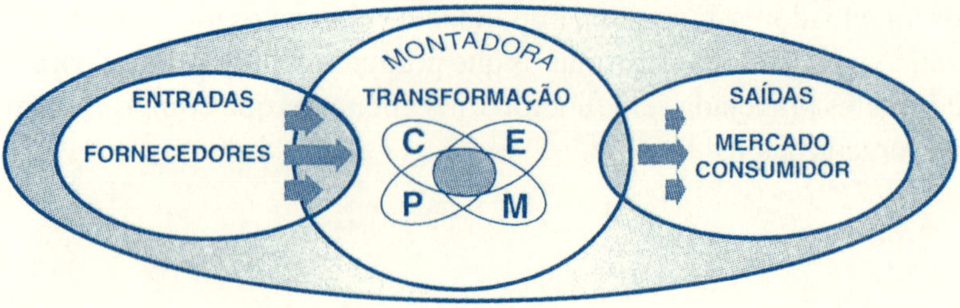

Figura 18: Resumo do Fluxo Industrial 1970/1980

Com o modelo Industrial Enxuto, a Toyota prioriza a intersecção com os fornecedores e com os consumidores para a comercialização dos veículos antes da produção (sistema puxado pelo mercado).

3.8 Sexto Fluxo Industrial: de 1980 em diante

✓ **Estratégia americana: aprender com os japoneses**
✓ **A Teoria das Restrições nas organizações americanas**

Em face do crescimento acelerado da economia dos Estados Unidos, após a Segunda Guerra Mundial, os gestores das organizações americanas se acomodaram. A comercialização dos veículos americanos estava, praticamente, garantida. Os processos produtivos eram considerados, por muitas empresas, etapas repetitivas do fluxo fabril e deixaram de ser prioritárias para novos investimentos.

O processo passou a ser controlado por inspetores de qualidade, que eram valorizados e responsabilizados pelos resultados positivos da organização. O orgulho e a satisfação de realizar uma etapa do fluxo fabril deixaram de ser uma referência motivadora para muitos trabalhadores. Na Ford, até 1986, os operários tinham que produzir rapidamente sua tarefa sem poder manifestar sua opinião.

No fluxo fabril da Figura 19 é possível observar os benefícios do Modelo Industrial Enxuto da Toyota e as ações praticadas pelas organizações americanas para enfrentar os japoneses.

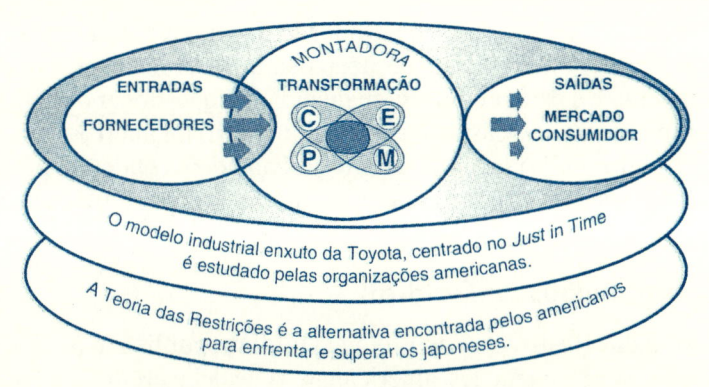

Figura 19: Fluxo Industrial de 1980 em diante

Comparar este fluxo com a Figura 18
Diferencial deste fluxo (destacado em azul):
As organizações americanas priorizam a identificação dos gargalos internos

Muitas empresas faliram. Para muitos consultores americanos, o principal gargalo das empresas americanas, nessa época, era a falta de motivação e de valorização dos operários de produção. Eles estavam trabalhando sem orgulho e produziam somente com as mãos, o coração estava ressentido, porque se sentiam desvalorizados.

Enquanto a concorrência era limitada, as empresas americanas puderam conviver com desperdícios nos processos fabris sem o comprometimento dos operários. Quando o cenário mudou e a Toyota entrou no mercado americano, surpreendendo os consumidores com veículos econômicos, com qualidade superior e design avançado, as expectativas do público-alvo mudaram.

Era preciso integrar os operários, as chefias e os gerentes das organizações americanas para se identificar as causas que motivaram a falta de orgulho pelo trabalho realizado. Constataram que os operários tinham condições de realizar seu trabalho sem a fiscalização constante dos inspetores de qualidade e que eles não eram apenas "mão-de-obra". Pensavam e poderiam sugerir mudanças significativas para aumentar a produtividade. O orgulho de participar do processo produtivo da Ford, GM, Chrysler tinha que ser explorado e valorizado. Assim, as manufaturas passaram a ser gerenciadas de forma participativa, visando à identificação dos fatores restritivos.

A área de produção passou a receber verbas para novos investimentos. As metas planejadas, em termos de qualidade, exigiram maior comprometimento dos operários de fabricação. O novo desafio dos trabalhadores era identificar e eliminar os fatores restritivos, o elo mais fraco da corrente produtiva, para a maximização da performance organizacional.

À medida que os operários de produção foram preparados para trabalhar sem o controle dos policiais da inspeção, passaram a ter mais responsabilidades. Eles foram treinados para produzir com qualidade e questionar os fatores restritivos que se apresentavam; passaram a ter autonomia para interromper o processo fabril e corrigir irregularidades. Assim, os trabalhadores puderam propor alterações no fluxo produtivo e administrativo, maximizando a produtividade das organizações.

3.8.1 Contribuições de Goldratt

A Teoria das Restrições, de Eliyahu Goldratt, publicada no livro *A Meta*, revolucionou as organizações americanas. A cadeia produtiva passou a ser gerenciada de forma integrada, visando à identificação e à eliminação do fator restritivo/gargalo. Conforme Goldratt[85], qualquer otimização, no recurso gargalo, será um ganho em toda a cadeia produtiva de serviços.

Assim, no recurso gargalo:

1. nenhum minuto pode ser desperdiçado;
2. todos devem "ajudar" o recurso gargalo a produzir mais;

---

[85] GOLDRATT, Eliyahu M. *A Síndrome do Palheiro: Garimpando Informações num Oceano de Dados*. São Paulo: C. Fullman, 1991, p. 182.

3. não deixar que o fator restritivo trabalhe com peças defeituosas;
4. não permitir produção de peças desnecessárias.

Princípios básicos da Teoria das Restrições: nos processos produtivos e administrativos existem operações que atendem aos quantitativos programados e as operações que não são realizadas conforme o planejamento. As que geram déficits são chamadas de operações gargalo.

✓ Uma hora perdida no recurso gargalo é uma perda para toda a cadeia produtiva.

✓ Aumentar a eficiência de uma operação que é não gargalo gera estoques desnecessários, porque as operações lentas não acompanharão o novo fluxo fabril.

Quando um fator restritivo for identificado (nos fornecedores, na troca de ferramentas ou nos processos produtivos internos), ações corretivas devem ser desencadeadas, imediatamente, para a sua eliminação. Os funcionários devem estar comprometidos com a performance da cadeia produtiva.

Conforme Correa[86], ao ser questionado sobre a publicação do livro *A Meta* no Japão, Goldratt respondeu: *"Nos anos 1980, havia um enorme desequilíbrio entre o Japão e os outros países, no que se referia ao comércio internacional. A supremacia japonesa derivava do fato de que os japoneses eram muito melhores quando se tratava de produção. Eu tinha a impressão de que, por sua cultura, se os japoneses lessem* A Meta, *implementariam a técnica, imediatamente. Com isso, o desequilíbrio seria ainda maior. Isso seria demais para a minha consciência."*

O livro *A Meta* foi publicado no Japão, conforme Correa, somente em 2001, em função de uma excelente proposta de uma grande editora japonesa. Tendo como referência o texto de Correa para a revista *Exame*, elaboramos o diálogo corporativo a seguir, evidenciando que nem todas as organizações americanas aproveitaram a oportunidade para mudar a cultura instalada através da Teoria das Restrições.

As organizações que foram morosas na solução de seus fatores restritivos perderam a competitividade, porque o cenário mercadológico, nessa fase, evidenciava que o acirramento da concorrência estava apenas começando. Por outro lado, as empresas que não mediam esforços para aumentar o comprometimento dos funcionários com o aprimoramento contínuo conseguiram enfrentar os novos paradigmas, competiram com os concorrentes e sobreviveram.

---

[86] CORREA, Cristiane. Os Líderes estão Cegos. *Exame*. São Paulo, 3/10/2001, p. 96-8.

DIÁLOGO ENTRE GOLDRATT E ADMIRADORES
1980 EM DIANTE

GOLDRATT
"Perguntei a admiradores sobre a importância do livro 'A Meta' e sua implementação nas organizações americanas. Muitos responderam:"

ADMIRADORES
"Nós lemos o excelente livro 'A Meta'. A conceituação dos gargalos é muito objetiva, porém, as chefias dificultam a implementação da metodologia."

O QUE GOLDRATT DESCOBRIU
Muitos chefes que dificultavam a implantação da Teoria das Restrições eram os mesmos que haviam dado o livro a seus funcionários.

Figura 20: Diálogo entre Goldratt e admiradores

3.8.2 Paradigmas do Sistema Produtivo Americano

Primeiro paradigma tradicional

A demanda, sempre crescente, influenciava os programadores de produção a manter as máquinas constantemente ocupadas muitas vezes, "produzindo qualquer coisa" para ficar estocada. Quando homens e máquinas estavam 100% em processo, o fluxo fabril era considerado eficiente, porém, poderiam estar consumindo matérias-primas, produzindo componentes sem previsão de comercialização.

Abordagem da Teoria das Restrições

✓ *Produzir de forma eficaz significa consumir matérias-primas, horas de fabricação, energia elétrica, em produtos desejados pelo mercado.*

✓ *Antes de alocar recursos produtivos, é preciso analisar se existe demanda. Homens e máquinas 100% ocupados podem significar estoques desnecessários, comprometendo a performance da organização.*

Segundo paradigma tradicional

O lote econômico exigia a fabricação de grandes quantidades para o rateio das horas de preparação (*setup*). Grandes lotes significavam rateio perfeito, porém, gerava a formação de estoques desnecessários. O problema estava localizado no *setup*, que consumia, aproximadamente, quatro horas na troca de uma ferramenta.

Abordagem da Teoria das Restrições

✓ *O lote econômico passa a ser observado somente nos recursos gargalos. O recurso não gargalo poderá ter mais flexibilidade nas trocas de ferramentas e contribuir para maior diversificação da produção, visando a atender às expectativas do mercado.*

✓ *O setup foi trabalhado para se consumir menos de uma hora em cada troca de ferramenta.*

Terceiro paradigma tradicional

Transferência total dos quantitativos produzidos para o próximo estágio de fabricação. Significava concluir toda a seqüência operacional do fluxo produtivo, exigindo o consumo de horas de fabricação muitas vezes desnecessárias.

Abordagem da Teoria das Restrições

✓ *Administrar o fluxo produtivo de uma organização, separando recursos normais dos recursos gargalos. O recurso não gargalo produz eficazmente, mas, caso tenha que transferir sua produção para um recurso gargalo, deve efetuar somente as quantidades necessárias dentro de sua capacidade para não gerar estoques.*

✓ *Todo quantitativo fabricado por um recurso gargalo deve ser transferido. Ele tem que ser administrado com muito critério para não consumir horas de trabalho que não agreguem valor às metas da organização.*

Quarto paradigma tradicional

Administrar o fluxo fabril de forma integrada. O excelente desempenho de um setor produtivo era prejudicado porque outros não tinham a mesma performance. Muitas vezes os investimentos com novas tecnologias eram direcionados para recursos que não necessitavam deles.

Abordagem da Teoria das Restrições

✓ *Não adiantava priorizar o recurso não gargalo. Todos os investimentos com novas tecnologias deverão ser direcionados para os recursos restritivos (gargalos), visando ao aumento da capacidade produtiva, coerentemente, com os recursos com maior produtividade.*

✓ *Uma vez solucionado o problema de um recurso gargalo, o gestor deverá identificar outro na cadeia produtiva.*

3.8.3 Aprendizagem americana com a Teoria das Restrições

Os americanos descobriram que para colocar um novo produto no mercado eram necessários os seguintes questionamentos:

O que produzir?	O produto final deve ser desejado pelos consumidores. Os preços a serem praticados devem estar dentro das expectativas do mercado. Devem ser priorizadas as novas tendências.
Quanto produzir?	É preciso conhecer as potencialidades da demanda para se calcular o retorno financeiro. É necessário conhecer o perfil dos consumidores e a capacidade dos concorrentes.
Quando colocar no mercado?	Para o lançamento de um novo produto é preciso conhecer as expectativas do mercado.
Como produzir?	É necessário buscar novas tecnologias e sistemas avançados de gestão para a eficácia da cadeia produtiva. Os recursos "gargalos", até então criticados pela organização pelos déficits que provocavam, devem receber um tratamento diferenciado para aumentar seu fluxo e engajamento. É importante o comprometimento de todos para identificação e eliminação dos fatores restritivos.
Quem irá produzir?	É preciso efetivar parcerias para terceirizar atividades. O processo produtivo deve aproximar os fornecedores para o aprimoramento contínuo. A principal atividade "fim" de uma organização deve ser o encantamento dos consumidores.

Quadro 31: Aprendizagem americana com a Teoria das Restrições

Conceituação Básica

Práticas Protecionistas

Forma encontrada por muitos países para impedir a importação de produtos não desejados pela macroeconomia. A importação é considerada, por muitos especialistas, uma atividade comercial que gera desemprego. Por outro lado, aumenta a oferta de produtos e incentiva a concorrência. A tendência é reduzir os preços internos e controlar a inflação.

Teoria das Restrições

Metodologia de gestão para identificar os fatores restritivos instalados nos processos de trabalho, também chamados de recursos gargalos.

Recurso Gargalo

Área de trabalho que não produz conforme a demanda dos setores envolvidos. Por produzir aquém das necessidades, seu fluxo define a capacidade produtiva ou administrativa da organização. Uma vez identificado, deve ser trabalhado para se eliminarem seus pontos fracos. Uma vez sanado o problema, outro gargalo deve ser analisado.

Recurso Normal

Área de trabalho que atende à demanda do fluxo envolvido. Os envolvidos no processo devem ser valorizados.

Quadro 32: Conceituação Básica

RESUMO DO FLUXO INDUSTRIAL: 1980 EM DIANTE (GM E FORD)

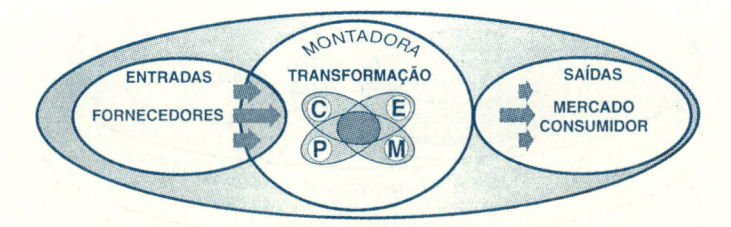

Figura 21: Resumo do Fluxo Industrial de 1980 em diante

Os americanos estudam o Modelo Industrial Enxuto da Toyota.
A Teoria das Restrições possibilitou, aos americanos, a identificação
e a eliminação dos desperdícios da cadeia produtiva.
Os EUA superam os japoneses.

3.9 Sétimo Fluxo Industrial: Final dos Anos 1990 em Diante

✓ **Consórcio Modular da Volkswagem – Resende/RJ**
✓ **A VW passou a focalizar ações comerciais**

Consórcio Modular Volkswagen

O resultado do aprendizado com os japoneses e a contribuição da Teoria das Restrições para identificação dos gargalos possibilitaram grandes avanços para a indústria automobilística americana e européia. O Brasil, também, foi beneficiado, porque as matrizes das montadoras repassaram os novos conceitos de produção para as suas filiais.

O *Just in Time*, referencial do Modelo Produtivo Enxuto da Toyota, possibilitou inúmeras idéias para a formatação de novas ferramentas de gestão. O guru espanhol Ignácio de Arriortúa, aproveitando as inovações de Ohno para a eliminação dos desperdícios da cadeia produtiva, "sonhou" com um sistema fabril conduzido, totalmente, pelos fornecedores. Era a radicalização da terceirização, também chamada de quarterização. A VW acreditou nas idéias de Arriortúa e implementou o Consórcio Modular em Resende/RJ.

No fluxo da Figura 22, os fornecedores da VW estão alocados dentro da sua planta industrial, e são responsáveis pela produção total dos veículos.

Figura 22: Fluxo Industrial de 1996 em diante

Comparar este fluxo com a Figura 21
Diferenciais entre o fluxo anterior (destacado de azul):
A montadora, após terceirizar a produção, prioriza o processo comercial.

Em 1996, o Consórcio Modular da VW, em Resende/RJ, envolveu sete parceiros modulistas para a montagem de seus ônibus e caminhões. Em 1999, passou a montar 30 mil unidades por ano. O Consórcio Modular da VW quebrou todos os paradigmas da cadeia produtiva porque os parceiros fornecedores (minifábricas) realizam as atividades "fim" e "meio" com o mesmo padrão da VW.

Através do diálogo da Figura 23, é evidenciado que a terceirização, à medida que foi proporcionando retorno às montadoras, envolveu, também, as atividades "fins" da VW.

DIÁLOGO CORPORATIVO ENTRE O GERENTE E O DIRETOR

2000 EM DIANTE

Do gerente
"Os japoneses terceirizaram as atividades 'meio', resultando economias à organização. Por que não estendê-las para as atividades 'fim'?"

Do diretor
"Terceirizando atividades 'fim' e 'meio', além de reduzirmos custos, teremos mais tempo para observar as novas tendências do mercado."

RESULTADO
O Consórcio Modular da VW é o maior exemplo de terceirização quebrando todos os paradigmas da cadeia produtiva.

Figura 23: Diálogo corporativo entre o gerente e o diretor

3.9.1 Contribuições de Arriortúa e Senge

Nos anos 90, o gestor espanhol José Ignácio Lopes de Arriortúa se destacou, na General Motors, pelo seu estilo ousado e criativo de sistemas de organização fabril. Como gerente de compras, sempre priorizou "espremer" seus fornecedores para a redução de custos e aumento da produtividade. Conforme Arbix[87]: *"Seu carisma era tão forte que conseguiu convencer quase toda a direção da GM, inclusive seu presidente, Jack Smith, a usar o relógio no braço direito enquanto a montadora não voltasse a dar lucro."*

Em 1993, depois de 13 anos na GM, foi contratado pela Volkswagen, levando uma equipe de sete colaboradores, chamados por ele de centuriões. Foi demitido da VW em 1996, tornando-se consultor independente.

---
[87] ARBIX, Glauco. O Suicidado da Globalização. *Caros Amigos,* n° 34, jan. 2000, p. 19.

Arriortúa e a Volkswagen

A experiência de Arriortúa como gestor da área de Suprimentos possibilitou estudos avançados sobre a possível radicalização da Metodologia de Gestão Outsourcing, para a terceirização total dos processos produtivos pelos fornecedores. Dentro dessa filosofia, foi criado o Consórcio Modular da VW, em Resende/RJ, onde os fornecedores são responsáveis pela produção total dos ônibus e caminhões da montadora. Os sete fornecedores, chamados de modulistas, envolvendo 1.400 trabalhadores, coordenam o fluxo produtivo, sem a interferência dos funcionários da VW.

De acordo com Arriortúa[88]: "*Qualificamos o nosso relacionamento com os fornecedores de revolução, mas ele é, também, uma profunda parceria.*" Trazer os fornecedores para dentro da planta industrial da VW, para a produção total de ônibus e caminhões, iniciativa pioneira, sonho idealizado por Arriortúa, se tornava realidade em 1996. O fluxo produtivo, envolvendo sete fornecedores modulistas foi formatado por Arriortúa para serem eliminados os desperdícios nos processos fabris tradicionais. Foi considerado pelo seu criador como sendo a "terceira revolução industrial", porque quebrou os paradigmas do sistema industrial convencional.

O Consórcio Modular de Resende provou que Arriortúa estava certo. De acordo com a Folha de São Paulo[89]: "*Além das empresas modulistas, há ainda, convivendo dentro da planta, outras empresas envolvidas em atividades de suporte: logística interna, alimentação, limpeza, segurança, entre outras. Isso significa a necessidade de gerenciar um caldo cultural que não inclui empresas de passado, porte, origem e políticas gerenciais bastante variadas, todas vivendo sob o mesmo teto*".

Após sua contratação pela VW, a GM se sentiu prejudicada e alegou que Arriortúa se apropriou de segredos industriais. A promotoria pública alemã, de Frankfurt estipulou uma indenização de US$100 milhões a ser paga pela VW à GM por violação. Em um acordo entre as montadoras, fora dos tribunais, a VW se comprometeu em não recontratar Arriortúa até o ano 2000. Fica evidente que o grande ativo que diferencia uma empresa não são seus prédios, máquinas ou recursos financeiros, mas a capacidade criativa de seus recursos humanos.

Afinal, tenha ou não havido espionagem, o fato é que duas empresas disputaram esse homem com impressionante paixão. Culpado ou inocente, esse executivo global é um exemplo vivo das novas dimensões da empresa moderna, da importância da gestão do conhecimento nas organizações e de seus ativos intangíveis.

---

[88] ARRIORTÚA, José I. López de. López de Arriortúa e o Consórcio Modular de Resende. *Folha de São Paulo*, 16/10/1996, p. 2-7.

[89] ARRIORTÚA, *op. cit.*

> *"Quando um gênio verdadeiro aparece no mundo, é reconhecido por este sinal: todos se levantam contra ele."*
>
> **Elie Freron**

Atualmente, Arriortúa desenvolve, no Brasil, um projeto de grande porte, a Loar (iniciais de seu nome, López Arriortúa), para produzir cinco modelos com motor 1.0, em uma mesma plataforma, cujos nomes escolhidos pelo seu proprietário são: Carmem, Lurdes, Begônia, Pilar e Guadalupe. As idéias de Arriortúa merecem uma reflexão para a superação dos fatores restritivos da atualidade.

Peter Senge, ao publicar o livro *A Quinta Disciplina*, estimulou a reflexão sobre o conceito de organização e as mudanças pela qual os gestores necessitam passar para se ajustar aos novos paradigmas. Conforme DAFT[90], Senge focaliza a organização capaz de aprender com os talentos internos e com o mercado, um desafio a ser superado em um mundo globalizado.

Aprendizagens priorizadas por Senge:

✓ Compreender como a empresa realmente funciona e como cada departamento pode contribuir para maximizar os resultados planejados;

✓ Desenvolver um propósito e um comprometimento comuns;

✓ Superar os paradigmas tradicionais, através do questionamento dos modelos mentais, que impedem as pessoas de adotar novos comportamentos;

✓ Priorizar os objetivos globais da organização para que não sejam prejudicados por metas individuais;

✓ Valorizar a descentralização e a delegação, porque os empregados comprometidos têm consciência de sua responsabilidade.

Para a formatação da organização que aprende, o engajamento dos funcionários deve estar presente em todos os expedientes. O desafio é a eliminação dos fatores restritivos individuais porque são as pessoas que alavancam resultados. O Consórcio Modular da VW é um exemplo que deve ser estudado porque, para sua implantação, Arriortúa quebrou paradigmas nas áreas de liderança, estrutura hierárquica, parcerias e processos produtivos.

---

[90] DAFT, Richard I. *Administração*. 4ª Edição. Rio de Janeiro: LTC, 1999, p. 455.

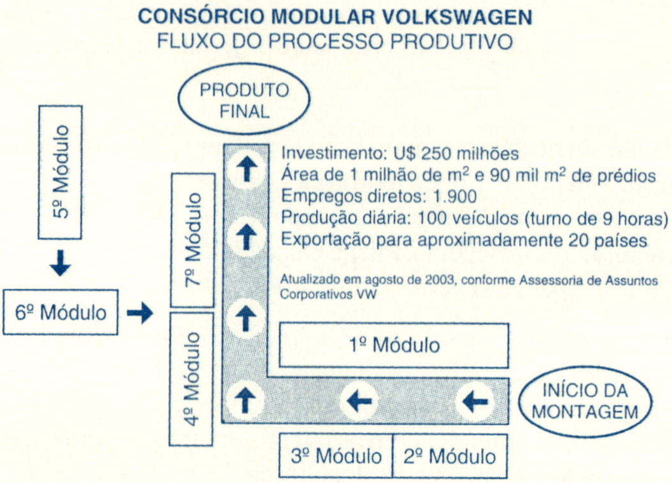
CONSÓRCIO MODULAR VOLKSWAGEN
FLUXO DO PROCESSO PRODUTIVO
PRODUTO FINAL
5º Módulo
6º Módulo
7º Módulo
4º Módulo
Investimento: U$ 250 milhões
Área de 1 milhão de m² e 90 mil m² de prédios
Empregos diretos: 1.900
Produção diária: 100 veículos (turno de 9 horas)
Exportação para aproximadamente 20 países
Atualizado em agosto de 2003, conforme Assessoria de Assuntos Corporativos VW
1º Módulo
INÍCIO DA MONTAGEM
3º Módulo
2º Módulo

Figura 24: Consórcio Modular VW – Fluxo do Processo Produtivo (www.volkswagen.com.br)

RESPONSABILIDADE DE CADA FORNECEDOR

1º Módulo MAXION	Montagem de chassis, sistema de freios, chicote elétrico, linhas de combustível e caixa de direção.
2º Módulo ARVIN MERITOR	Montagem de eixos, molas, amortecedores, *kits* de suspensão.
3º Módulo REMON	Montagem de rodas, pneus, pressurização e balanceamento.
4º Módulo POWERTRAIN	Montagem final do motor, embreagem, caixa de mudança, sistema de direção hidráulica, tubo de escape e freios.
5º Módulo DELGA	Montagem da cabina bruta com peças estampadas.
6º Módulo CARESE	Pintura da cabina.
7º Módulo VDO	Tapeçaria, montagem de bancos, painel de instrumentos, revestimento interno, vidros, chicote elétrico e conexão da cabina completa ao chassis.

Quadro 33: Consórcio Modular VW e a responsabilidade de cada fornecedor

Conceituação Básica

Terceirização

Transferir atividades consideradas "meio" para fornecedores com capacidade tecnológica e administrativa. Muitas empresas estão transferindo, também, atividades "fim".

Quarteirização

Quando ocorre a transferência de todas as atividades "meio" e "fim" da organização. No Consórcio Modular da VW, todas as operações produtivas (fins e meio) são executados por sete fornecedores chamados de sistemistas. Muitos autores chamam a quarteirização de outsourcing radical.

Learning Organization

Peter Senge, com o livro A Quinta Disciplina, evidencia a importância da criação de uma organização de aprendizagem (Learning Organization). Para isso, são necessárias mudança de mentalidade e quebra de paradigmas tradicionais, como, por exemplo, a visão fragmentada de uma organização e o descomprometimento dos funcionários com o aprimoramento contínuo.

Quadro 34: Conceituação Básica

RESUMO DO FLUXO INDUSTRIAL DO FINAL DOS ANOS 1990 EM DIANTE

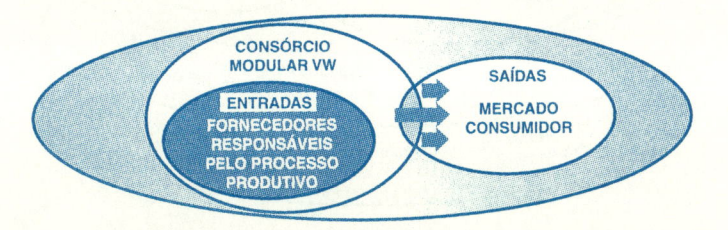

Figura 25: Resumo do Fluxo Industrial de 1990 em diante

Arriortúa foi um gênio por criar uma montadora de ônibus e caminhão dentro da Metodologia da Quarteirização (outsourcing radical). Ele quebrou todos os paradigmas do modelo industrial convencional. Mérito da VW, que acreditou na sua proposta inovadora.

3.10 Oitavo Fluxo Industrial: de 2000 em diante

✓ **Condomínio industrial GM: Gravataí/RS**
✓ **Comercialização do modelo Celta pela Internet**

O Consórcio Modular da VW inspirou a GM para a integração total com os fornecedores, visando à fabricação do modelo Celta, chamado, inicialmente, de Projeto Arara Azul. Conforme a revista *Panorama*[91], o Complexo Industrial Automotivo de Gravataí/RS, produziu 200 mil unidades do veículo Celta, no dia 18 de outubro de 2002, em pouco mais de dois anos de funcionamento. A meta conquistada é uma referência mundial para a GM, e comprova o sucesso do novo modelo produtivo. A cada dois minutos, um carro é fabricado porque a GM investiu em tecnologia avançada, mão-de-obra qualificada e um sistema de comercialização pela Internet (e-commerce) que abrange 80% das vendas.

A aproximação com os fornecedores estimula a sinergia e troca de experiências para o aprimoramento contínuo, considerado por muitos especialistas o diferencial das organizações vitoriosas.

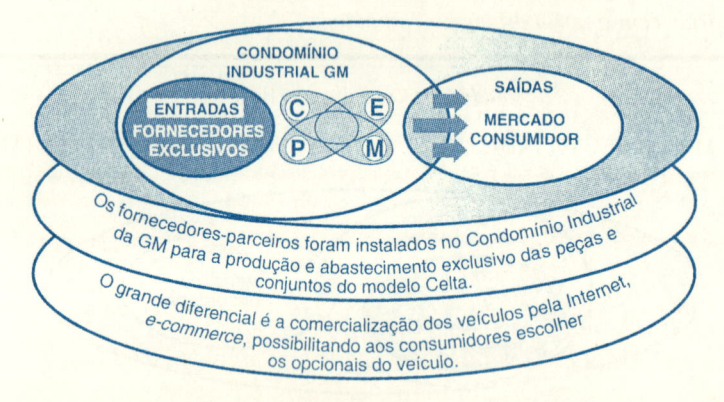

Figura 26: Fluxo Industrial de 2000 em diante
Comparar este fluxo à Figura 25
Diferencial deste fluxo:
Os fornecedores-parceiros foram instalados no condomínio industrial da GM.

A intersecção da montadora com os fornecedores, por meio do Condomínio Industrial da GM possibilitou maior produtividade. Os fornecedores estão instalados em sua planta industrial para o abastecimento exclusivo de suas linhas produtivas, mas a intersecção com o mercado consumidor é o grande diferencial do

---

[91] A Produção do Celta atinge 200 mil unidades. *Revista Panorama* – GM. nº 6, nov. 2002, p. 10.

Condomínio Industrial da GM. A comercialização dos veículos é efetivada pela Internet e, após a confirmação dos pedidos, o Plano de Produção é oficializado, considerando os opcionais escolhidos online pelos clientes.

É importante destacar o projeto da Fiat, chamado de Mineirização, que incentivou os fornecedores a instalarem suas unidades produtivas nas imediações de seu parque industrial, localizado em Betim, MG. A aproximação dos fornecedores com a montadora possibilitou a redução dos estoques e a flexibilidade do processo produtivo para atender as oscilações do mercado consumidor. A linha de montagem-piloto do Tempra foi instalada em uma área que era utilizada como almoxarifado de pneus. Como os fornecedores passaram a abastecer o fluxo fabril de 2 em 2 horas, a área de estocagem foi eliminada, dando lugar aos testes de montagem de novos veículos.

3.10.1 Desafios do Século XXI e o Check-list "DO JOB"

1. Garantir o retorno de capital investido.
2. Ajustar a empresa às oscilações do mercado.
3. Divulgar as realizações da empresa em termos de responsabilidade social.

Como fazer?

✓ Uma estrutura organizacional enxuta com níveis hierárquicos estritamente necessários e comprometidos com a melhoria contínua é condição "sine qua non" para o crescimento de uma empresa.

Exemplo: Em 1999, a Nissan, comandada pelo gênio brasileiro Carlos Ghosn, promoveu uma ampla reformulação na estrutura hierárquica da organização, demitindo, aproximadamente, 21 mil funcionários. Três anos depois, a Nissan já era exemplo a ser seguido por outras empresas.

✓ A terceirização de algumas operações reduzem os custos, dão condições para a empresa concentrar, com mais afinco, nas atividades "fim" e, acompanhar com eficácia as oscilações do mercado.

Exemplo: À medida que a Toyota, na década de 1960, iniciou a terceirização de atividades produtivas com fornecedores parceiros, foi possível reduzir os custos industriais e aumentar a competitividade da organização.

JUST IN TIME ✓ Os desperdícios com peças defeituosas, logística ineficaz, tempos improdutivos afetam, diretamente, o retorno do capital investido.

Exemplo: Taiichi Ohno, o gênio da Toyota, formatou, por mais de 15 anos, a metodologia do Just in Time. Assim que ele eliminou os estoques desnecessários e as horas improdutivas, o custo de fabricação foi reduzido sensivelmente.

OBJECTIVE ✓ Priorizar novas tecnologias para a otimização dos resultados operacionais no orçamento da organização.

Exemplo: As metas financeiras de uma organização devem ser divulgadas para que todos os gestores se comprometam com a sua realização. Desde 1920, quando o gênio da GM, Alfred Sloan, implementou o gerenciamento através de comitês, a montadora não parou de crescer.

BENCHMARKING ✓ As ações estratégicas que os concorrentes estão praticando devem ser acompanhadas diuturnamente. Nichos de mercado devem ser pesquisados.

Exemplo: Na década de 50, os japoneses estudavam o modelo industrial americano e, em 1970, encantaram o mundo com o Sistema Produtivo Enxuto da Toyota. Na década de 80, foi a vez de os americanos aprenderem com os japoneses.

3.10.2 Contribuições de Burns, Stalker e Toffler

3.10.2.1 – Teoria da Contingência

Inúmeras pesquisas foram realizadas por Joan Woodward, Alfred Chandler, Tom Burns e G.M. Stalker para encontrar os modelos de gestão mais apropriados nas organizações. Dos resultados apurados, concluíram que o sucesso de uma empresa depende da sua capacidade de evoluir, com o mercado em que atua. A contingência significa que não há um modelo padrão definido e nada é absoluto para se buscar a excelência, porque, no cenário mercadológico, a imprevisibilidade e a mutabilidade são referências constantes.

Chiavenato[92] destaca que Alfred Chandler estudou a estrutura organizacional da GM e outras empresas e percebeu que o fator marcante foi a preocupação com as estratégias priorizadas, direcionadas para o mercado, envolvendo o acompanhamento das expectativas dos clientes, nichos de mercado e lançamento de no-

---

[92] CHIAVENATO. Idalberto. *Teoria Geral da Administração*. 6ª edição. Rio de Janeiro: Campus, 1999. op. cit., Vol. II, p. 560-568.

vos produtos. Cita, ainda, Tom Burns e G.M. Stalker, que, depois de pesquisar 20 empresas inglesas e estudar as relações entre os modelos de gestão e os respectivos cenários mercadológicos, descobriram que não existe uma padronização na forma de gerenciar organizações. Eles conseguiram formatar dois modelos de organizações, em função dos procedimentos utilizados: as organizações com um sistema mecânico e as com um sistema orgânico.

As organizações com sistema mecânico funcionam com uma estrutura rígida e hierarquia centralizada, não se preocupando com as mudanças que estão ocorrendo no ambiente externo. Funcionam como um sistema fechado. As empresas com sistema orgânico têm uma estrutura flexível e ajustada para interagir com o ambiente externo. Funcionam como um sistema aberto, vivo e sintonizado com as expectativas externas. Evidente que, se uma organização está inserida em contexto em que as expectativas dos clientes e as ações dos concorrentes são mutáveis, ela tem que formatar estrutura hierárquica flexível para permanecer no mercado. O questionamento feito por muitos gestores é: como realizar esse desafio com eficácia?

Cada teoria administrativa enfoca, de forma diferente, uma organização. Partindo da abordagem científica, burocrática ou da conceituação das relações humanas, do desenvolvimento organizacional até a Teoria da Contingência, os gestores poderão apresentar soluções para determinadas circunstâncias. Se o fator restritivo está presente, o "gargalo" tem que ser identificado e eliminado. Através da variedade de teorias e metodologias, à disposição dos gestores, é possível diagnosticar cada problema e propor soluções para melhor performance das organizações em estudo.

Chiavenato[93] cita Alvin Toffler e Bergamini para abordar a adhocracia como receita para a administração de cenários impossíveis e imutáveis. Para Toffler, *"as organizações, para acompanharem o ambiente externo turbulento, precisam ser inovadoras, orgânicas e antiburocráticas. Uma nova forma de organização surgirá: a 'adhocracia' (do latim ad hoc: para isso ou para este fim). Significa qualquer estrutura altamente flexível capaz de amoldar-se, continuamente, às condições ambientais em mutação."* A flexibilidade é justificada pela mutabilidade do cenário mercadológico, que tem exigido das organizações inovação constante e o atendimento personalizado das expectativas do público-alvo. Bergamini[94] destaca: *"A origem da adhocracia está na criação de forças-tarefa durante a Segunda Guerra Mundial, quando os militares criavam equipes ad hoc ('aqui e agora') que eram logo dissolvidas, após a execução de suas missões específicas e temporárias... os papéis desempenhados pelos participantes dessas equipes eram intercambiáveis..."*

---

[93] CHIAVENATO. Idalberto. *Teoria Geral da Administração*. 6ª edição. Rio de Janeiro: Campus, 1999. op. cit., Vol. II, p. 673.

[94] A. BERGAMINI, de Abreu. Novas reflexões sobre a evolução da teoria administrativa: os quatro momentos cruciais no desenvolvimento da teoria organizacional. *Revista de Administração Pública*. Rio de Janeiro, out./dez. 1982, p. 49.

Conceituação Básica

Adhocracia

Para acompanhar as novas tendências do mercado concorrencial, as organizações convocam funcionários de várias áreas para projetos específicos. Exemplos: desenvolvimento de novo produto, problema de qualidade, pesquisa de mercado, performance dos concorrentes. Durante a "missão especial", que é executada em paralelo com as atividades normais, os funcionários são alocados em nova estrutura hierárquica, podendo passar de auxiliar a coordenador. Após a missão, os funcionários retornam às suas atividades normais.

Projeto Mineirização da Fiat

Visando ao abastecimento das linhas de montagem dentro da metodologia Just in Time, a Fiat incentivou os fornecedores a se instalarem nas imediações de sua unidade produtiva, de Betim/MG. A aproximação entre fornecedores e a Fiat possibilitou o fornecimento, diário, de peças e componentes diretamente para a montagem, reduzindo os estoques.

Quadro 35: Conceituação Básica

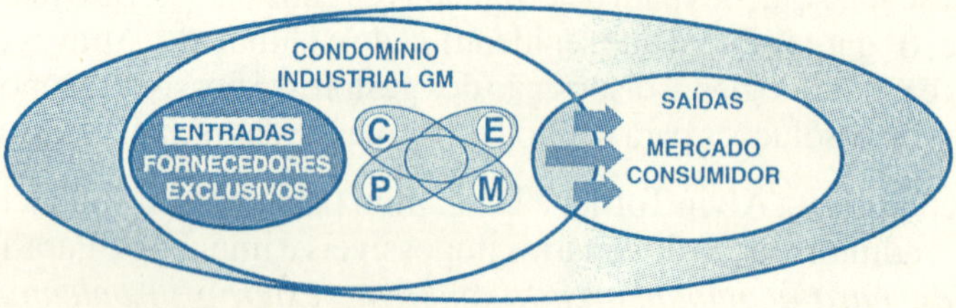

Figura 27: Resumo do Fluxo industrial de 2000 em diante

O Projeto "Arara Azul", desenvolvido pela GM, foi aguardado com muita expectativa. Ele revolucionaria os processos produtivos e comerciais da montadora. Assim, surgiu a fábrica de Gravataí/RS para produção do modelo Celta. Os fornecedores exclusivos foram instalados no parque industrial da GM. A comercialização pela internet (e-commerce) possibilitou aos clientes escolherem os opcionais do veículo.

Capítulo III: Evolução dos Fluxos Produtivos da Cadeia Automotiva **175**

3.11 Resumo dos Fluxos Produtivos a Partir de 1900

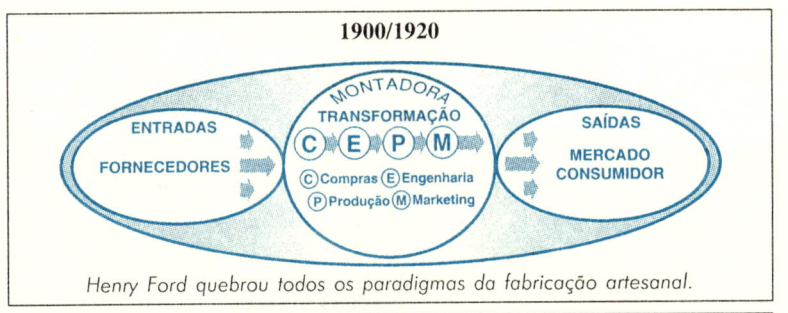

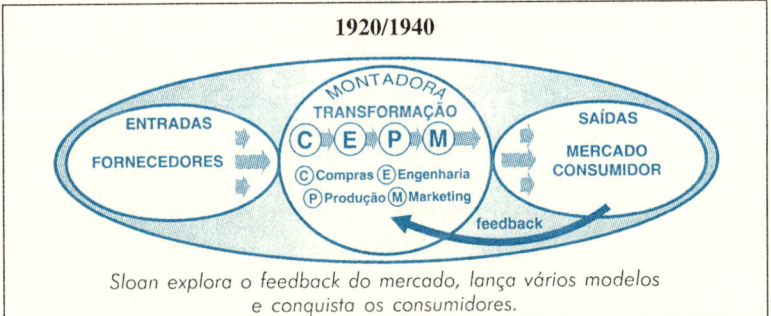

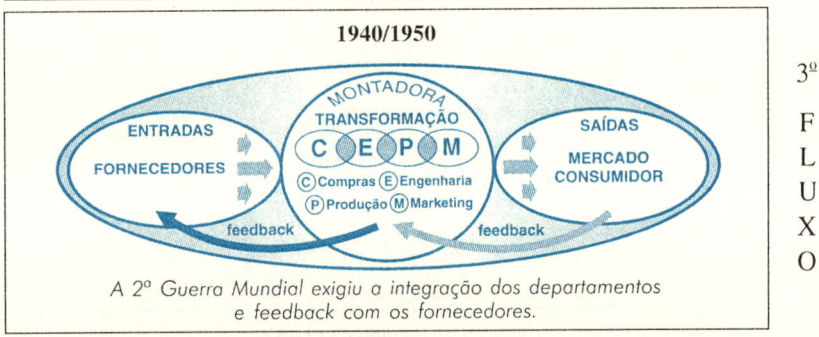

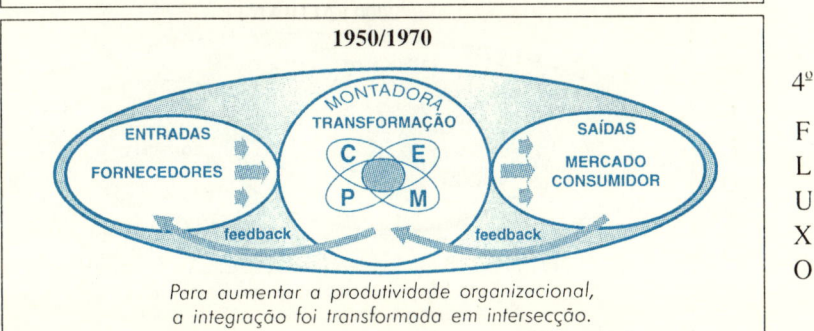

1900/1920

Henry Ford quebrou todos os paradigmas da fabricação artesanal.

1º FLUXO

1920/1940

Sloan explora o feedback do mercado, lança vários modelos e conquista os consumidores.

2º FLUXO

1940/1950

A 2ª Guerra Mundial exigiu a integração dos departamentos e feedback com os fornecedores.

3º FLUXO

1950/1970

Para aumentar a produtividade organizacional, a integração foi transformada em intersecção.

4º FLUXO

5º FLUXO — 1970/1980

A Toyota prioriza a intersecção com os fornecedores e com os consumidores.

6º FLUXO — 1980 EM DIANTE

A Teoria das Restrições possibilitou a eliminação dos desperdícios da cadeia produtiva americana.

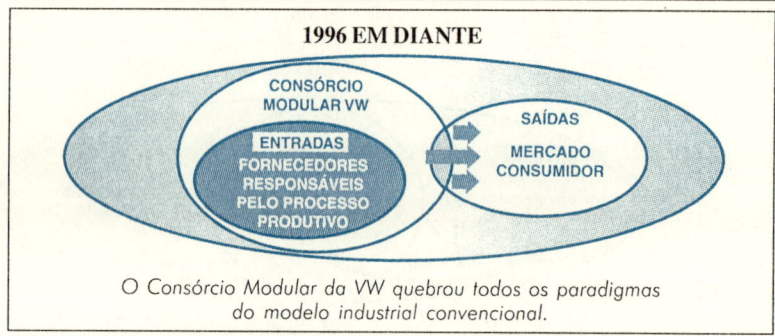

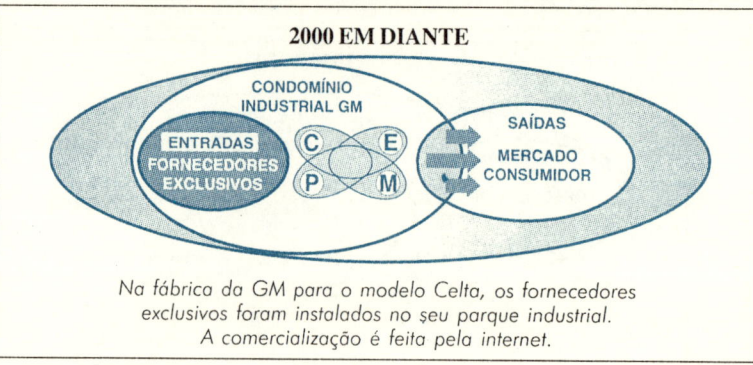

7º FLUXO — 1996 EM DIANTE

O Consórcio Modular da VW quebrou todos os paradigmas do modelo industrial convencional.

8º FLUXO — 2000 EM DIANTE

Na fábrica da GM para o modelo Celta, os fornecedores exclusivos foram instalados no seu parque industrial. A comercialização é feita pela internet.

Estudo de Caso 7
INVESTIMENTO SEM RETORNO DA MERCEDES-BENZ

"Toda empresa precisa ter gente que erra, que não tem medo de errar e que aprende com o erro."
Bill Gates

A fábrica da Mercedes-Benz, em Juiz de Fora/MG, inaugurada em 1999, foi inspirada na montadora alemã de Rastatt, onde se concentra a produção do Classe A.

A filial brasileira foi planejada para possibilitar à Mercedes-Benz uma fatia do mercado para a qual as estimativas assinalavam, em 1995, um potencial espetacular de vendas. Foi essa perspectiva que atraiu, para o Brasil, uma legião de novas marcas e investimentos em novas fábricas. As previsões grandiosas não se cumpriram e a Mercedes-Benz foi uma das montadoras mais afetadas. A meta da organização era montar 70 mil carros por ano na unidade de Juiz de Fora. Realizou, em 1999, 2000 e 2001, somente 14.307, 15.682 e 9.041 do Classe A, respectivamente, conforme Revista Exame[95].

Fatores Restritivos da Mercedes-Benz:

✓ encarecimento do produto, afetado pela taxa de câmbio, devido à elevada participação de componentes importados;

✓ acirramento da concorrência;

✓ retração geral dos mercados brasileiro e argentino;

✓ inexperiência da Mercedes-Benz e sua rede de concessionários na venda de automóveis.

Questionamentos

✓ *A Mercedes-Benz poderia ter previsto os fatores restritivos?*
✓ *Considerando o check-list "DO JOB", quais ferramentas de Gestão não foram exploradas pela montadora?*

---

[95] CAETANO, José Roberto. Futuro Incerto. *Exame*. São Paulo, 31/10/2001, Edição 752, p. 54-7.

Estratégia da Mercedes-Benz para minimizar os prejuízos: a primeira providência tomada pelo grupo gestor para revigorar o negócio foi utilizar parte da fábrica de Juiz de Fora na montagem do Classe C, através da parceria com outra unidade produtora da corporação. Essa produção foi feita em regime CKD, isto é, a fábrica recebe os *kits* completos de peças da Alemanha e o produto final é montado no Brasil para abastecer o mercado americano.

> *O sistema CKD foi implementado no Brasil em 1919 pela Ford e, em 1925, pela GM (vide p. 223).*

A alternativa foi criada porque as duas montadoras alemãs não estavam conseguindo atender à demanda. Com essa medida, as metas comerciais poderiam ser atingidas com o aumento da oferta de veículos. Porém, essa estratégia não garante viabilidade do projeto de Juiz de Fora, pois a desaceleração da economia americana reduziu as importações do Classe C.

Diante de rumores sobre o futuro da fábrica e de artigos publicados pela imprensa internacional, uma fonte não oficial dava como certo o encerramento das operações, pelos grandes prejuízos acumulados (200 milhões de dólares por ano). O presidente da subsidiária brasileira do grupo alemão Daimler Chrysler/Mercedes-Benz afirma que a organização está trabalhando com as seguintes alternativas:

- ✓ Uma saída possível seria a venda da unidade para a coreana Hyundai, na qual Daimler Chrysler possui 10% de participação;

- ✓ *Outra marca poderia ser fabricada, através da parceria com a japonesa Mitsubishi. O importante, segundo alguns concessionários, é que o novo veículo seja comercializado abaixo de 20 mil reais.*

De acordo com um consultor especializado na indústria automobilística, a adaptação da linha de montagem levaria, pelo menos, um ano e envolveria um orçamento de, no mínimo, 300 milhões de dólares.

O investimento é muito elevado porque a formatação do layout de uma empresa automobilística na atualidade, tendo como referencial o Modelo Industrial japonês, não prevê espaços para a estocagem de componentes. O abastecimento das linhas produtivas, por diversas vezes, durante o dia, exige fornecedores confiáveis, tecnologia de ponta focada na robótica e mecatrônica.

Enquanto aguarda a solução para o problema, a montadora de Juiz de Fora realizou uma pesquisa de mercado com o objetivo de comparar os preços dos concorrentes. A alternativa encontrada foi reduzir, em agosto de 2001, o preço de sua versão básica de 36 para 32 mil reais, o que impulsionou as vendas.

Retrospecto: Daimler Chrysler/Mercedes-Benz:

- ✓ Problemas com o Classe A na unidade de Juiz de Fora: as metas comerciais não se concretizaram.
- ✓ Fechamento das fábricas da Chrysler, em Campo Largo, no Paraná, e em Córdoba, na Argentina. As unidades, ainda luzindo de novas, operavam no vermelho, sem perspectiva de reversão dos resultados;

No mercado, comenta-se que a gestão de tantas marcas, fábricas e linhas de produtos é outro fato complicador da organização. As metas planejadas por cada unidade foram definidas de forma arbitrária e sem o envolvimento dos funcionários.

Muitos executivos, formados na área de caminhões, foram transferidos para o segmento de carros e picapes, sem a experiência necessária. A tomada de decisão, sem o conhecimento do cenário brasileiro, prejudicou a imagem da organização.

O intricado processo de incorporação da empresa americana, comprada pelo grupo alemão, converteu-se num choque cultural. Com o agravamento da crise econômica dos EUA, esse reflexo significa pressão ainda maior pelo retorno do capital investido.

Plano da Chrysler para voltar a crescer:

- ✓ Corte de 26 mil funcionários, até 2003, para eliminação da burocracia desnecessária;
- ✓ Descentralização e enxugamento de níveis gerenciais para maior velocidade do processo decisório;
- ✓ Investimento em novas tecnologias e modelos de gestão para redução dos desperdícios da cadeia produtiva;
- ✓ Valorização do ser humano para transformar o processo comercial, num diferencial da organização.

Enfoques Estratégicos:

✓ *Visão Mercadológica;*
✓ *Taxa de Câmbio;*
✓ *Sistema Produtivo CKD.*

Enfoques destacados neste Estudo de Caso
para o paralelo com o check-list "DO JOB"

PARÁGRAFO EM ESTUDO	Ferramentas de Gestão Exploradas				
	D	O	J	O	B
A meta da organização era montar ...				X	
Estratéia da Mercedes-Benz ...		X			
... tendo como referencial o Modelo ...					X
... realizou uma pesquisa de mercado.					X
As metas planejadas por cada ...				NÃO	
Corte de 26 mil funcionários ...	X				
Investimento em novas tecnologias ...			X		

Comentários:

As previsões mercadológicas esperadas pela Mercedes-Benz para 1999, 2000 e 2001, não se concretizaram e o prejuízo chegou a US$ 200 milhões. A falta de visão mercadológica e o potencial de consumo real dos brasileiros foram erros estratégicos motivados por miopia mercadológica? Não dar a devida importância para a oscilação da taxa de câmbio e administrar a economia brasileira com tendências previsíveis são ingerências que os executivos não poderiam ter cometido. O projeto da Mercedes-Benz, em Juiz de Fora, foi um fracasso também porque a montadora cometeu falhas no atendimento aos clientes. Sua rede de concessionárias não tinha experiência na venda de automóveis. Para minimizar a gravidade do problema, uma decisão estratégica foi aproveitar a unidade produtiva do Brasil para a montagem do modelo Classe C, conforme os princípios do sistema produtivo CKD (completamente desmontado) para abastecer o mercado americano. Os erros cometidos pela Mercedes-Benz não podem ser repetidos por outras organizações.

Quadro 36: Respostas do Estudo de Caso 7

Estudo de Caso 8
OPERAÇÃO *RECALL*: INCOMPETÊNCIA INDUSTRIAL?

> *"Estamos na era do consumidor... todos estão se esforçando ao máximo para manter o cliente satisfeito"*
> **Antonio Maciel Neto** – *Presidente da Ford*

Mais de 400 acidentes, envolvendo centenas de mortes, até 2000, podem ter sido motivados por defeitos de fabricação em pneus da Firestone, usados nos veículos da Ford. O problema provocou um gigantesco recall e a Ford enfrentou uma das maiores crises de sua história, com prejuízos acima de 5 bilhões de dólares e o desgaste da imagem da organização, no cenário mercadológico. A alternativa utilizada pelas indústrias automobilísticas, quando é identificado um problema de qualidade e representa riscos à segurança dos usuários, é a retirada do produto defeituoso do mercado. O veículo adquirido, que deveria proporcionar conforto, status e glamour aos usuários, passa a ser indesejado. No caso de um automóvel é uma arma contra o proprietário.

Apesar do avanço da tecnologia, da robótica, da parceria com os fornecedores para o aprimoramento contínuo e qualidade total, o número de recalls tem aumentado consideravelmente nos últimos anos. Conforme Ferraz[96], segundo informações do governo americano, em 1999, os recalls da indústria automobilística americana contabilizaram 370 tipos de defeitos, envolvendo cerca de 20 milhões de veículos, colocados no mercado com problemas de fabricação.

Em 1980, houve 167 recalls, atingindo 4,9 milhões de carros e caminhões. O percentual de veículos defeituosos, circulando nas estradas americanas, subiu cerca de 3,5%, em 1980, para 9,5%, em 1999. Estima-se que nos últimos 10 anos, no Brasil, pelo menos 4 milhões de carros passaram por algum recall, quase 30% das unidades colocadas no mercado, nesse período. Desde 1999, foram 34 convocações, 15 somente em 2001.

De acordo com as declarações de Luiz Soares, diretor da empresa de consultoria paulista Pieracciani, citado por Eduardo Ferraz: *"Talvez seja utopia imaginar que uma fábrica consiga fazer produtos complexos sem nunca cometer em erro. Mas é possível aperfeiçoar os processos de controle da pro-*

---
[96] FERRAZ, Eduardo. O que há por trás da crescente onda de recalls no Brasil e no mundo. *Exame*. São Paulo, 18 out. 2000, Edição 725, p. 54-8.

dução e reduzir os números de recalls". Segundo ele, os defeitos só transpõem as cercas da fábrica porque, apesar de todos os avanços da indústria, os controles, ainda, não são suficientes. As organizações que priorizam em suas metas investimentos para a redução dos erros de produção têm conseguido excelentes resultados.

Outro ponto negativo, apontado por ele, é a falta de autonomia dos funcionários de linha para interromper a produção se detectarem defeitos – técnica disseminada pelos japoneses – e hoje adotada por muitas empresas. Vários fatores minam a qualidade da produção: sobrecarga de trabalho pelo excesso de horas extras, pressão por aumento de produtividade ultrapassando o limite suportado pelo trabalhador, que comete erros. A descentralização do processo decisório para interrupção do fluxo fabril pelos operários é o diferencial das montadoras que evoluíram e estão se preparando para novos desafios.

O questionamento que muitos especialistas da área fazem é se o número de defeitos, realmente, aumentou ou se ele, por pressão do mercado ou responsabilidade social das organizações, tornou-se mais visível. O presidente da Ford brasileira, Antonio Maciel Neto, afirma que as montadoras ficaram mais transparentes. As informações estão à disposição de todos, o que aumenta a responsabilidade das montadoras, porque o cliente-parceiro está mais exigente. Destaca Maciel Neto: *"Estamos na era do consumidor, a pressão da competição é muito alta e todos estão se esforçando, ao máximo, para manter o cliente satisfeito."* As empresas decidem fazer recalls assim que identificam os problemas, porque os índices e probabilidades de acidentes não são baixos.

Conforme Jacques Nasser, o grande desafio da Ford foi diminuir o impacto do recall dos pneus da Explorer, na imagem da empresa, porque muitos clientes acidentados, também, eram funcionários da Ford. O Explorer, o maior sucesso de vendas entre os "jipões", que compõem o segmento chamado de esportivos utilitários, está, até o ano 2000, envolvido em 148 mortes e acidentes relacionados a defeitos nos pneus. Conforme *The New York Time*, citado por Ferraz, desde a concepção do Explorer, na década de 1980, os projetistas da Ford sabiam que estavam criando um carro sem os devidos cuidados em relação à segurança.

Por questão de urgência e economia, aproveitaram o mesmo chassi da picape Ranger, mesmo sendo mais alta e com peso superior. A Ford planejou o lançamento de um novo modelo, para concorrer com os Cheroke. Ao ser fabricado na mesma linha da picape Ranger, por decisão econômica, não precisou adquirir novos robôs, nem alterar o layout das fábricas.

Resultado da improvisação: quando aconteceram os problemas nos pneus defeituosos, ficou mais difícil controlar o veículo. Ele balança muito, derrapa, e a probabilidade de capotar é muito grande. A instabilidade do Explorer, por ter sido construído a partir de outro protótipo, é um problema que a Ford tem que resolver. Além da largura do eixo (durante o desenvolvimento do projeto os engenheiros concluíram que deveria ter duas polegadas a mais), o tanque de gasolina, localizado no mesmo lado, do pesado sistema de tração integral, provoca uma sobrecarga no pneu traseiro esquerdo.

Complexidade do problema:

Acidentados com o Ford Explorer eram, em sua maioria, funcionários da organização!

Nasser, na época, era presidente e não suportou as pressões. Foi demitido e, em seu lugar assumiu Willian Clay Junior, bisneto de Henry Ford. Recentemente, foi admitida Elena Ford, trineta do patriarca, na função de gerente, com a tarefa de recuperar o prestígio da marca. A Ford, abalada com os problemas comerciais e jurídicos, priorizou ampla reformulação na estrutura hierárquica da organização, com o objetivo de melhor controlar os processos produtivos, descentralizar as decisões que envolvem o lançamento de novos modelos, para não cometer os mesmos erros do Explorer.

Outro questionamento é sobre os custos envolvidos: o de fazer o recall ou o de não fazê-lo. Os executivos da montadora Mitsubishi responderam a esse questionamento. Depois do ocorrido com a Ford e os pneus da Firestone, o presidente da Mitsubishi declarou ter escondido, por mais de 30 anos, defeitos em seus veículos que vão do sistema de freios ao tanque de combustível. Em seguida, o presidente se demitiu.

A Volkswagen do Brasil, que produz os modelos Golf e Audi A3, em São José dos Pinhais, Paraná, convocou seus consumidores para o reparo de 28 mil carros por problemas de suspensão. Em 2000, a Volvo, Peugeot, Honda e GM também anunciaram operações de recalls. A Renault confirmou problemas com o airbag do modelo Twingo.

São experiências negativas à disposição de todas as empresas para uma reflexão. O erro da Ford não pode ser repetido por outras montadoras. Sobre o sistema de segurança airbag, convém destacar que, nos EUA, ele salvou a vida de 7.224 pessoas, nos últimos 10 anos, mas matou outras 191, sendo 97 crianças, sem que o veículo tivesse sofrido uma batida. O airbag disparou sozinho e a abertura do sistema de segurança foi acionado. A força da expansão da bolsa de ar é violenta. Alguns modelos já saem de fábrica com um airbag dotado de sensores especiais. Em caso de acidentes leves, o sistema pode ordenar que apenas parte da capacidade da bolsa de ar seja inflada.

Outras inovações estão sendo testadas no airbag, como exemplo, fazer com que o sistema não dispare quando o passageiro for uma criança. É um componente automotivo que exige um alto padrão de qualidade, pois seu funcionamento acontece numa fração de tempo imperceptível. De 10 a 25 milissegundos, sensores detectam a batida do veículo. Um dispositivo inicia a liberação do gás. De 26 a 40 milissegundos, a capa do volante é rompida, e a bolsa começa a se expandir. Até 50 milissegundos, com a bolsa de ar já completamente inflada, acontece o choque.

Após salvar a vida do motorista, a bolsa se esvazia, naturalmente, completando o ciclo em apenas 100 milissegundos. Assim, cada componente de um veículo deve envolver fornecedores-parceiros confiáveis. A transferência de atividades "fim" das montadoras para as autopeças, sem muito critério técnico, pode colocar em risco vidas humanas.

O airbag, em 10 anos, salvou 7.224 pessoas, porém... matou 191!

De acordo com Ferraz, os defeitos de fabricação podem ser gerados em várias etapas do processo produtivo: matérias-primas inadequadas, design impróprio, falta de manutenção nos equipamentos, redução de custos em detrimento da qualidade. Segundo Mauro Zilboricius, engenheiro da USP, *"as empresas deixavam de fazer a verificação da qualidade antes da montagem, como era a prática, até o início dos anos 1990... por conta disso, as falhas começaram a aparecer, tarde demais, e não há nenhum órgão que fiscalize o produto que sai das fábricas"*. Conseqüentemente, inúmeros desperdícios são identificados no processo fabril, com a utilização de componentes com problemas de qualidade gerando desperdícios. São identificados na fase final do fluxo fabril e, em muitos casos, infelizmente, após a comercialização, colocando em risco a segurança dos consumidores.

Enfoques Estratégicos:
✓ *Aprender com o mercado;*
✓ *Fornecedores confiáveis;*
✓ *Funcionários com autonomia para decidir.*

Enfoques destacados neste Estudo de Caso para o paralelo com o check-list "DO JOB"

PARÁGRAFO EM ESTUDO	Ferramentas de Gestão Exploradas				
	D	O	J	O	B
Apesar do avanço da tecnologia ...		NÃO			
As organizações que priorizam ...				X	
Outro ponto negativo encontrado ...					X
A descentralização do processo ...	X				
A Ford planejou o lançamento ...				X	
A Ford, abalada com os problemas ...	X				
São experiências negativas à ...					X
Assim, cada componente ...		X			
Conseqüentemente, inúmeros ...			NÃO		

Comentários:

A decisão de oficializar um *recall* e informar os consumidores que um veículo está com defeito de fabricação é uma obrigação das montadoras, amparado pelo Código Civil na Lei nº 10.406 de 10/02/2002, além da Lei nº 8078/1990 do Código de Defesa do Consumidor. Assim, omitir informações e colocar em risco vidas humanas é passível de indenização. Por outro lado, é uma demonstração de descomprometimento com os clientes. Para atender à demanda crescente, as empresas aceleram o fluxo da cadeia produtiva com o objetivo de aumentar o faturamento. Dois enfoques devem ser destacados: componente com problemas de qualidade e montagem de produto final com irregularidade. Os funcionários têm que ter autonomia para impedir a utilização de componentes rejeitados e interromper o fluxo fabril, quando identificar processos em desacordo com as normas previamente estabelecidas. A notícia positiva é que, quando uma empresa anuncia um recall envolvendo componentes com defeitos de fabricação, o nome da fornecedora deve ser exposto na mídia para conhecimento de todos. Certamente, o fornecedor priorizará melhorias em seus processos de fabricação. Um recall relacionado com irregularidades na montagem de um automóvel, por exemplo, é uma demonstração de que a empresa não prioriza a qualidade total, comprometendo a segurança dos usuários. Não utilizar componentes com defeitos e assegurar que os processos de montagem corram dentro das especificações estabelecidas são os diferenciais das organizações que devem conquistar a preferência dos consumidores.

Quadro 37: Respostas do Estudo de Caso 8

Estudo de Caso 9
O LIVRO DE 5 MILHÕES DE DÓLARES

"Para ser superado, não precisa parar, basta permanecer na mesma velocidade e forma de pensar...".
Claudiney Fullman

O desempenho da economia japonesa e, em particular, da Toyota Motor Company, a partir de meados da década de 1970, surpreendeu os Estados Unidos e a Europa em função de qualidade superior, o design avançado, tecnologia de ponta e preços competitivos dos veículos que colocava no mercado.

Gradativamente, após a primeira crise do petróleo, em 1973, a Toyota foi ampliando os quantitativos de exportação, prejudicando a Balança Comercial dos Estados Unidos e Europa. Especialistas da área chegaram à conclusão de que muitas empresas automobilísticas, americanas e européias, não tinham competitividade para enfrentar os produtos japoneses. Dependiam, praticamente, do sistema produtivo em massa, repetitivo, desenvolvido por Henry Ford, no início de 1900.

À medida que a Toyota conquistava fatias do mercado internacional, ao invés de as empresas afetadas buscarem as razões da performance japonesa, estudando suas metodologias produtivas, muitas priorizaram a criação de barreiras protecionistas.

Em 1984, os diretores do Massachusetts Institute of Tecnology (MIT), preocupados com o desempenho das montadoras americanas, criaram o Programa Internacional de Veículos Automotores (IMVP), com o objetivo de levantar informações sobre os processos produtivos das indústrias automobilísticas dos Estados Unidos e da Europa e compará-los com o sistema fabril desenvolvido no Japão. Depois de cinco anos de pesquisas, foi publicado, em 1992, o resultado desse trabalho investigativo, no livro *A Máquina que Mudou o Mundo*, escrito por James P. Womack, Daniel T. Jones e Daniel Roos. Segundo eles, é o maior e mais detalhado estudo já empreendido em qualquer indústria, abrangendo 14 países, consumindo 5 milhões de dólares.

A repercussão desse livro, traduzido para o japonês, coreano, alemão, italiano, espanhol, francês e português, que explica, com detalhes, as metodologias utilizadas pelo sistema produtivo da Toyota, pode ser evidenciada nos seguintes depoimentos:

THE NEW YORK TIMES

"Os fundamentos desse sistema são aplicáveis a toda indústria ao redor do mundo (...) E terá um profundo impacto sobre a sociedade – verdadeiramente mudará o mundo."

FINANCIAL TIMES

"Um registro claro, revelador e surpreendente do sucesso japonês ao revolucionar a manufatura (...) Um alerta, mesmo para aqueles que já sabiam que o Japão não fez tudo isso apenas com robôs."

BUSINESS WEEK

"O melhor livro atual sobre as mudanças de reestruturação da manufatura, e o mais legível."

As razões do sucesso japonês, após a Segunda Guerra Mundial, de acordo com a pesquisa, evidenciaram que os principais executivos da Toyota estudaram os processos industriais de muitas empresas americanas, em particular da Ford e GM e identificaram os seguintes fatores restritivos: estoques elevados em todos os estágios produtivos; tempos desnecessários de produção, afetando o desempenho de máquinas e homens; descomprometimento de muitos trabalhadores com a melhoria contínua. As metas das organizações americanas não priorizavam esses referenciais, de suma importância, para a formatação de preços finais competitivos.

Conforme Womack[97], o livro *A Máquina que Mudou o Mundo* possibilita-nos compreender os motivos da ascensão e queda da produção em massa e o surgimento da produção enxuta. Henry Ford, no início dos anos 1900, desenvolveu a produção em massa porque conseguiu controlar as dimensões de cada peça (metrologia). Eliminou os desperdícios do sistema fabril artesanal criando a produção em série.

Introduziu a linha de montagem móvel, em que o chassi de um automóvel era movimentado para um fluxo previamente definido e os trabalhadores fixos, em suas bancadas de trabalho, colocavam os componentes necessários. No final dos anos 20, os automóveis da Ford eram montados em quase 40 cidades americanas e, praticamente, 20 países. Porém, o seu estilo autocrático não permitia que ele aprendesse com seus colaboradores, que tentaram estimulá-lo a lançar novos produtos. A estrutura hierárquica de Ford era excessivamente centralizada, o que dificultava a geração de novas idéias.

---

[97] WOMACK, James P. *A Máquina que Mudou o Mundo.* Rio de Janeiro: Campus, 1992.

Ford deu a grande oportunidade que a GM estava precisando para se tornar a maior empresa do mundo. Contrariando a Ford, sua estratégia foi a de descentralização do processo decisório, trabalho participativo e metas transparentes a serem cumpridas. Alfred Sloan, o maior gestor da GM, priorizou a departamentalização da organização (com gerentes financeiros, marketing, engenharia) e desenvolveu cinco modelos de veículos para atender ao mercado.

A produção em massa atingiu o apogeu em 1955, porém, com as mesmas metodologias de fabricação desenvolvidas por Ford, na década de 1910, e aprimoradas por Sloan, na de 1920.

A Ford, a GM e a Chrysler venderam, em 1955, aproximadamente, 7 milhões de automóveis. Disse Womack[98]: *"A glória, porém, é passageira, conforme a outrora todo-poderosa indústria automobilística norte-americana, acabou aprendendo. Ironicamente, 1955 foi, também, o ano em que começou a queda... A fatia de mercado, abocanhada pelas importações, iniciou seu contínuo crescimento. A antiga perfeição da produção em massa já não podia manter tais companhias norte-americanas em suas posições de liderança."* Na realidade, os "segredos" da produção em massa foram estudados por muitos países, por mais de 20 anos, e o diferencial das organizações americanas tinha sido eliminado.

A decadência americana se configurou com o aumento dos preços do petróleo, em 1973, que influenciou os consumidores a adquirirem automóveis mais econômicos. Era a oportunidade que a Toyota estava aguardando para colocar seus produtos no mercado internacional. O sistema fabril em massa, o americano e o europeu, estagnados e acomodados, foram nocauteados por uma nova metodologia organizacional, desenvolvida pela Toyota, denominada de Produção Enxuta, que priorizava a definição e realizações de metas organizacionais, tendo como referencial as expectativas dos clientes.

Destaca Womack, no livro *A Máquina que Mudou o Mundo*, a perseverança de Taiichi Ohno, considerado o gênio da Toyota, porque priorizou a eliminação dos inputs desnecessários instalados na cadeia produtiva, e dos outputs não desejados pelo mercado.

---

[98] WOMACK, James P. *A Máquina que Mudou o Mundo.* Rio de Janeiro: Campus, 1992, p. 31.

Outros estudiosos, mais tarde, puderam detalhar metodologias de Ohno que possibilitavam grande avanço para a Toyota. Por exemplo, Falconi[9] aborda, com muita propriedade, o conceito de desperdício através dos termos MUDA, MURI e MURA, chamados de "3 MU", explicados a seguir:

O Conceito "3 MU"

- ✓ **MU**da (desperdício): consumir recursos da organização para realizar algo que não agrega valor. Exemplo: utilização de laminados de ferro nos automóveis com espessura superior ao necessário;

- ✓ **MU**ri (insuficiência): por falta de recursos adequados envolvendo capital, mão-de-obra, tecnologia, deixar de realizar projetos programados. Exemplo: permanência de funcionários desmotivados com a organização;

- ✓ **MU**ra (inconsistência): incoerência na distribuição das metas a serem realizadas, gerando setores sobrecarregados e outros ociosos. Exemplo: excesso de horas-extras, gerando fadiga dos funcionários e, conseqüentemente, defeitos de fabricação.

> *O estilo gerencial de Henry Ford desestimulava a geração de novas idéias, acarretando, com isso, prejuízos.*

Da aprendizagem japonesa com as técnicas americanas surgiu uma nova maneira de gerenciar os processos fabris, que passavam a ser administrados como Cadeia Produtiva Integrada, envolvendo fornecedores agregados e os consumidores-parceiros. As metodologias desenvolvidas pela Toyota possibilitavam uma alavancagem da indústria japonesa e a conquista de mercados internacionais.

Enfoques Estratégicos:
✓ *Estudar o modelo industrial da Toyota;*
✓ *Diferencial das indústrias americanas;*
✓ *Inputs desnecessários e outputs não desejados.*

---

[9] CAMPOS, Vicente Falconi. *TQC: Gerenciamento da Rotina do Trabalho do Dia-a-Dia*. Belo Horizonte: Fundação Christiano Ottoni, Escola de Engenharia da UFMG, Rio de Janeiro: Bloch, 1994, p. 184.

Enfoques destacados neste Estudo de Caso para o paralelo com o check-list "DO JOB"

PARÁGRAFO EM ESTUDO	Ferramentas de Gestão Exploradas				
	D	O	J	O	B
À medida que a Toyota ...					NÃO
Em 1984, os diretores ...				X	
... é maior e mais detalhado estudo ...					X
As metas organizacionais ...				NÃO	
Eliminou os desperdícios ...			X		
Contrariando a Ford sua estratégia ...	X				
Na realidade, os "segredos" da ...					X
... por uma nova metodologia ...				X	
... priorizou a eliminação ...			X		
Da aprendizagem japonesa ...					X

Comentários:
　A primeira reação de uma empresa quando perde mercado para o concorrente externo é apelar para artifícios protecionistas. Na realidade, as montadoras americanas desenvolveram seu modelo industrial de 1900 a 1930. Apesar de algumas inovações tecnológicas e administrativas, as indústrias automobilísticas insistiram na repetição de ferramentas de gestão de 1930 a 1955. A justificativa encontrada foi a demanda sempre crescente e a comercialização garantida que influenciaram na acomodação dos executivos americanos. O primeiro sinal da decadência do modelo industrial repetitivo americano foi em meados da década de 1950. Porém, não foi suficiente para tirar a GM, a Ford e a Chrysler da zona de conforto e passividade. Na década de 1970, durante a primeira crise mundial do petróleo, no segundo sinal, a Toyota mostrou que a produção em massa tinha que ser substituída pelo Sistema Produtivo Flexível Enxuto. Os veículos produzidos pela montadora japonesa encantaram os consumidores americanos e europeus, por causa dos seguintes diferenciais: design inovador, qualidade superior, baixo consumo de combustível e, principalmente, preços imbatíveis.

Quadro 39: Respostas do Estudo de Caso 9

CAPÍTULO IV

O Ponto de Equilíbrio e o Check-List "DO JOB"

"Às vezes, só uma mudança de ponto de vista é suficiente para transformar uma obrigação cansativa numa interessante oportunidade."

Albert Flanders

4. CHECK-LIST "DO JOB" E O PONTO DE EQUILÍBRIO (PE)

O Ponto de Equilíbrio (PE) demonstra o resultado econômico de uma organização, tendo como referenciais os custos fixos, os custos variáveis, e as receitas totais. Quando os custos totais se igualam às receitas totais, temos o Ponto de Equilíbrio. Antes dessa igualdade, a empresa está operando com prejuízo. Após o PE, o resultado é positivo, isto é, lucro.

Visando a facilitar a compreensão desses conceitos, a demonstração gráfica a seguir foi elaborada dentro de uma configuração mensal para maior objetividade no processo de análise. Assim sendo, é importante evidenciar que o objetivo de todas as organizações é a conquista do PE nos primeiros dias de cada mês para que possa obter o lucro máximo no período. Observar que o custo fixo é permanente do primeiro ao último dia de cada mês. O custo variável é rateado pelo número de dias do período. No gráfico abaixo, o PE foi conquistado no meio do mês, ou seja, 15 dias com prejuízo e 15 dias com lucro.

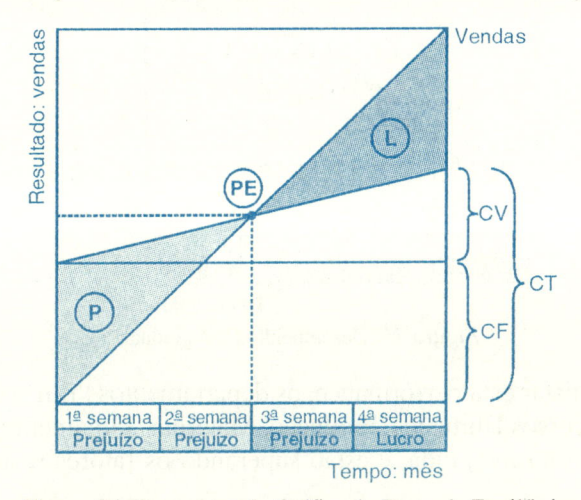

4.1 DEMONSTRAÇÃO GRÁFICA DO PONTO DE EQUILÍBRIO (PE)

Figura 34: Demonstração Gráfica do Ponto de Equilíbrio

Estabelecendo paralelo entre o PE e o orçamento familiar, vamos supor que a receita mensal de um casal seja de R$ 5.000,00 e as despesas totais (fixas mais variáveis) sejam de R$ 2.600,00. Conclui-se que aproximadamente na metade do mês teremos o PE, isto é, receita mensal igual às despesas fixas e variáveis.

O desafio de todo orçamento é reduzir as despesas e, se possível, aumentar as receitas para se conquistar o PE nos primeiros dias de cada mês. Assim, o casal terá sobras financeiras para investimento.

As empresas também são obrigadas a priorizar a conquista do PE, se possível nos primeiros dias de cada mês. Mas como as variáveis envolvidas são complexas, a gestão de pessoas, processos, logística e mercados tem de ser eficaz.

Para maior objetividade na abordagem do Ponto de Equilíbrio, vamos estudar dois cenários hipotéticos:

4.2 Cenário 1: Desempenho Excepcional (PE na primeira semana do mês)

Se a empresa atinge o PE, na primeira semana do mês, ela terá mais três semanas para trabalhar com lucro, o que caracteriza desempenho excepcional.

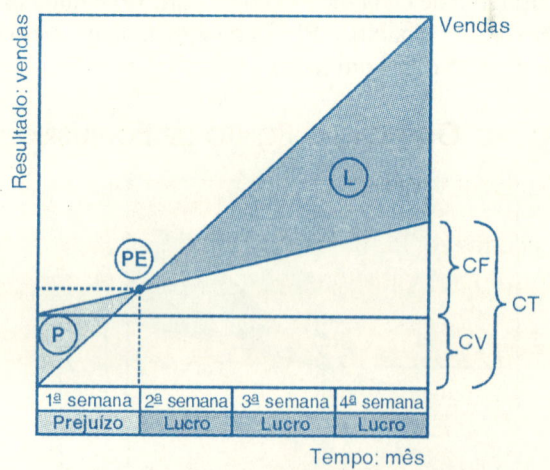

Figura 35: Desempenho Excepcional

Para conquistar esta performance, os departamentos "fim" da organização envolvendo Recursos Humanos, Produção, Materiais, Orçamentos e Marketing trabalham de forma integrada, e estão superando os fatores restritivos que se apresentam.

4.2.1 Desempenho Excepcional e o check-list "DO JOB"

As cinco metodologias de gestão selecionadas para a formatação do check-list "DO JOB" são referenciais estratégicos para o diagnóstico dos pontos fortes e fracos que influenciam o PE de uma organização.

O desempenho mensal excepcional (PE na primeira semana do mês) está associado à implementação das seguintes ferramentas de gestão:

Estrutura hierárquica enxuta. Velocidade na tomada de decisão coerentemente com o cenário concorrencial.

Padronização dos processos de trabalho. As atividades "meio" são terceirizadas para maior concentração nas atividades "fim" as que agregam valor aos clientes.

Os fatores restritivos, chamados de "gargalos", são administrados com eficácia em todos os níveis da organização, para eliminação de desperdícios.

As metas da organização são factíveis, mensuráveis e planejadas de forma participativa. O orçamento elaborado "de cima para baixo" e "de baixo para cima" possibilita melhores resultados.

4.3 Cenário 2: Desempenho Crítico (PE na última semana do mês)

Se a empresa atinge o PE na última semana do mês, ela terá poucos dias para trabalhar com lucro, caracterizando um desempenho crítico, conforme Figura 36.

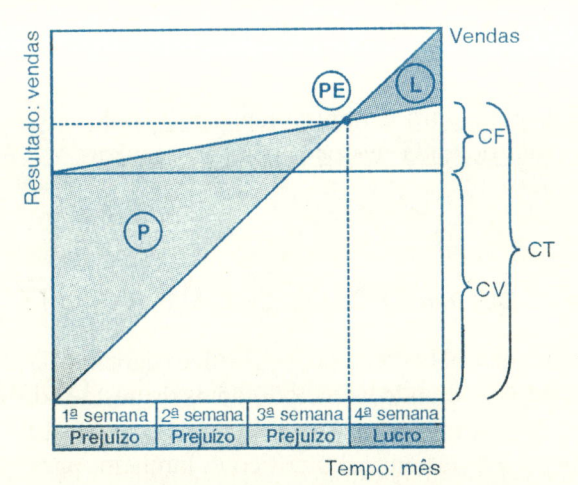

Figura 36: Desempenho crítico

Esse desempenho demonstra que muitos processos de trabalho não estão fluindo conforme as novas exigências mercadológicas, marcadas pela concorrência acirrada. Os departamentos "fim" da organização envolvendo Recursos Humanos, Produção, Materiais, Orçamento e Marketing estão trabalhando de forma desintegrada, não administrando os gargalos operacionais com eficácia.

4.3.1 Desempenho Crítico e o check-list "DO JOB"

Através do check-list "DO JOB" é possível refletir sobre as causas motivadoras do desempenho organizacional crítico:

Níveis hierárquicos em excesso. Morosidade na tomada de decisão. Custos desnecessários.

Falta foco na organização para a definição do que, realmente, agrega valor para os clientes. Atividades "fim" e "meio" têm a mesma importância para os gestores.

Desperdícios com estoques, horas improdutivas e processos que aumentam custos da organização.

Por falta de metas, tudo é importante na empresa. Cada departamento trabalha isoladamente.

O aprendizado com outras empresas não é priorizado. O marketing pessoal de cada gestor supera o organizacional.

4.4 Performance de uma Organização Através do PE

O desempenho mensal (excepcional ou crítico) depende da filosofia gerencial da organização. Associando as metodologias de gestão formatadas para o check-list "DO JOB" com a performance de uma organização, é possível encontrar respostas para o desempenho crítico e, também, para o excepcional, conforme quadro a seguir:

4.4.1 Downsizing e o Ponto de Equilíbrio
Desempenho Organizacional:
Excepcional – 1ª Semana do mês; Crítico – Última semana do mês.

DOWNSIZING e o Ponto de Equilíbrio (PE)	Desempenho Organizacional	
	Excepcional	Crítico
Enxugamento dos níveis hierárquicos e descentralização para maior eficácia na tomada de decisão.	■	
Administração das pessoas como "cabeça-de-obra" para a geração de novas idéias e integração dos departamentos.	■	
Funcionários participam do processo de mudança, mas o comprometimento é limitado porque são criticados pela chefia imediata.	■	
Distanciamento entre os departamentos, relacionamentos receosos e medo de ser mal interpretado pelas pessoas "influentes" da organização.		■
Níveis hierárquicos desnecessários, centralização e morosidade na tomada de decisão	■	

Quadro 39: Downsizing e o PE

4.4.1.1 Paralelo com os Estudos de Caso

• Em 1946, o major Ivan Hirst, da Volkswagen, com inúmeros problemas envolvendo desorganização hierárquica e desmotivação dos funcionários, contratou Heirinch H. Nordhoff para dirigir a empresa

Reforçando esta Conceituação
Fusca: 20 milhões de unidades produzidas
Vide o Estudo de Caso - p. 261

Reforçando esta Conceituação
Montadoras escutam os consumidores
Vide o Estudo de Caso - p. 266

• Antônio Megale, diretor de Marketing da Renault, destaca que qualquer funcionário da organização pode dar sua sugestão para agregar valor ao veículo.

Reflexão:
"Todo mundo, quando é jovem, tem um pouco de gênio; isto é, realmente escuta... Então, eles crescem um pouco e... escutam cada vez menos. Mas alguns, muito poucos, continuavam a escutar. E, finalmente, eles ficam muito velhos e não escutam mais. Isso é muito triste."

Gertrude Stein

Downsizing e o Desempenho Excepcional

Referenciais da organização:
- enxugamento da estrutura hierárquica e plano de benefício;
- descentralização para maior eficácia na tomada de decisão;
- a Administração Superior recebe críticas sem reagir negativamente.

REFLEXÕES

✓ *A arte de cortar custos não significa obrigatoriamente iniciar pela demissão de funcionários.*

✓ *Não tome decisões sozinho, porém, saiba escolher suas fontes de informações (feedback incorreto).*

✓ *Existem funcionários aliados e alienados. O que os motivou a essa postura pessoal?*

Indicadores de Desempenho	
Organização com produção seriada (Bens Tangíveis)	
• Mão-de-Obra Produtiva *versus* Mão-de-Obra Administrativa • Receita Mensal *versus* Investimentos em Treinamento • Mão-de-Obra Gerencial *versus* Mão-de-Obra Operacional	
Organização prestadora de serviços (Bens Intangíveis)	
• Mão-de-Obra Direta *versus* Mão-de-Obra Indireta • Receita Mensal *versus* Custo Fixo Mensal • Receita Mensal *versus* Custo Variável	

Quadro 40: Indicadores de Desempenho

Reflexão:
Resistência às mudanças versus *mudança por amor à mudança: saiba que as duas tendências estão erradas.*

4.4.2 Outsourcing e o Ponto de Equilíbrio
Desempenho Organizacional:
Excepcional – 1ª Semana do mês; Crítico – Última semana do mês.

OUTSOURCING e o Ponto de Equilíbrio (PE)	Desempenho Organizacional	
	Excepcional	Crítico
Operações "fim" são priorizadas e as operações "meio" são terceirizadas para se buscar o diferencial competitivo da organização.	■	
Operações e serviços normatizados em conjunto com os executantes, tendo como diferencial a missão e os valores da organização.	■	
A normatização nem sempre é cumprida pelas chefias e "pessoas influentes" da organização.		■
Por falta de planejamento participativo e desempenho ruim de alguns funcionários, atividades "fim" são realizadas com displicência.		■
As operações "fim" e "meio" não são analisadas com critério gerando desperdícios e perda de competitividade.		■

Quadro 41: Outsourcing e o PE

4.4.2.1 Paralelo com os Estudos de Casos

• O espanhol José Ignácio Lópes de Arriortúa pretendia terceirizar as atividades consideradas "meio" e "fim" e transferir a montagem dos veículos para os fornecedores.

Reforçando esta Conceituação
A VW e o Consórcio modular
Vide o Estudo de Caso - p. 115

• O sistema de compras online da GM e da Ford, por terem configurações diferentes, prejudicava os fornecedores e gerava custos extras. Foi criado o Projeto Covinsint: um megaportal eletrônico com a mesma configuração para atender os fornecedores.

Reforçando esta Conceituação
e-Commerce une as montadoras
Vide o Estudo de Caso - p. 298

Reflexão:
"Não temos um departamento de marketing, mas um departamento de clientes. E não temos um departamento de pessoal: temos um departamento de pessoas."

Herb Kelleher

Outsourcing e o Desempenho Excepcional

Referenciais da organização:
- definição clara das atividades "fim" e "meio";
- concentração nas atividades "fim" para agregar valor ao público-alvo;
- terceirização das atividades "meio" com parceiros confiáveis.

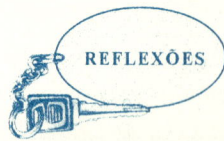

REFLEXÕES

✓ *Qual é o critério para alianças corporativas?*

✓ *A parceria que está redundando em retorno aos envolvidos, mas comprometendo a satisfação dos clientes, é salutar?*

✓ *Os clientes interessados das organizações são priorizados na efetivação da terceirização?*

Indicadores de Desempenho	**Organização com produção seriada (Bens Tangíveis)**
	• Custo de Produzir *versus* Custo de Terceirizar • Custo das Operações "Fim" *versus* Custo das Operações "Meio" • Receita Mensal *versus* Investimento em Tecnologia
	Organização prestadora de serviços (Bens Intangíveis)
	• Receita Mensal *versus* Visitas Técnicas • Atendimento mensal *versus* Reclamações • Qualidade: Operações "Fim" *versus* Operações "Meio"

Quadro 43: Indicadores de Desempenho

Reflexão:
Administrar com eficácia significa, também, descobrir aliados entre funcionários, fornecedores, clientes e, principalmente, entre os concorrentes em potencial.

4.4.3 Just in Time e o Ponto de Equilíbrio
Desempenho Organizacional:
Excepcional – 1º Semana do mês; Crítico – Última semana do mês.

JUST IN TIME e o Ponto de Equilíbrio (PE)	Desempenho Organizacional	
	Excepcional	Crítico
Os desperdícios e os gargalos são identificados, analisados e minimizados porque todos estão comprometidos.	▇▇▇	
Os responsáveis pelos resultados positivos são valorizados, motivando, ainda mais, a minimização dos fatores restritivos.	▇▇▇	
A empresa tenta ser "atuante" no controle dos desperdícios, mas funcionários omissos são protegidos pela chefia.	▇	
Os desperdícios estão presentes em vários expedientes da organização, mas as chefias conseguem "camuflar" os problemas.	▇	
Os fatores restritivos não são identificados por falta de capacidade gerencial da organização.	▇	

Quadro 44: Just in Time e o PE.

4.4.3.1 Paralelo com os Estudos de Caso

• O Consórcio Modular eliminou atividades que absorvem recursos mas não criam valor, chamadas por Taiichi Ohno, da Toyota, de "muda". Os desperdícios com estocagens excessivas e logística ineficaz foram eliminados.

Reforçando esta Conceituação
A VW e o Consórcio modular
Vide o Estudo de Caso - p. 115

Reforçando esta Conceituação
A ALCOA e o modelo de gestão da Toyota
Vide o Estudo de Caso - p. 108

• Conforme Edson Schiavotelo, gerente geral da AFL – Alcoa/Itajubá (MG), a organização mudou a seqüência da produção da área de cortes dos circuitos elétricos e o resultado foi um ganho de 30% de produtividade, reduzindo tempo consumido no transporte de produtos semi-acabados.

Reflexão:
"Os executivos procuram saídas mirabolantes para seus problemas, mas precisam apenas de bom senso."

Eliyahu Goldratt

Just in Time e o Desempenho Excepcional

Referenciais da organização:

- os custos desnecessários são identificados e minimizados;
- o desempenho positivo dos funcionários na superação dos fatores restritivos são valorizados;
- as chefias dão o primeiro exemplo de austeridade nos processos de trabalho em que estão envolvidos.

REFLEXÕES

✓ *Por que é importante não cortar custos "desnecessários", mas considerá-los estratégicos para a organização?*

✓ *Antes de cortar custos com trabalhos "desnecessários", estabeleça um paralelo com a missão e os valores da organização.*

✓ *Na organização em que tudo é urgente, o problema é operacional ou gerencial?*

Indicadores de Desempenho	**Organização com produção seriada (Bens Tangíveis)**
	• Horas Disponíveis *versus* Horas não Trabalhadas • Produtos Produzidos *versus* Produtos Rejeitados • Horas Trabalhadas *versus* Trocas de Ferramentas
	Organização prestadora de serviços (Bens Intangíveis)
	• Gargalos Identificados *versus* Solução Efetiva Implementada • Sugestões Apresentadas *versus* Premiação Correspondente • Atendimento aos Clientes *versus* Tempo de Espera

Quadro 45: Indicadores de Desempenho

Reflexão:
Uma vantagem competitiva tem que transformar em resultados concretos para a organização e, principalmente, em benefícios para os clientes.

4.4.4 Objective e o Ponto de Equilíbrio

Desempenho Organizacional:
Excepcional – 1ª Semana do mês; Crítico – Última semana do mês.

OBJECTIVE e o Ponto de Equilíbrio (PE)	Desempenho Organizacional	
	Excepcional	Crítico
As metas são definidas de forma participativa. São factíveis, mensuráveis, agendadas e às responsáveis são liberados os recursos necessários.	■■■■	
As reprogramações são efetivadas com eficácia. As novas tendências do mercado são acompanhadas pelos executivos.	■■■	
As causas reais envolvidas nos déficits e superávits são identificadas e trabalhadas de forma parcial.	■■	
Funcionários que pertencem à "panela" são de confiança das chefias e a proteção influencia no desempenho insuficiente.	■	
As metas são elaboradas pela Administração superior e muitos planos estabelecidos são impossíveis de serem realizados por falta de recursos.	■	

Quadro 46: Outsourcing e o PE

4.4.4.1 Paralelo com os Estudos de Caso

• Para o gerente de Planejamento e Marketing da VW, Paulo Sérgio Kakinoff, a definição das metas de uma organização exige conhecimento do que agrega valor para os consumidores.

Reforçando esta Conceituação
Montadoras escutam os consumidores
Vide o Estudo de Caso - p. 266

Reforçando esta Conceituação
Mustang: Uma lição de marketing
Vide o Estudo de Caso - p. 103

• O procedimento de muitas empresas na década de 1960 era fabricar um novo modelo conforme as metas da montadora. Lee Iacocca percebeu que, antes de desenvolver novas "invenções", era preciso conhecer as expectativas dos clientes.

Reflexão:
"O sucesso geralmente vem para aqueles que estão muito ocupados para procurá-lo."

Henry D. Thoreau

Objective e o Desempenho Excepcional

Referenciais da organização:

- a definição das metas é um processo criterioso que envolve a cabeça pensante da organização;
- o orçamento da organização define os prazos de cada meta, os envolvidos e os recursos necessários;
- as metas não realizadas têm suas causas trabalhadas para se evitar repetição.

REFLEXÕES

✓ *Na definição da projeção orçamentária, os investimentos em tecnologia e automação são coerentes com o potencial humano da empresa?*

✓ *Por que os departamentos considerados mais importantes, por preferências pessoais da Administração superior, elaboram orçamentos light e outros são massacrados com metas impossíveis de serem realizadas?*

✓ *Por que muitas empresas permitem que funcionários "protegidos" tenham desempenho aquém da meta orçamentária por anos seguidos?*

	Organização com produção seriada (Bens Tangíveis)
Indicadores de Desempenho	• Custo dos Insumos *versus* Preço dos Produtos Elaborados • Meta Produtiva *versus* Produção Efetivada • Previsão de Despesas Variáveis *versus* Real Efetivado
	Organização prestadora de serviços (Bens Intangíveis)
	• Previsão do Custo Fixo *versus* Valor Efetivado • Preço dos Serviços *versus* Preço dos Concorrentes • Receita Mensal *versus* Inadimplência

Quadro 47: Indicadores de Desempenho

Reflexão:
Não desperdiçar dinheiro em atividades que não contribuam para o alcance dos objetivos planejados.

4.4.5 Benchmarking e o Ponto de Equilíbrio
Desempenho Organizacional:
Excepcional – 1º Semana do mês; Crítico – Última semana do mês.

BENCHMARKING e o Ponto de Equilíbrio (PE)	Desempenho Organizacional	
	Excepcional	Crítico
A cadeia produtiva e administrativa em que a empresa atua é um laboratório de aprendizagem constante para todos os funcionários	■	
Os funcionários que desenvolvem seu aprendizado e apresentam resultados são valorizados.	■	
O esforço extra na relação com os clientes internos e externos é pouco valorizado porque a empresa tem outras prioridades.	■	
A empresa não tem tempo para acompanhar as ações estratégicas implementadas por outras organizações.	■	
As chefias estão ocupadas apenas com o marketing pessoal em detrimento do aprendizado com outras organizações.	■	

Quadro 48: Benchmarking e o PE

4.4.5.1 Paralelo com os Estudos de Caso

Reforçando esta Conceituação
Fusca: 20 milhões de unidades produzidas
Vide o Estudo de Caso - p. 261

• Em 1959, Heinz Nordhoff dá demonstração de sua genialidade ao concordar com o maior investimento da VW, fora da Europa, para produzir o Fusca no Brasil, superando estratégias da Ford e da GM.

• Joe Girard, o maior vendedor americano de carros de 1966 a 1977, destaca em seu livro que o importante é conhecer o segmento em que atua, procurar entender o comportamento do mercado e estudar as ações estratégicas exploradas por profissionais e organizações.

Reforçando esta Conceituação
O maior vendedor de carro do mundo
Vide o Estudo de Caso - p. 216

Reflexão:
"Existe somente um patrão: o cliente. E ele pode demitir todos na empresa simplesmente gastando seu dinheiro em outro lugar."
Sam Walton

Benchmarking e o Desempenho Excepcional

Referenciais da organização:

- aprender a aprender com os clientes internos e externos;
- o arcabouço organizacional disponível, fonte inesgotável de conhecimento, é valorizado pela empresa para agregar valores ao público-alvo;
- priorizar a cultura para o atendimento com qualidade superior para surpreender os clientes.

REFLEXÕES

✓ *A história do pensamento gerencial disponível é explorada para se formatar um diferencial competitivo?*

✓ *Como acompanhar com eficácia a mudança das necessidades dos clientes?*

✓ *Como transformar seu cliente em garoto-propaganda da sua organização?*

Indicadores de Desempenho	**Organização com produção seriada (Bens Tangíveis)**
	• Vendas *versus* Devoluções • Atendimento *versus* Reclamações • Clientes Tradicionais *versus* Novos Clientes
	Organização prestadora de serviços (Bens Intangíveis)
	• Serviços Tradicionais *versus* Novos Projetos • Serviços Oferecidos *versus* Percepção dos Clientes • Receitas *versus* Investimento em Marketing

Quadro 49: Indicadores de Desempenho

Reflexão:
Presumir que conhece as expectativas dos clientes, sem o feedback *dos mesmos, é um vírus da miopia mercadológica.*

4.5 Resumo do Desempenho da Organização e o Paralelo com o check-list "DO JOB"

METODOLOGIAS	DESEMPENHO	EXEMPLOS
DOWNSIZING	Crítico	Níveis hierárquicos em excesso; morosidade na tomada de decisão; custos desnecessários.
DOWNSIZING	Excepcional	Estrutura hierárquica enxuta; tomada de decisão coerente com o cenário concorrencial.
OUTSOURCING	Crítico	Falta de normatização; atividades "fim" e "meio" têm a mesma importância para a organização.
OUTSOURCING	Excepcional	Padronização dos processos de trabalhos; atividades "meio" são terceirizadas para maior foco mercadológico.
JUST IN TIME	Crítico	Desperdícios com estoques; horas improdutivas; trabalhos que não agregam valor ao produto final.
JUST IN TIME	Excepcional	Os fatores restritivos e os gargalos são controlados em todos os níveis da organização.
OBJECTIVE	Crítico	Tudo é urgente na organização; cada departamento trabalha isoladamente e tem suas próprias metas.
OBJECTIVE	Excepcional	As metas da organização são factíveis; mensuráveis e planejadas de forma participativa.
BENCHMARKING	Crítico	A promoção pessoal de cada gestor é mais importante que o desempenho e o marketing organizacional.
BENCHMARKING	Excepcional	A aprendizagem com o mercado é priorizada por todos para melhorar a performance da organização.

Quadro 50: Desempenho da Organização e o check-list "DO JOB"

Estudo de Caso 10
PROCESSOS PRODUTIVOS DAS MONTADORAS

A Ford Company pode ser considerada exemplo clássico de integração vertical no início do século XX, porque sua cadeia produtiva envolvia desde a extração de minério de ferro para a carroceria até a fabricação e a comercialização dos automóveis. <u>A integração vertical como meta corporativa direcionada para o modelo "T", no início de 1900, possibilitou vantagem comparativa em termos de custos finais</u>. Como exemplo de eficácia produtiva, podemos destacar o minério de ferro que, três dias após sua extração, já estava sendo utilizado nos automóveis da Ford.

A integração vertical foi um fator decisivo para o crescimento da organização. Porém, transformou-se num aspecto restritivo, com o tempo, por causa da inflexibilidade. Ford não percebeu que o modelo em massa, tendo como referencial um único produto final, mesmo com um preço extremamente atraente, poderia saturar o mercado. A Ford Company priorizou, por muitos anos, incrementar a integração vertical mas, em função do estilo centralizador de seu fundador, <u>não se preocupou com as novas tendências do mercado consumidor e as ações implementadas pelos concorrentes</u>.

O Ford "T", concluído em 1908, foi o vigésimo projeto da montadora, que iniciou, em 1903, com o modelo "A".

O poderio econômico de Henry Ford possibilitou a compra de diversas empresas, integrando, verticalmente, a cadeia fabril automotiva. Porém, seus recursos financeiros não foram suficientes para domar, por muito tempo, os desejos dos consumidores. Ele pagou muito caro para descobrir que o mercado é configurado por fatores subjetivos e incontroláveis. A cadeia produtiva integrada verticalmente e administrada por ele de forma centralizada tinha como limite final a colocação do modelo "T" no mercado. Assim, a inflexibilidade do sistema produtivo da Ford e a miopia mercadológica de seu gestor era tudo de que Alfred Sloan, da GM, precisava para conquistar o mercado consumidor.

<u>A General Motors, através da genialidade de Alfred Sloan, conhecendo a estrutura de sua organização, planejou metas estratégicas para curto, médio e longo prazos, para enfrentar o líder do mercado</u>. Para tais estratégias, explorou

o principal fator restritivo e ponto fraco da Ford – a inflexibilidade do processo produtivo. O livro de Sun Tzu[100], *A Arte da Guerra*, pode nos explicar, claramente, a estratégica de Sloan: "Se você conhece o inimigo e conhece a si mesmo, não precisa temer o resultado de 100 batalhas. Se você se conhece, mas não conhece o inimigo, para cada vitória ganha sofrerá também uma derrota. Se você não conhece nem o inimigo nem a si mesmo perderá todas as batalhas [...]"

> *Henry Ford, por miopia mercadológica, não percebeu que o mercado é configurado por fatores subjetivos e incontroláveis.*

Ford, por seu estilo centralizador, não valorizava a atuação dos administradores. Por outro lado, Sloan priorizava a descentralização e o trabalho em equipe. Sua capacidade de ouvir, discutir e o consenso permitiram-lhe estruturar o plano estratégico para superar a Ford. Com um slogan audacioso para a época "Um carro para cada bolso e gosto", Sloan colocou no mercado cinco modelos de automóveis com preços diferentes, iniciando sua arrancada para transformar a GM na maior empresa do mundo. Os pontos fortes da GM foram: estrutura hierárquica voltada para a geração de idéias e comprometimento de todos os funcionários.

A integração vertical da cadeia produtiva estava presente, também, no sistema fabril da GM, através das divisões produtivas de baterias (Delco), sistema de direção (Saginaw) e carburadores (Rochester). Na década de 1970, a integração vertical passou por uma reformulação total. A Toyota, por exemplo, passou a priorizar a transferência das atividades "meio" para os fornecedores-parceiros.

Em função da escassez de recursos do Japão, o sistema produtivo da Toyota não poderia conviver com os mesmos desperdícios instalados no fluxo fabril americano. Taiichi Ohno, da Toyota, estudou, detalhadamente, os sistemas produtivos da Ford e da GM e, com o aprendizado, formatou novo modelo industrial.

Ohno percebeu que a integração vertical sobrecarregava as empresas americanas com processos menos importantes, chamados de atividades "meio". Decidiu que a Toyota deveria se concentrar apenas nas atividades "fins" e transferir as demais para outras empresas, chamadas de fornecedores-parceiros. Com isso, a capacidade gerencial da organização foi direcionada para melhorar os produtos fabricados, realizar pesquisas junto ao público-alvo e identificar novas tendências do mercado.

---

[100] TZU, Sun. *A Arte da Guerra*. 11ª edição. Rio de Janeiro: Editora Record, 1992.

A nova metodologia produtiva japonesa possibilita-nos um paralelo com as prioridades competitivas destacadas por Slack[101] (1996), englobando: qualidade, rapidez, confiabilidade, flexibilidade e custo. As razões do sucesso da Toyota e as mudanças que provocaria no ambiente organizacional podem ser explicadas por meio dessas prioridades.

Qualidade: Foi uma das metas perseguida pela Toyota por mais de 20 anos. O estudo dessa prioridade estratégica possibilitou a exploração da conceituação da qualidade intrínseca e da qualidade extrínseca. A qualidade intrínseca representa o padrão interno específico que a empresa almeja alcançar em seus produtos. Quando superdimensionada em relação aos desejos e as necessidades do mercado, maior probabilidade de o produto ter preços incompatíveis com as expectativas dos clientes. Assim, é de suma importância, que uma organização conheça o mercado em que atua, as expectativas dos consumidores e as ações estratégicas praticadas pelos concorrentes.

A qualidade extrínseca é a esperada pelos consumidores e, conseqüentemente, a que o mercado aceita pagar. A Toyota administrou as qualidades intrínseca e extrínseca para a conquista de novos mercados, com preços atraentes. Ohno teve o mérito de estruturar sua cadeia produtiva com muitas operações terceirizadas para a redução dos custos operacionais. A meta do modelo exportador da Toyota era abastecer os EUA e a Europa. Ohno priorizou a Qualidade Total porque, pela distância envolvida, qualquer devolução por problemas de qualidade inviabilizaria a operação comercial.

Rapidez: Definida como a capacidade de atender pontualmente às necessidades e satisfazer os desejos do público-alvo. Foi o preço que Henry Ford pagou por não perceber que o modelo "T", em meados de 1920, estava saturado no mercado. Na década de 1970, após o aumento do preço do petróleo, a Ford demorou mais de três anos para lançar um modelo pequeno e econômico para concorrer com os carros da Toyota. Quando concluiu o projeto de seu carro econômico, o preço do petróleo tinha caído e o mercado estava à procura de modelos grandes e luxuosos novamente.

Confiabilidade: A confiabilidade era tudo que a Toyota desejava conquistar dos consumidores. Ela pode ser analisada como resultado do desempenho da qualidade e do pronto atendimento aos acordos comerciais. A confiabilidade dos veículos da Toyota tinha como referencial a Qualidade Total.

---

[101] SLAKE, Nigel. *Administração da Produção*. São Paulo: Atlas, 1996, p. 132-4.

A montadora atingiu esse padrão porque "o aprender a aprender" estava presente em todas as relações com o mercado, possibilitando a superação dos concorrentes. O desempenho da Toyota, de 1970 a 1990, foi um pesadelo para a economia americana.

Flexibilidade: É a capacidade de adequar os fluxos produtivos e serviços às novas demandas mercadológicas. A integração vertical da Ford, com a produção em massa, estratégia para a redução de custos, não permitia a flexibilidade e, com o tempo, afetou o desempenho da organização. Com o slogan "Um carro para cada bolso e gosto", a GM demonstrou que seu processo fabril era flexível e estava preparada para dar opções de compra para os consumidores, com preços competitivos.

O sistema produtivo flexível e enxuto da Toyota, envolvendo parcerias com os fornecedores, possibilitou a fabricação de lotes menores para atender às oscilações do mercado, sem aumento de custos. Os novos desejos e necessidades dos clientes eram plenamente atendidos com competitividade, antes dos concorrentes.

Custo: Os "inputs" sem valor agregado e os "outputs" não desejados pelo mercado, foram estudados e minimizados pela Toyota. A meta principal da organização era encantar o mercado com qualidade superior, design inovador e preços competitivos.

A Toyota refletiu sobre a utilização de chapas de laminados de ferro com espessura superior ao necessário, excesso de parafusos diferentes na montagem de um motor, que exigia troca de ferramentas e mais itens em estoque. Na medida em que a cadeia produtiva da Toyota eliminou os desperdícios com estoques e peças defeituosas, o novo sistema fabril possibilitou vantagens competitivas para superar a performance americana.

Enfoques Estratégicos:

✓ *Miopia mercadológica;*
✓ *Atividades "fim" e "meio";*
✓ *Eliminação dos desperdícios.*

Enfoques destacados neste Estudo de Caso para o paralelo com o check-list "DO JOB"

PARÁGRAFO EM ESTUDO	Ferramentas de Gestão Exploradas				
	D	O	J	O	B
A integração vertical como meta ...				X	
... não se preocupou ...					NÃO
A General Motors, através ...				X	
Por outro lado, Sloan ...	X				
A Toyota, por exemplo ...			X		
Em função da escassez de recursos ...				X	
Assim, é de suma importância ...					X
Ohno priorizou ...				X	
Quando concluiu o projeto ...					NÃO
A montadora atingiu esse padrão ...					X
O sistema produtivo flexível e enxuto ...			X		
A meta principal da organização ...				X	
Na medida em que a cadeia ...			X		

Comentários:

A determinação e perseverança de Henry Ford possibilitaram a formatação da produção em massa e crescimento vertiginoso da montadora de 1908 até 1920. Porém, a insistência de Ford na verticalização dos processos fabris e em produzir todos os componentes do veículo na sua organização gerou desperdícios e custos extras. A teimosia de Ford com o modelo "T", enquanto o mercado já dava sinais de saturação, possibilitou o crescimento da GM. Percebendo as novas expectativas dos consumidores, Alfred Sloan lançou cinco modelos em várias cores e conquistou o mercado. No 2º Fluxo Industrial, abordado na página 133, é possível visualizar a importância do *feedback* com o mercado, priorizado por Alfred Sloan. Para tornar a GM mais ágil e competitiva, ele departamentalizou a organização e descentralizou o processo decisório.

Na década de 1970, a Toyota encantou o mundo. Seus produtos tinham qualidade superior, *design* arrojado e preços imbatíveis. A razão do seu sucesso comercial foi o Sistema Produtivo Flexível e Enxuto.

Quadro 51: Respostas do Estudo de Caso 10

Estudo de Caso 11
RENAULT E NISSAN: UMA PARCERIA INOVADORA

> *"Pequenas oportunidades podem ser o início de grandes empreendimentos..."*
> **Demóstenes**

Dezembro/2001: união industrial e comercial da Renault e da Nissan. A montadora francesa adquiriu 36,4% do capital da empresa japonesa. O parceria foi implantada na cidade de São José dos Pinhais, Paraná, unidade industrial da Renault do Brasil, presidida por Luc Alexandre Ménard.

Conforme a Revista *IstoÉ/Dinheiro*[102], "o objetivo da Renault era a criação de uma holding automobilística, nos modelos da Autolatina, que integrou a Ford e a Volkswagen". A Autolatina foi uma estratégia implementada sem sucesso, mas que possibilitou uma reflexão sobre as ações integradas que podem ser desenvolvidas entre empresas visando à redução de custos.

Conforme declaração de Carlos Ghosn à Revista *Exame*[103], a Renault não era a primeira opção da lista da Nissan. A preferida era a Daimler-Chrysler, em função de seu potencial financeiro. Ela retirou-se do processo por achar muito arriscado colocar 5 bilhões de dólares em um projeto. Era de esperar que a Renault fizesse exigências ainda mais severas à Nissan, explorando o "levar vantagem" para a oficialização da parceria. Em vez disso, preferiu manter as mesmas bases acordadas anteriormente e investir no relacionamento a longo prazo, o que contribuiu para aumentar a confiança entre os parceiros.

Por que é importante conquistar a confiança dos parceiros?

A fusão da Renault e da Nissan tem proporcionado a troca de experiências e a aprendizagem contínua. As bases da parceria foram:

---

[102] Revista *IstoÉ/Dinheiro*, julho de 2001.
[103] GHOSN, Carlos. Como salvar o negócio sem perder a empresa. *Exame*. Edição Especial 764. São Paulo, p. 44-53.

- Investimento de 220 milhões de dólares, dividido em partes iguais, para a produção de dois veículos, um de cada marca: Master, da Renault e Frontier, da Nissan. <u>Uma unidade de cada modelo alternar-se-á na ordem de fabricação para se reduzirem desperdícios, controlar estoques e melhorar a logística.</u>

São veículos inteiramente diferentes, mas possuem a mesma plataforma, justificativa para a redução de custos e ganhos de produtividade. Conforme argumentação dos diretores, as operações são semelhantes e a concepção do negócio prioriza a inovação dos processos fabris para o aumento da produtividade. <u>Essas estratégias foram realizadas com sucesso por outras organizações.</u>

A seqüência da produção das carrocerias da Frontier e do Master é independente. A pintura é compartilhada, resultando significativa economia, pois se trata de uma das atividades mais caras do processo produtivo. <u>A preocupação com custos e o cumprimento das metas planejadas para o retorno do capital investido são desafios das duas organizações.</u>

- <u>Integração para a troca de competências</u>: a Nissan domina, profundamente, a tecnologia de tração 4x4 e é eficaz no planejamento dos detalhes. Os franceses são especialistas em designs arrojados e ousados nos lançamentos dos produtos.

A Renault não oferecia uma picape aos clientes e com a Frontier/Nissan preencherá a lacuna na linha de seus produtos. O volume de produção do Master/Renault não justificaria o investimento em uma nova fábrica, mas, com a estratégia da divisão de custos, o problema foi resolvido.

A parceria das duas montadoras possibilitou a criação de um laboratório de aprendizagem, envolvendo aspectos técnicos, comerciais e novas tendências. A troca de experiências, envolvendo engenheiros e técnicos japoneses, franceses, brasileiros e argentinos <u>tinha como objetivo buscar estratégias mercadológicas inovadoras e competitividade para encantar os consumidores e superar os concorrentes.</u>

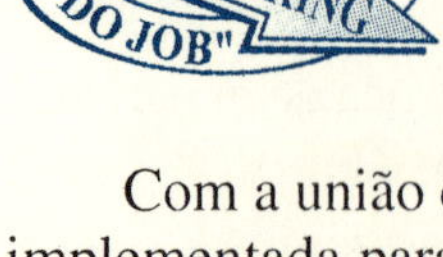

Com a união da Renault e da Nissan, <u>uma nova estrutura hierárquica foi implementada para maior velocidade na tomada de decisão. A eliminação da burocracia desnecessária, a descentralização e a administração participativa são os diferenciais que estão sendo explorados.</u>

Enfoques Estratégicos:

✓ Criação de uma holding;
✓ Operações compartilhadas;
✓ Retorno do capital investido.

Enfoques destacados neste Estudo de Caso
para o paralelo com o check-list "DO JOB"

PARÁGRAFO EM ESTUDO	Ferramentas de Gestão Exploradas				
	D	O	J	O	B
... o objetivo da Renault ...					X
Em vez disso, procurou manter ...		X			
Uma unidade de cada modelo ...			X		
Essas estratégias ...					X
A preocupação com os custos ...				X	
Integração para a troca de ...		X			
... tinha como objetivo ...					X
... uma nova estrutura ...	X				

Comentários:

A união da Renault com a Nissan para troca de informações tecnológicas e administrativas será, num futuro próximo, o diferencial das montadoras para superar os concorrentes. O aprimoramento contínuo é de suma importância para a eliminação dos fatores restritivos que se apresentam. A concorrência acirrada exige dos gestores da atualidade reflexões no tocante à reserva de mercado, fidelidade dos consumidores, inputs desnecessários e outputs não desejados pelos consumidores. O estudo de caso "o passado, o presente e o futuro da Fiat", abordado na página 112, destaca, também, que o acordo acionário com a GM está possibilitando a troca de experiências e reflexões sobre atividades "fim" e "meio". A empresa mais competitiva assumirá a fabricação dos itens.

Quadro 52: Respostas do Estudo de Caso 11

Estudo de Caso 12
O MAIOR VENDEDOR DE CARROS DO MUNDO

*"Flua como água em torno dos obstáculos.
Mova-se, lentamente, diante de condições desfavoráveis;
mova-se, vigorosamente, quando o curso certo se abrir."*

Musashi

De 1966 a 1977, Joe Girard foi o número 1 entre os vendedores de automóveis nos Estados Unidos e a única pessoa de sua profissão a figurar no Livro *Guinness* de Recordes Mundiais. Em 1976 teve um ganho em comissões superior a US$ 200 mil. Nascido em ambiente pobre, até os 35 anos não conseguiu se destacar em nenhuma profissão, até desenvolver o seu método de vendas. A performance gerencial de Girard merece uma reflexão para a captação, maturação e aplicação dos seus princípios de trabalho.

Girard[104] destaca em seu livro que não importa o que cada um vende, se artigos finos ou comuns, um serviço, produtos a varejo ou no atacado – o importante é conhecer o segmento em que atua e procurar entender o comportamento do mercado fornecedor e comprador. É preciso estudar ações exploradas por profissionais e organizações e colocar em prática estratégias criativas, antes dos concorrentes.

No setor de veículos, algumas particularidades devem ser evidenciadas: o automóvel é um bem muito caro e consome significativas economias familiares. No processo comercial de veículos não pode haver perdedores nem ganhadores, porque o "comprador-parceiro" troca de produto a cada 2 ou 3 anos e, caso prejudicado, não retornará à empresa.

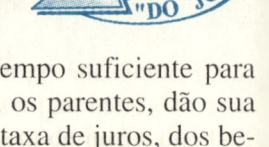

Se um cliente comprou um automóvel, ele tem tempo suficiente para perceber se fez ou não uma boa transação. Os amigos, os parentes, dão sua opinião sobre o valor da compra, do financiamento, da taxa de juros, dos benefícios do produto e, assim sendo, se for enganado, descobrirá com o tempo. Na próxima troca de veículo, certamente evitará o vendedor ou a concessio-

---

[104] GIRARD, Joe. *Como Vender Qualquer Coisa a Qualquer Um.* 4ª edição. Rio de Janeiro: Editora Record, 1981.

nária. Os profissionais que não perceberem a importância dessas regras básicas não se destacarão na área comercial. Serão absorvidos por especialistas que priorizam a empatia e, em todas as decisões tomadas, colocam-se no lugar do comprador, tratando-o como parceiro.

CHECK LIST OBJECTIVE "DO JOB" — Os vendedores profissionais têm uma rotina de trabalho bem estruturada nas atividades que realmente agreguem valor, para a efetivação das metas comerciais planejadas.

Principais ensinamentos de Girard

CHECK LIST "DO JOB" — Não faça parte do time dos "conversas-fiadas", com assuntos que não agregam valores ao seu processo de aprendizagem. Avalie, constantemente, seu desempenho em termos de sugestões para que a sua organização reduza os desperdícios. É preciso disciplinar a nossa rotina diária e fazer um balanço das conquistas pessoais dentro da organização. A criação de novas oportunidades dependerá da nossa conduta. O aprimoramento contínuo deve ser perseguido para a superação dos fatores restritivos que se apresentarem.

CHECK LIST BENCHMARKING "DO JOB" — Na área comercial, o tempo disponível deve ser direcionado para desenvolver novos clientes, descobrir nichos de mercado, aprender com as estratégias exploradas por outras empresas e estudar os aspectos técnicos dos veículos.

Joe Girard aborda com muita propriedade a diferença de vivência e experiência:

"Vivência é o ato de viver e consumir as horas diárias que temos disponíveis, enquanto que experiência é o resultado da aprendizagem. Se a nossa atuação estiver baseada na repetição de processos de trabalho, com assuntos paralelos, sem o aprendizado com outros profissionais, certamente ela será limitada, o que minimizará as oportunidades. A experiência exige a aplicação do que foi aprendido, de forma a agregar valor na cadeia produtiva ou administrativa em que estamos inseridos. É fazer algo acontecer."

CHECK LIST "DO JOB" — Destaca Girard: "Saiba o que realmente deseja, idealize suas metas e sonhos, estabeleça prazos factíveis para os mesmos, que, certamente, estará atraindo forças que o motivarão a realizá-los." O resultado, positivo ou negativo, de sua atuação no mercado estará circulando no ambiente de sua influência. É o poder da propaganda boca a boca.

Como se destacar em vendas, comercializar um produto caro, envolvendo consumidores exigentes, um mercado marcado pela concorrência acirrada, se o vendedor, ainda, tem uma postura amadora e não prioriza a realização das metas organizacionais? Errar por não dar todas as informações para o cliente, não conhecer detalhes técnicos e administrativos do processo, não priorizar a ética, a cortesia e a empatia são coisas do passado. Clientes satisfeitos são o melhor trunfo para vendas futuras.

Outra recomendação de Girard: "Criar um banco de dados envolvendo, pelo menos, 350 possíveis clientes e levantar todas as informações a respeito deles. Com um sistema bem organizado e atualizado, é possível programar um contato comercial com o cliente antes dos concorrentes."

É preciso disciplinar a nossa rotina de trabalho. Conhecendo os hábitos dos clientes, estilos de vida, perfis socioeconômicos, estruturas familiares, atividades de recreação e periodicidade com que eles trocam de carro, fica mais fácil abrir um canal de comunicação para início da abordagem comercial. Nenhum cliente comprará um produto de 20 mil reais com uma abordagem pobre, insegura e sem estratégia. O cliente precisa confiar no vendedor.

O comprador dará atenção especial ao vendedor se alguma informação positiva influenciar o primeiro contato. A credibilidade do vendedor de automóveis na comunidade é um fator preponderante para o sucesso do segmento. Muitos especialistas enfocam essa abordagem dentro do marketing pessoal, capaz de influenciar pessoas para o consumo de um determinado produto: escolha as estratégias de gestão que julgar mais operacional e pratique-as, assiduamente.

O acompanhamento da vida social dos clientes, através de um cartão de aniversário, nascimento do filho, formaturas, é a oportunidade que o vendedor tem para marcar presença, aconselha Girard.

Dentro desse enfoque é importante que os clientes realmente leiam sua correspondência. Assim, é recomendável nunca especificar fora do envelope qual é o seu ramo de negócio. O destinatário, não sabendo do que se trata, abrirá a correspondência e a mensagem será lida, o recado será dado e o vendedor estará colocando seu nome em evidência. A implementação de estratégias que consomem recursos e não agregam valor ao processo comercial deve ser considerada como desperdício.

Os profissionais de vendas devem estudar, analisar e, se necessário, apontar incoerências no processo comercial. Posteriormente, devem se comprometer com o plano estratégico da organização para a realização dos objetivos agendados. As oficinas mecânicas, os postos de gasolina, os agentes de seguros, as funilarias, os borracheiros e as concessionárias devem conhecer o vendedor. Em qualquer questionamento no segmento, em se tratando da aquisição de um automóvel, o seu nome deve ser lembrado e todos devem ter facilidade em localizá-lo.

Girard destaca: *"Faça com que todos gostem de você; confiem e acreditem em você... Traga-os para o seu lado e eles darão excelentes contribuições para a realização das metas programadas."*

Conhecendo os clientes, você saberá o que os entusiasma acerca do produto. Assim, ficará mais fácil evidenciar os motivos para a compra. O desejo e a emoção, ao adquirir um novo carro, devem ser explorados com criatividade. Os benefícios da aquisição devem sem abordados conforme o estilo de cada cliente. Alguns valorizam a segurança e o conforto. Outros preferem o ganho financeiro ou o status que o veículo proporciona.

Com informações precisas sobre o perfil dos consumidores e ciente das estratégias praticadas por outros profissionais do ramo, o vendedor poderá direcionar a abordagem, de forma personalizada, para a concretização da comercialização.

Um veículo vendido ou não pode significar um relacionamento a mais a ser explorado. Dentro de 2 ou 3 anos, o vendedor poderá efetuar outro faturamento para o mesmo cliente. Isso dependerá do quanto o consumidor foi conscientizado dos benefícios da compra anterior. A estratégia em mantê-lo sob controle, recebendo suas correspondências e tendo informações positivas a seu respeito, é condição *sine qua non* para o sucesso do vendedor.

Manter-se atualizado sobre as novas tecnologias do produto com que está envolvido, para responder com precisão e clareza todas as perguntas dos clientes, orientando-os com empatia e tratando-os como parceiros, é o diferencial dos vendedores do novo milênio.

Enfoques Estratégicos:

✓ *Vivência e experiência;*
✓ *Propaganda boca a boca;*
✓ *Método de trabalho.*

Enfoques destacados neste Estudo de Caso para o paralelo com o check-list "DO JOB"

PARÁGRAFO EM ESTUDO	Ferramentas de Gestão Exploradas				
	D	O	J	O	B
É preciso estudar ações exploradas ...					X
No processo comercial de veículos ...		X			
Os vendedores profissionais ...				X	
Avalie, constantemente, seu desempenho ...			X		
Na área comercial, o tempo disponível ...					X
Saiba o que realmente deseja ...				X	
Outra recomendação de Girard ...					X
A implementação de estratégias ...			X		
Os profissionais de vendas ...				X	
Com informações precisas ...					X

Comentários:

As lições de Joe Girard estão relacionadas com os referenciais do método "CAMADI". É preciso captar as informações no mercado, maturar conforme expectativas do público-alvo e disponibilizar novos processos de trabalho no momento desejado pelo mercado. O gestor da atualidade deve impedir que atividades que não agreguem valor para os clientes se instalem nos seus fluxos de trabalho. Toda informação captada deve ser transformada em conhecimento. Todo conhecimento deve ser maturado em prol do aumento da empregabilidade. Como? Encantando os clientes internos e externos da matriz pessoal, o marketing individual estará sendo priorizado. Certamente o mercado reconhecerá o seu diferencial. A vivência e a experiência possibilitam reflexões de suma importância para a avaliação dos resultados conquistados. É preciso transformar as 24 horas diárias para o crescimento, visando à ampliação das oportunidades individuais.

Quadro 53: Respostas do Estudo de Caso 12

CAPÍTULO V

A Indústria Automobilística Brasileira

"Se você conhece o inimigo e conhece a si mesmo, não precisa temer o resultado de cem batalhas..."

Sun Tzu
A Arte da Guerra

5. A INDÚSTRIA AUTOMOBILÍSTICA BRASILEIRA

O automóvel, produto referencial de status pessoal, modismo da época, começou a circular nas principais cidades brasileiras, no início do século passado. Em novembro de 1891, o primeiro automóvel chegou ao Brasil. A bordo do navio Portugal, que aportou na cidade de Santos, estava um único exemplar de um Peugeot, comprado por 1.200 francos. O proprietário era um rapaz de 18 anos chamado Alberto Santos Dumont, que acabava de retornar da França com a família. Dumont já demonstrava que era um homem de visão. O automóvel se transformaria na maior mola propulsora da economia mundial. Se, em 1891 existia somente um automóvel no Brasil, em 1904, aproximadamente 90 carros já eram registrados na Inspetoria de Veículos. Mas a história da indústria automobilística nacional só começaria cerca de 60 anos depois.

A meta da Indústria Automobilística mundial era expandir seus negócios, após a Primeira Guerra Mundial, implementando unidades montadoras em vários países. O Brasil, pelo imenso território e considerável população consumidora, foi tido como um bom mercado a receber investimentos.

5.1 O Sistema de Montagem CKD – (1919/1959)

As dificuldades no transporte de um país para outro por causa dos riscos na danificação do produto final levaram a Ford a planejar o desenvolvimento de um novo sistema de montagem denominado CKD (*Completely Knocked Down* – completamente desmontado). Em 1919, instalou, em São Paulo, sua primeira unidade montadora CKD, aproveitando a mão-de-obra européia cafeeira. Todas as peças utilizadas eram produzidas nos EUA e transportadas para o Brasil (kits encaixotados), tendo como revendedor-parceiro, exclusivo, o conde Francisco Matarazzo.

Montar o veículo com peças padronizadas e intercambiáveis dentro do sistema CKD, não exigia grande competência em tecnologia industrial e gestão administrativa, porém o Brasil, com esse sistema de montagem, iniciou sua estruturação técnica, gerencial e estratégica para construção de uma indústria nacional.

O diferencial desse sistema é a padronização das operações que envolvem a montagem do produto final. O sistema CKD possibilita o acabamento do produto final próximo aos locais de venda, reduzindo, com isso, as perdas e os danos causados pelo transporte de produtos acabados. <u>Em 1925, a General Motors, copiando a estratégia da Ford também se instalou no Brasil com o mesmo sistema CKD.</u>

Muitos especialistas destacam que o temor de barreira protecionista, também, influenciou para a abertura de "filiais" da Ford e GM nos países com potencial de consumo elevado.

De 1920 para 1930, a frota nacional passou de 30 mil para 250 mil veículos, envolvendo marcas da Fiat, Alfa Romeo, Renault, GM, Ford, Rolls-Royce. <u>No governo de Washington Luis (1926-1930), uma de suas principais metas de campanha à Presidência da República foi concretizada com a inauguração da primeira grande rodovia nacional de terra batida, unindo as duas importantes cidades do Brasil (Rio – São Paulo).</u>

Na verdade, o CKD foi um ensaio para a formação do parque industrial automobilístico brasileiro e para a produção de carros, caminhões, furgões e ônibus nacionais. Criou condições também para a formação da indústria de auto-peças e qualificação da mão-de-obra especializada no Brasil.

5.2 Conseqüências da Segunda Guerra Mundial

Durante o conflito mundial, o transporte dos *kits*, para montagem de veículos foi interrompido por causa dos riscos dos ataques das forças inimigas. <u>A falta de peças e componentes para o conserto dos veículos e, conseqüentemente, os desperdícios envolvidos incentivaram a produção dos mesmos no território nacional.</u> Assim, surgiram inúmeras pequenas empresas e oficinas artesanais. Elas passaram a fabricar as peças necessárias ao reparo dos veículos, assumindo a condição de parceiros-fornecedores. Esses "empresários" podem ser considerados a base do setor de auto-peças brasileiro.

Com o término da Segunda Guerra Mundial, o volume de importações de veículos cresceu de forma acentuada, gerando déficit na balança comercial do Brasil.

Em 1947, o governo brasileiro, copiando medidas de outros países, começou a dificultar as importações. Era preciso encontrar solução macroeconômica para minimizar o desempenho negativo da Balança de Pagamentos, motivado pela entrada de produtos estrangeiros, e, conseqüentemente, remessa de dólares. Muitos políticos e empresários começaram a sonhar com a indústria automobilística brasileira.

Um executivo da Ford, em reunião na Comissão de Desenvolvimento Industrial, analisando o potencial industrial do Brasil, declarou: "Produzir automóveis no Brasil é mera utopia." Assim, a Ford e a GM optaram por investir em outros países da Europa.

5.2.1 Criação do Grupo Executivo da Indústria Automobilística (GEIA)

O Decreto nº 39.412 criou o Grupo Executivo da Indústria Automobilística (GEIA) e, com o objetivo de atrair investimentos externos para a implantação das indústrias automotivas, especificou as normas para o segmento industrial. O Decreto foi desmembrado conforme abaixo:

Decreto nº	Data	Referencial para fabricação de
39.568	12/7/1956	Caminhões
39.569	12/7/1956	Jipes
39.676	30/7/1956	Caminhões leves e furgões
41.018	26/2/1957	Automóveis de passageiros

Quadro 54: Desmembramento do Decreto Lei nº 39.412 – Fonte: Anfavea

Em 6 de dezembro de 1956, conforme medidas adotadas em outros países, foi publicada a Lei nº 2.993, concedendo o prazo de 30 meses, isenção de direitos, impostos de consumo e taxas aduaneiras para a importação de seguintes materiais automobilísticos: equipamentos de produção, motores a explosão e motores de combustão interna (a referida lei foi prorrogada até 1960).

Em 1959, aproximadamente, meio milhão de brasileiros dependiam do setor automobilístico. O Brasil precisava conquistar uma montadora de veículos parceira, para o desenvolvimento do nosso segmento industrial. Juscelino Kubitschek de Oliveira, como candidato à Presidência da República, incluía, no seu programa de governo, a fabricação nacional de veículos.

Em todos os segmentos, já existia um clima favorável à implantação da indústria automotiva no Brasil para o abastecimento eficaz do mercado consumidor. O GEIA analisou e aprovou os seguintes projetos de empresas, interessadas na fabricação de automóveis no Brasil:

Empresas	Localização da fabricação	Procedência
Willy – Overland do Brasil	São Paulo	EUA/França
Vemag	São Paulo	Alemanha
Fábrica Nacional de Motores	Rio de Janeiro	Itália
Simca do Brasil	São Paulo / Minas Gerais	França
Volkswagem do Brasil	São Paulo	Alemanha

Quadro 55: Projetos aprovados pelo GEIA. Fonte: Anfavea

A Ford Motors do Brasil, a General Motors do Brasil e a Toyota do Brasil não protocolaram projetos para a fabricação de automóveis. O interesse das duas organizações americanas era a fabricação de caminhões médios e leves, e a empresa japonesa tinha interesse na fabricação do jipe.

✓ A Volkswagen desenvolveu seu projeto industrial em massa, copiando todos os "segredos" da Ford e da GM e estava preparada para a maior decisão estratégica de toda a sua história.

Em 1959, a Volkswagen, acreditando no potencial de consumo do povo brasileiro, implanta uma unidade fabril no nosso país, para a produção do Fusca. Era a realização de uma meta perseguida pelos nossos governantes. Foi o maior investimento da VW fora das fronteiras geográficas, para fabricar um carro pequeno, popular, adaptado às condições das nossas estradas.

Decisões estratégicas da Volkswagem

a) Acreditar na capacidade industrial do Brasil (desenvolver parceiros fornecedores);

b) Ter visão de negócio com o carro popular, pequeno e econômico, chamado "fusquinha" e

c) Testar nova estrutura hierárquica voltada para produzir um veículo econômico no Brasil.

5.3 Indústria Automobilística Nacional

5.3.1 O Fusca e o Nascimento da Indústria Automotiva Brasileira

De 1959 até 1975, o crescimento da Volkswagem no Brasil foi de, aproximadamente, 20% ao ano. Começando com uma produção de 8.445 unidades, atingiu 232.915 em 1975. Quando a Ford e a GM perceberam o potencial do Brasil, já tinham perdido a grande oportunidade mercadológica.

Em 1967 e 1969, a Ford e a GM, respectivamente, explorando a mesma estratégia da VW, instalaram unidades produtivas no Brasil. A Ford, com o Galaxie, e a GM, com o Opala, passavam a serem produzidos no Brasil. A meta das organizações americanas era concorrer com o Fusquinha, mas esses modelos não prejudicaram a performance comercial da VW brasileira.

5.3.2 Década de 1970

A VW do Brasil cresceu a todo vapor com o Fusquinha; a GM e a Ford buscaram uma reestruturação e aprendizado com a VW para a conquista dos consumidores brasileiros.

Em 1973, a Fiat chegou ao Brasil como uma nova opção, tendo como maior atrativo os produtos mais atualizados. As quatro montadoras consolidaram-se no território nacional e passaram a exportar para outros países.

5.3.3 De Fornecedores de Autopeças para Auto-Sistemas

Os fornecedores que abasteciam as montadoras dentro dos prazos e qualidade solicitados assumiram mais responsabilidades. Ao invés de fornecer apenas peças individuais, passaram a abastecer as montadoras com conjuntos/sistemas mais complexos. Esses fornecedores, denominados de parceiros de primeiro nível, aos poucos foram se envolvendo em novos projetos e se responsabilizando pelo desenvolvimento de componentes e auto-sistemas.

A aproximação das montadoras com os fornecedores possibilitou reduzir desperdícios e melhorar o abastecimento das linhas produtivas com menores estoques.

5.3.4 Décadas de 1980/1990/2000

Novas relações entre as montadoras e os fornecedores

Seguindo estratégias implementadas pela Toyota, as montadoras brasileiras priorizaram importantes reformulações:

- ✓ De contato puramente comercial com os fornecedores, VW, GM, Ford e Fiat passaram para uma relação de parceria e solução conjunta dos fatores restritivos da cadeia produtiva;

- ✓ Visitas das montadoras aos fornecedores como "consultores" para a melhoria do processo produtivo e análise da estrutura hierárquica para redução de custos;

- ✓ Preparação dos fornecedores para realizar entregas fracionadas para a redução dos estoques;

- ✓ Essas estratégias passavam a ser perseguidas como metas para a sobrevivência, porque a concorrência estava cada vez mais acirrada.

5.3.5 Transformando a Globalização em Oportunidade Brasileira

Com a globalização, a arena competitiva dos negócios passou de escala nacional para internacional, mudando, radicalmente, a importância da gestão das organizações (microeconomia) como, também, e, principalmente, dos países (macroeconomia). Se uma empresa precisa definir sua missão, *portfolio* de negócios e ações competitivas sustentáveis para o seu desenvolvimento, em um cenário globalizado, para administrar, estrategicamente, as importações e exportações, a macroeconomia precisa estar presente e planejar em conjunto com os empresários.

Através do programa de governo para os próximos cinco, dez e quinze anos, em que as metas são aclaradas e os meios necessários são disponibilizados, é possível a microeconomia agir, coerentemente, com a macroeconomia. A "parceria" da macro com a microeconomia é a condição "sine qua non" para o desenvolvimento de um país. Sem a integração não é possível uma organização colocar seus produtos no mercado internacional, por anos consecutivos, e obter o retorno financeiro esperado. Sem a atuação da macroeconomia para a elaboração de acordos internacionais, que priorizem o "ganha-ganha", os produtos brasileiros competitivos no mercado internacional certamente serão "perseguidos" por expedientes protecionistas.

Por outro lado, depois de alguns meses de importação de um determinado produto, a oportunidade de negócio é analisada e explorada por outras empresas e, conseqüentemente, a concorrência aumenta. Num primeiro desequilíbrio da Balança Comercial do país importador, medidas governamentais protecionistas são tomadas para se buscar o ajuste de contas, o que afeta a manutenção do modelo exportador. Assim sendo, cabe à macroeconomia, através de acordos internacionais bem formatados, dar à microeconomia o suporte técnico, administrativo e jurídico necessários para se evitar que forças externas comprometam suas metas em termos de exportação.

Em um cenário globalizado, o primeiro questionamento a ser feito é se a política governamental tem maximizado ou minimizado a competitividade das organizações. A macroeconomia pode influenciar na formatação dos preços finais dos produtos produzidos, em função dos impostos praticados. Se a estrutura hierárquica pública federal, estadual e municipal fosse menor, não seria necessária a tributação excessiva dos nossos produtos e, conseqüentemente, a nossa competitividade internacional seria maior. Os produtos brasileiros poderão ter maior aceitação no mercado internacional se o governo federal priorizar o modelo exportador e praticar uma política tributária coerente. Basta seguir o mesmo exemplo dos países desenvolvidos.

As grandes potências econômicas têm metas de exportação consistentes e competência para negociar e elaborar tratados comerciais duradouros. Suas políticas específicas para mercados comuns, união aduaneira, taxas de câmbio e liberação de subsídios são decisões tomadas depois de análises apuradas, tendo como inspiração as novas tendências da economia para os próximos 15 anos. A capacidade gerencial da macroeconomia é que possibilita o desenvolvimento e a manutenção do modelo exportador. Se as organizações de padrão internacional (microeconomia) revisam, constantemente, sua estrutura hierárquica para a redução de custos, por que a macroeconomia não segue o mesmo exemplo para maior competitividade de seus produtos?

Em 2002[105], a então embaixadora americana em Brasília, Donna Hrinak, afirmou que o Brasil ainda é pouco conhecido internacionalmente. Quando falam nele, as pessoas pensam em Copa do Mundo e carnaval. Nas palestras que ministra, Donna coloca o mapa do Brasil em cima do mapa dos EUA. Em seguida, diz que o território brasileiro é maior que o dos americanos, sem contar com o Alasca. A reação das pessoas é sempre de surpresa. Por que a macroeconomia brasileira não é eficaz na divulgação dos pontos fortes do nosso país? Por que não copiamos estratégias de marketing praticadas pelos países do Primeiro Mundo? Donna destaca que ficou 15 anos fora do Brasil e que, quando retornou, notou uma enorme diferença, mas pouco divulgada. *"Os que não gostam do Brasil são os que desconhecem seu potencial e os avanços da economia"*, evidencia a embaixadora.

A Lei de Responsabilidade Fiscal, meta brasileira para a austeridade, é uma demonstração da existência da vontade política para controlar as finanças públicas e melhorar a imagem do Brasil no exterior. É preciso divulgar, com muita criatividade, os avanços conquistados para melhorar sua credibilidade e, conseqüentemente, aumentar o interesse internacional para novos negócios.

Para a competitividade internacional, uma empresa precisa de apoio governamental para dar sustentação à sua vantagem competitiva. O extraordinário crescimento econômico do Japão, a partir da década de 1950, está associado a ações realizadas por diversas empresas, em especial pela Toyota, que contou com importantes decisões governamentais através do Ministério da Indústria e Comércio Internacional (MITI), que priorizaram o modelo exportador. O governo japonês, após a Segunda Guerra Mundial, escolheu setores importantes da economia e não mediu esforços para dar sustentabilidade ao crescimento dos mesmos. Podemos destacar que sem vantagens comparativas, em termos de recursos naturais, clima, espaço geográfico, escolheu justamente a desvalorização do iene como diferencial competitivo. Em 1947, um dólar equivalia 240 ienes para viabilizar o modelo exportador.

A Toyota aprendeu com os americanos e, posteriormente desenvolveu ferramentas de gestão, possibilitando a produção de veículos com melhor performance. Os carros da Toyota, na década de 1970, invadiram as "trincheiras" americanas, não através da força e do poderio militar, mas utilizando as munições do design, da qualidade e dos preços competitivos.

---

[105] SALGADO, Eduardo & GRYZINSKI, Vilma. A Dama de Aço. *Veja*, 5/6/2003.

Capítulo V: A Indústria Automobilística Brasileira **231**

A Toyota conseguiu eliminar os principais fatores restritivos das empresas americanas. O Japão encantou o mundo porque a micro e a macroeconomia trabalharam juntas por, aproximadamente, 20 anos, desenvolvendo estratégias e priorizando as seguintes reflexões: "Como estamos e o que pretendemos conquistar?" A alternativa japonesa foi o desenvolvimento do modelo exportador.

A reação dos EUA, na década de 1980, também contou com decisões macroeconômicas e gestão organizacional para superar a performance japonesa. Os EUA, para compensar a perda de mercado para os produtos japoneses, direcionaram seus produtos para regiões em que sua vantagem comparativa era superior, como, por exemplo, América Latina, Ásia, África. São estratégias planejadas pelos empresários visando à identificação de nichos de mercado que a macroeconomia brasileira precisa aprender e praticar em todos os setores produtivos e de serviços estatais.

- ✓ *O setor automotivo brasileiro, responsável por aproximadamente 15% do nosso Produto Interno Bruto (PIB), é "amparado" pela macroeconomia?*

- ✓ *Quais são os planos e metas da macroeconomia brasileira para as nossas indústrias e serviços nos próximos 10 anos?*

5.3.6 Avanços da Economia Brasileira

É preciso evidenciar os avanços da economia brasileira através dos seguintes referenciais:

- ✓ controle do processo inflacionário, reflexos positivos para a nossa economia e melhoria dos indicadores sociais;

- ✓ Lei de Responsabilidade Fiscal, como importante decisão macroeconômica no tocante à redução dos gastos governamentais;

- ✓ desenvolvimento industrial, principalmente com a chegada de novas montadoras de veículos.

No início do séc. XXI, o Brasil está se transformando num recordista mundial de fábricas de veículos automotores. Os princípios do Sistema Produtivo da Toyota estão presentes em todos os setores das organizações, aumentando a competitividade das mesmas, trazendo tecnologias de ponta e contribuindo para a modernização dos fornecedores parceiros. Com estruturas hierárquicas enxutas e eficazes para enfrentar a concorrência acirrada. Com estratégias mercadológicas para o aprendizado com outras organizações, visando ao aprimoramento contínuo.

Assim sendo, é possível, através dessas informações, interpretar e maturar os dados disponíveis e direcionar ações envolvendo a micro e macroeconomia e lançar um desafio para os próximos 15 anos: "Projeto Estratégico – transformar o Brasil no maior exportador de veículos até 2018."

5.4 Portfolio: Brasil, Maior Exportador Mundial de Veículos (Planejamento Estratégico para 2018)

> *"Ninguém põe em dúvida que os Estados Unidos praticam uma cínica política de comércio, que, da boca para fora, prega o livre fluxo de mercadorias, mas, da boca para dentro, se entrincheira no protecionismo."*
>
> **Roberto Pompeu de Toledo**

Os pontos fortes da economia brasileira evidenciados nos permitem afirmar que poderemos ter um diferencial competitivo, em termos de produção de veículos automotores, se forem trabalhados os seguintes fatores:

- ✓ mão-de-obra barata e investimento em treinamento para trabalhar com tecnologias de ponta;
- ✓ abundância de recursos naturais e pesquisas para a utilização de novas matérias-primas;
- ✓ administração da inflação e controle dos gastos públicos para redução da carga tributária;
- ✓ taxa de juros equilibrados e política cambial direcionada para o modelo exportador.

Os atributos acima podem ser considerados como fatores para a competitividade e permitir o desenvolvimento do portfolio "Brasil maior exportador de veículos nos próximos 15 anos", se as nossas vantagens comparativas forem sustentáveis e não ocasionais ou vulneráveis. Estamos propondo um plano para 15 anos. As variáveis mais complexas e dependentes do contexto econômico internacional podem ser ajustadas gradualmente. O inadiável é que a macroeconomia defina em conjunto com a micro o que pretendemos conquistar no futuro.

Estamos evidenciando um segmento da economia brasileira que corresponde a aproximadamente 15% do Produto Interno Bruto. Se ações inteligentes forem implementadas, estaremos oportunizando condições para o crescimento do setor industrial que certamente influenciarão outros segmentos, como a agricultura, comércio, embalagens, transportes, educação etc.

O Brasil precisa definir o que pretende conquistar. O Japão fez esse dever de casa, na década de 1950, com muita propriedade. Como o Japão, após a Segunda Guerra Mundial, ajustou a sua moeda e conseguiu sobreviver, internacionalmente, com uma cotação média de 240 iens para cada dólar? Atualmente, um dólar compra, aproximadamente, 120 iens e 3,85 reais. Alguma coisa está errada. Se compararmos a economia norte-americana com a brasileira, tendo como referencial o Produto Interno Bruto, Balança Comercial, Reservas Cambiais, Dívida Externa, capacidade tecnológica, investimento em educação, etc., é possível verificar uma enorme incoerência na taxa de câmbio atual entre as duas moedas.

Temos de reconhecer que os EUA são a maior potência do planeta e estão num estágio de desenvolvimento muito superior ao do Brasil, por isso não seria absurdo aceitar uma taxa de câmbio de 1 dólar para cada 5 reais. Por causa da nossa Dívida Externa (ingerência macroeconômica), não se pode admitir uma cotação nessas proporções porque, parte dela, é reajustada pelo dólar. Mas se esse é o caminho, temos 15 anos para ajustar as nossas contas públicas municipais, estaduais e federais. A Lei de Responsabilidade Fiscal, recentemente aprovada, pode oferecer os subsídios necessários para a concretização dessa prioridade. O controle das ingerências dos nossos representantes políticos, através da Lei de Responsabilidade Fiscal, poderá transformar o nosso país. É preciso priorizar o enxugamento da estrutura hierárquica nos níveis municipal, estadual e federal.

O país precisa ter metas macroeconômicas, de forma a atrair os fabricantes das matérias-primas, indispensáveis ao nosso segmento industrial, visando a não prejudicar os resultados da Balança Comercial. Os remédios e a tecnologia de ponta poderiam ter o mesmo direcionamento estratégico. Se estabelecermos um cronograma de ações nos próximos 15 anos, será possível grandes avanços com o objetivo de transformar o Brasil num país menos vulnerável à economia internacional, no tocante às importações indispensáveis para a nossa sobrevivência.

Se o Japão, com todas as limitações, conseguiu, por que não podemos sonhar com um modelo macroeconômico, que possibilite transformar nosso país numa base exportadora e gerar empregos para a nossa população? A macro precisa fazer o "dever de casa" e aprender com os outros países.

5.4.1 O que o Brasil Precisa Aprender com o Cenário Automotivo Mundial

A Ford investiu 1,2 bilhão de dólares na nova unidade produtiva em Camaçari, Bahia, considerada moderníssima porque seus custos de produção são invejáveis, a qualidade é de primeiro nível e tecnologia de última geração. Menos de 30 fornecedores de grande porte atuam, diretamente, no processo produtivo da nova versão do Fiesta, que trabalha dentro da metodologia Just in Time. A grande meta do principal executivo mundial de operações da montadora, Nick Scheele, era a produção do modelo Amazon e exportar para os EUA e para o Canadá.

A BMW produz sedãs em Rossyn, África do Sul, e exporta para o Japão, EUA e Austrália. Os índices de defeitos são menores que os fabricados na Alemanha. A minivan Zafira, da GM, é montada na Tailândia e na Europa. A Holanda está concluindo uma nova base produtiva, na China, para abastecer a Europa e a Ásia.

O cenário globalizado exige, cada vez mais, o enxugamento dos níveis hierárquicos desnecessários e a redução dos custos de produção para enfrentar a concorrência. Conforme a revista *Quatro Rodas*[106], "o salário do operário de países emergentes, por vezes, equivale a um décimo dos rendimentos de um metalúrgico alemão ou americano". Para os consumidores americanos, europeus e brasileiros, pouco importa onde os carros foram montados. O importante é que o produto final tenha qualidade, apresente design inovador e preços atraentes.

O Brasil tem estrutura industrial, recursos humanos e tecnologia para explorar esses três referenciais, para se transformar em um país exportador de veículos. Precisamos de uma nova legislação trabalhista, para não criarmos os mesmos entraves que americanos, canadenses e europeus criaram no passado e, na atualidade, estão sendo obrigados a exportar empregos por causa dos salários elevados.

Os países emergentes devem evitar repetição dos erros cometidos pelas grandes potências e explorar, estrategicamente, suas vantagens comparativas.

---

[106] VASSALLO, Cláudia. Essa vaga tem dono, *Quatro Rodas*, out. 2002.

5.4.2 Desafios da Economia Brasileira para o Novo Portfolio

1) Aumentar a confiança dos investidores: Como fazer?

Gerenciar a organização chamada Macroeconomia Brasil de forma a apresentar resultado positivo, através dos nossos gestores, gurus e gênios da atualidade. Se reduzir impostos significa cortar níveis hierárquicos federais, estaduais e municipais, por que não é feito?

2) Minimizar a corrupção: Como fazer?

Acompanhar a implementação da Lei de Responsabilidade Fiscal em todos os Estados. Seguir o modelo dos Estados que já são exemplos de administração pública. Dar mais autonomia aos governadores conscientes das responsabilidades sociais e financeiras.

3) Reforma da Previdência: Como fazer?

Os países desenvolvidos enfrentaram o mesmo problema no passado e encontraram alternativas para o ajuste da Previdência, em bases compatíveis com a capacidade de pagamento. Por que não "copiamos" as boas idéias disponíveis na administração pública de outros países? Será que os países concorrentes do Brasil querem ver a nossa macroeconomia ajustada em condições de competir com eles em igualdade de condições?

Os trabalhadores com "direito adquirido" tiveram que se contentar com a nova lei porque, se a arrecadação não for suficiente para cobrir os compromissos assumidos, a tendência é o déficit público, que aumenta a dívida externa.

A expectativa positiva é de que os países que conseguiram enxugar os gastos da Previdência contaram com a liderança, apoiados por partidos da esquerda, porque sua capacidade de negociar com os sindicatos e trabalhadores é maior.

Conforme Abranches[107], *"Partidos de centro ou de direita não conseguem fazer oposição suficiente para bloquear reformas na Previdência que tenham o apoio de esquerda. A esquerda tem mais legitimidade para propor sacrifícios que não pareçam aos olhos da maioria uma 'maldade dos especuladores'. Por outro lado, propõe sacrifícios com mais senso de justiça social, preservando os mais fracos e propondo mais bem-estar futuro para a maioria. O PT pode reformar a Previdência porque pode formar um forte consenso partidário e social. Deveria ser ousado e mudar a Previdência não só para*

---

[107] ABRANCHES, Sérgio. Lula e a Previdência. *Veja*, 15/1/2003.

obter equilíbrio fiscal, mas para transformá-la radicalmente de regime de desigualdades que concentra a renda em um regime mais distributivo."

5.4.3 Abertura do Mercado Brasileiro e Impactos sobre a Indústria Nacional

Enquanto havia reserva de mercado para a indústria automobilística brasileira, as estratégias desenvolvidas eram geralmente estratégias de produção, envolvendo maior acompanhamento dos processos produtivos dos fornecedores para pontualidade das entregas e controle dos defeitos de fabricação. O importante era garantir a produção porque a comercialização já estava assegurada, pois estratégias mercadológicas e competitivas não se faziam necessárias. A grande mudança iniciou-se com a abertura do mercado no início da década de 1990.

A indústria automobilística brasileira viveu situações opostas, que se alternaram rapidamente na década de 1990, passando da euforia à recessão. A indústria automobilística nacional sentiu-se ameaçada quando foi decretada a abertura do mercado, em 1990, no governo Fernando Collor de Mello, que, ao comparar nossos veículos aos produzidos nos países desenvolvidos, afirmou que estávamos produzindo verdadeiras "carroças". Na ocasião, os executivos não perceberam que o desafio de competir com as marcas estrangeiras trazia embutido mudanças de paradigmas, envolvendo o aprendizado contínuo com as estratégias implementadas por outras organizações.

A abertura de mercado, somada à demanda reprimida, por longos anos de crise e sucessivos planos econômicos, funcionou como uma alavanca no crescimento do mercado automobilístico nacional. Forçadas a priorizar metas de qualidade e produtividade, nunca antes as montadoras fabricaram tantos carros no Brasil. *Em 1994, a produção atingiu quase 1,6 milhão de unidades, o que sedimentou a presença brasileira no* Top Ten, *o ranking que relaciona os 10 maiores países produtores mundiais de automóveis. Também em 1994, foi quebrado o recorde de exportações: 350 mil veículos nacionais foram enviados a outros países*[108].

Com a euforia proporcionada pelo Plano Real, com um dólar valendo um real, 1994 foi um ano de marcas impressionantes, tendo chegado ao Brasil 120 mil veículos. Os importados fecharam o segundo semestre de 1994 com participação de 30% no total de vendas nacionais. Em 1995, assustado com o

---
[108] Mídia e Mercado, 14/8/1995 – p. 17.

déficit da balança comercial e com a ameaça de crise cambial, o governo brasileiro aumentou de 32% para 70% as alíquotas para importados. A explosão do consumo também preocupava, e assim foram suspensas as operações de leasing, consórcio e financiamentos, e as taxas de juros dispararam.

A rápida mudança de cenário foi um "banho de água fria" que não estava programado pelas montadoras. Devido ao ritmo acelerado que imprimiram à sua produção, os estoques se multiplicaram em proporção inversa à demanda. Assim, em 1995, existiam, pelo menos, 250 mil unidades estocadas nas indústrias e revendedoras, equivalendo a cerca de um mês de produção. Era preciso minimizar os desperdícios da cadeia produtiva para a sobrevivência da organização.

O aumento dos impostos e as restrições ao crédito foram os principais causadores da retração no desempenho do setor automobilístico. Nesse cenário turbulento, cada montadora se preocupou em rever seu modelo de gestão. A estrutura organizacional foi redesenhada através do enxugamento dos níveis hierárquicos desnecessários e que retardavam o fluxo das informações, agilizando, assim, a tomada de decisões.

Para enfrentar a crise nas vendas, as montadoras utilizaram "estratégias familiares", apropriadas para tempos de recessão. Lançaram mão de férias coletivas para reduzir a produção. Mas o artifício não foi suficiente para diminuir os estoques. Em 1995, General Motors, Omega, Vectra e Kadett tiveram fabricação paralisada em função das dificuldades de venda. Em compensação, a fábrica de São José dos Campos, onde era produzido o Corsa, estava operando na capacidade máxima, uma vez que, na época, a demanda por esse modelo ainda era superior à capacidade de produção.

Mesmo com a baixa nas vendas, a GM conseguiu superar a crise, através da implantação de uma série de ações promocionais, incluindo uma intensa campanha publicitária de lançamento do Corsa, e, também, captando dinheiro no mercado externo para financiar vendas às concessionárias e consumidores. No segmento de importados, a expectativa inicial da GM de trazer 100 mil unidades/ano caiu para 40 mil unidades/ano depois do aumento de alíquota.

A Volkswagen, então líder do mercado com 36% de participação e dona de recordes sucessivos de vendas, também cedeu à realidade do mercado e passou a desenvolver estratégias de sobrevivência em tempos de guerra[109].

---

[09] Mídia e Mercado, 14/9/1995, p. 18.

Em 1995, seguindo a iniciativa das concorrentes Ford e Fiat, anunciou a redução de preços de 5% e 14% em toda a sua linha, com o objetivo de estimular vendas e reduzir estoques, iniciando também com amplos planos de financiamento, no início com 12 meses, sendo depois estendido para 24 e até 36 meses, além de generosos descontos nos preços à vista, numa estratégia agressiva de fazer girar seus estoques nas concessionárias. No setor de importados, a montadora reduziu investimentos, diante do cenário pouco favorável em 1995 e 1996.

A Ford estava em ritmo acelerado em 1995, sendo a quarta colocada no ranking nacional de vendas. Depois do fim do acordo que mantinha com a Volks na Autolatina, queria disputar a liderança no mercado nacional, apoiada no Programa Ford 2000, cuja pretensão era colocar a montadora na economia globalizada, com apenas cinco centros destinados ao desenvolvimento de novos produtos, que forneceram para os demais países do mundo. Uma das metas era diminuir consideravelmente o número de fornecedores. O Mondeo, seu primeiro modelo global, fruto de investimentos de US$ 6 bilhões, contava, em 1995, com 270 fornecedores, cerca de um terço do usual. A estratégia envolvia transformar fornecedores de autopeças em autoconjuntos, transferindo para os mesmos processos produtivos mais complexos.

Para reagir ao cenário econômico desfavorável, em meados de 1995 a Ford anunciou um conjunto de ações de grande impacto com objetivo de alavancar as suas vendas. A estratégia previa reposicionamento de preços, com redução de até 16%, juros atraentes para autos novos e usados e financiamentos em moeda nacional ou dólar. A redução de preços não era promocional, mas uma decisão estratégica para posicionar os produtos de forma competitiva.

Considerada a melhor empresa do setor, em 1994, pela publicação *Maiores & Melhores da Exame*, a Fiat limitou o repasse do aumento para apenas 8,7% no preço final dos veículos. Isso foi possível a partir da integração com as concessionárias. Assim sendo, eliminaram-se os desperdícios da cadeia produtiva e serviços, reduziram-se das margens de lucro, numa clara estratégia de sobrevivência. Trabalhando no conceito "ganha-ganha", a Fiat e suas Concessionárias, passaram a ganhar menos, mas ganhar sempre.

A Fiat adotou a filosofia denominada *fine tuning* (sintonia fina), de importação em curto prazo, através da qual conseguia adequar a importação à demanda. Por isso, estava preparada para vender quantos carros o mercado desejasse. Apesar da queda do mercado, a Fiat manteve sua estratégia basicamente inalterada. Os executivos da empresa gostavam de frisar que a Fiat era uma indústria automobilística e não uma mera montadora de veículos, e que, conhecendo e agindo no mercado global, tinha melhores condições de enfrentar as turbulências. Assim, com a produção de veículos voltados exclusivamente à exportação, como o Fiorino, a Fiat gerava receitas para modernizar seu parque industrial. Em 1995, as exportações representavam um terço da produção da Fiat, o que fazia dela a maior empresa exportadora privada do Brasil.

5.5 Minha Experiência em Empresas Fornecedoras de Autopeças

Na década de 1980, as filiais da General Motors, Ford, Volkswagen e Fiat instaladas no Brasil utilizavam tecnologia e modelos de gestão ultrapassados porque a reserva de mercado possibilitava o retorno financeiro planejado. O protecionismo garantia a comercialização dos veículos fabricados.

As montadoras brasileiras sabiam que muitos fornecedores não tinham qualidade, porque suas unidades produtivas utilizavam tecnologia obsoleta e administravam a logística de forma improvisada. O abastecimento das linhas produtivas sofria constantes interrupções. Muitos defeitos eram identificados durante a montagem final dos veículos. Carros incompletos, por ineficiência dos fornecedores, eram constantes em todas as montadoras. Os desperdícios da cadeia produtiva acabavam sendo repassados para o preço do produto final.

✓ Os desperdícios de logística da cadeia produtiva eram transferidos para os consumidores.

O sucesso do modelo produtivo enxuto da Toyota, em meados da década de 1970, e as ações implementadas pelas organizações americanas, para a superação da performance japonesa, influenciaram os gestores das montadoras brasileiras. Os veículos fabricados no Brasil eram mais caros que os produzidos nos EUA e na Europa, porque nossas ineficiências envolviam peças sem intercambialidade e atrasos no abastecimento.

✓ Inspiradas no modelo enxuto da Toyota e em metodologias de gestão americana, as montadoras brasileiras, no início da década de 1980, aproximaram-se dos fornecedores para minimizar os fatores restritivos que se apresentavam.

Os tempos improdutivos, – como esperas desnecessárias, máquinas paradas, movimentações sem valor agregado e programações inviáveis – tinham de ser eliminados da agenda das montadoras.

Os consultores das montadoras, ao identificarem os problemas, apresentavam sugestões para serem eliminados os gargalos instalados nos fluxos envolvidos. Posteriormente, cobravam dos fornecedores a realização das ações planejadas em conjunto. Essa estratégia foi implementada porque os componentes de um veículo representavam, aproximadamente, 70% do custo final do produto. Assim, devido à concorrência e à necessidade de redução nos custos, foi preciso eliminar as ingerências instaladas nos processos produtivos dos fornecedores.

A perda de mercado para a Toyota levou a GM, a Ford, a Chrysler e a Fiat a sairem da zona de conforto e buscarem a integração com os fornecedores. A mutação passou a fazer parte do dia-a-dia das organizações americanas e influenciou suas filiais brasileiras. A necessidade de combater os custos desnecessários aproximou as montadoras dos fornecedores brasileiros. Tudo que não agregava valor ao produto final tinha de ser eliminado porque era desperdício.

Dentro dessa configuração, a autopeça brasileira do Sul de Minas GRV, uma multinacional, com inúmeros problemas de qualidade e um sistema de programação de produção confuso, acumulava atrasos no fornecimento para Fiat, GM, Ford e VW de, aproximadamente, 30.000 peças.

Ao receber a visita dos consultores das montadoras, foi sugerido que a GRV, como solução para seus fatores restritivos, contratasse um profissional para coordenação da Programação e Controle de Produção (PCP). Os problemas de logística que, constantemente, interrompiam os fluxos de produção das montadoras tinham que ser superados. Os atrasos no abastecimento das montadoras eram motivados pelo gerenciamento ineficaz das prioridades, pela utilização incoerente das horas produtivas e pela excessiva incidência nas paradas de produção por problemas mecânicos.

A empresa GRV, preocupada com as 30.000 peças em atraso e a possível perda de novos projetos, concordou com a contratação do especialista em PCP. Assim, em 1985, iniciei minhas atividades na GRV, como Programador e Controlador da Produção (PCP), função que exercia, desde 1980, na autopeça JAT, empresa brasileira. No mesmo ano, fui contratado, também, pela Faculdade Cenecista de Varginha/MG – Faceca, para lecionar a disciplina "Administração da Produção", o que possibilitou a associação direta entre a teoria e a prática.

Deixei a JAT, organização gerenciada por um executivo autocrático que centralizava todas as decisões. A empresa tinha uma estrutura fabril, envolvendo 10 linhas de montagem, com 230 funcionários, sendo que uma delas fabricava velocímetros para as indústrias automobilísticas. Os setores de produção tinham oito prensas, 20 tornos, cinco injetores, 20 fresas, duas cabines de pintura e uma unidade de galvanoplastia, totalizando 180 funcionários. Todas as programações de produção eram realizadas com calculadoras, porque a empresa ainda não tinha computador.

Mesmo sem computadores, a autopeças JAT não tinha qualquer atraso junto às montadoras, porém o retorno financeiro estava abaixo das metas da organização.

Empresa JAT:

Capital nacional, executivo autoritário e, por causa de suas reações explosivas, os problemas eram "camuflados", gerando desperdícios.

Para não receber deméritos das montadoras e, conseqüentemente, pressões internas e até demissões, os executivos da JAT tomavam decisões que prejudicavam o resultado financeiro da organização. Não respeitavam o lote econômico de compra e de produção. As perdas de matérias-primas eram computadas com irregularidade. Horas extras eram programadas sem necessidade. As montadoras mandavam na organização e impunham reprogramações constantes. Uma crítica dos compradores das montadoras era capaz de provocar demissões. Os salários eram incoerentes, porque as promoções dependiam, exclusivamente, da preferência pessoal do diretor geral da organização, e não do desempenho profissional.

Os problemas eram resolvidos de forma empírica e as causas reais, raramente, eram atacadas. A JAT não tinha restaurante, obrigando os funcionários a levarem marmitas, o que causava constantes descontentamentos. O ser humano era a última preocupação da empresa. Ligações telefônicas familiares, dificilmente, eram transferidas aos funcionários envolvidos.

Em 1985, ao chegar à GRV, fiquei encantado com sua estrutura. Os computadores Audit 7 geravam excelentes relatórios gerenciais, facilitando a tomada de decisão para a programação de produção e identificação dos déficits da área industrial. Existia profissionalismo para a gestão dos processos fabris e administrativos.

Empresa GRV:

Multinacional com estrutura hierárquica enxuta e gestores com autonomia para a tomada de decisão.

Os executivos da GRV viajavam, constantemente, para São Paulo, Belo Horizonte e Rio de Janeiro para treinamento e visita técnica. Os computadores, o restaurante com cardápio excelente e a infra-estrutura física motivavam os funcionários para o trabalho.

Como Programador de Produção, a primeira prioridade foi o levantamento das informações técnicas da organização: tipos de máquinas, processos produtivos e listas de materiais. O estudo da seqüência operacional de cada produto possibilitou a elaboração de planilhas especiais para facilitar a identificação das peças comuns, chamadas de famílias. Os insumos de cada componente foram especificados e lançados nas listas de materiais. O histórico de cada peça fornecida para as montadoras estava disponível.

Foi uma fase muito trabalhosa. Acompanhei os processos fabris envolvendo trocas de ferramentas (*setup*), manutenção de equipamentos e paradas de produção por problemas técnicos. Como o volume de peças em atraso era elevado, elaborei, em conjunto com as montadoras, programação especial para os seis meses seguintes.

✓ Princípio da parceria: trabalhar em conjunto com os clientes e fornecedores.

Analisando os estoques elevados de produtos acabados da GRV, constatei que as programações das montadoras tinham irregularidades. Como explicar a existência de 56 mil peças consideradas como "estoque encalhado", e as 30 mil unidades em atraso? Os estoques gerados nos últimos 20 meses justificavam a capacidade produtiva da organização, porém não correspondiam às reais necessidades das montadoras. Essa ingerência tinha de ser investigada.

Empresa GRV:
Atraso de 30 mil peças com as montadoras e "estoque encalhado" de 56 mil unidades.

A conceituação teórica, envolvendo o Planejamento das Requisições de Materiais (MRP II com a utilização de computadores), foi utilizada para maior conhecimento da estrutura fabril da GRV. Analisamos os critérios em termos de estocagem e dificuldades na aquisição de novos lotes (*lead time*). Não encontramos nenhuma irregularidade nesse enfoque da programação. Estudamos as capacidades, envolvendo os tempos consumidos por equipamento, peças complexas, trocas de ferramentas (*setup*) e buscamos informações sobre horas paradas imprevistas dos equipamentos.

Visitei todas as montadoras para conhecer os programadores de compras e fazer levantamentos dos fatores complicadores. Foi possível verificar que a "consultoria" oferecida pelas montadoras tinha como objetivo principal atender a seus interesses. Nas conversas informais, após o expediente, foi possível entender a complexidade do problema. Os mercados automobilísticos costumam ser cíclicos, o que envolve mudanças nas preferências dos consumidores. A imprevisibilidade para o aumento ou para o cancelamento de um item programado era uma constante. Assim, um lote de peças poderia ficar "encalhado" no fabricante por causa da redução do mix de produção do veículo, pela montadora, face à oscilação do mercado.

As montadoras, por causa da imprevisibilidade mercadológica e do poder de mando, elaboravam suas programações, que, imediatamente, sofriam ajustes. Na época, a TV Globo apresentava a novela *Roque Santeiro* e todos conheceram o gesto que "Sinhozinho Malta", personagem principal, fazia ao exercer seu poder. Era comum os compradores das montadoras repetirem o gesto do personagem da novela, para afirmarem sua autoridade.

✓ A produção era realizada antes da comercialização (chamada de modelo empurrado pelo mercado). Quando o consumidor deixava de adquirir o modelo, o fornecedor-parceiro assumia o estoque.

Conhecendo as regras do jogo e a vulnerabilidade da base conceitual da "parceria" montadora/fornecedores, foi dispensada maior atenção, pois novas reprogramações poderiam prejudicar a performance do trabalho que estava desenvolvendo. A aproximação das montadoras com seus fornecedores fora copiada do modelo enxuto da Toyota. Ocorre que a empresa japonesa desenvolvera um sistema de produção puxado pelo mercado e fabricava, somente, após a comercialização do produto final. Assim, as programações de produção não eram realizadas com base nas previsões, mas tendo como referenciais números definitivos. Esse modelo fabril minimizava as reprogramações e os encalhes de peças. Na base conceitual da Toyota, os fornecedores eram, realmente, parceiros da cadeia produtiva e deveriam lucrar com a operação comercial.

No Brasil, tendo como referencial o modelo produtivo empurrado, isto é, produção antes da comercialização, os encalhes eram inevitáveis. O sistema não possibilitava garantias quanto ao consumo dos itens fabricados, o que gerava constantes conflitos entre as montadoras e os fornecedores.

Questionamento:
Os encalhes de peças nos fornecedores, em função da oscilação do mercado, mudou na atualidade?

Na GRV foram identificadas máquinas ociosas, manutenção preventiva sem programação prévia, operários despreparados para as operações que realizavam e paradas de produção por problemas técnicos. Apesar de todo critério para se colocar em fabricação o item certo, na quantidade correta, na prioridade solicitada, o plano não era realizado com a performance esperada, por problemas mecânicos e técnicos. Um amplo trabalho foi desenvolvido para solucionar os fatores restritivos da organização. Para maior velocidade no processo decisório, três gerentes foram demitidos por não se enquadrarem aos novos padrões de desempenho da organização.

As reprogramações das montadoras prejudicavam os fluxos de produção, porque cada troca de ferramental consumia, em média, três horas. Era preciso aumentar os quantitativos produzidos para viabilizar o rateio das horas consumidas, na troca de molde/ferramental. As constantes reprogramações exigiam: *setup*, consumo de horas improdutivas e perda de matérias-primas para ajuste técnico da produção. Apesar da vulnerabilidade da GRV, existia, na empresa, uma cooperação mútua para a solução dos problemas com as montadoras.

Clima organizacional na GRV:
Todos buscavam a realização das metas planejadas e cada conquista era comemorada.

A preocupação era com os novos "encalhes" de peças, porque o modelo produtivo empurrado, baseado em previsões, certamente cancelaria peças produzidas ou em fase fabril. Era preciso organizar melhor os contatos com as montadoras e apresentar relatórios semanais explicativos. Cada "encalhe" tinha que gerar um histórico para não tirar o mérito do trabalho. Com essa estratégia, passamos a documentar as reprogramações e controlar os desperdícios.

Os controles dos estoques das montadoras não eram perfeitos. Se um item não era localizado, imediatamente era acionado o fabricante. Horas depois, após sua localização, emitia-se um cancelamento, o que, certamente, prejudicava o fornecedor. Administrar as necessidades das montadoras, na década de 1980, era desafio constante. A cada momento, nova reprogramação exigia análise detalhada das conseqüências, em termos de perdas para a GRV.

Visando melhor administrar os contatos com as montadoras, criamos um relatório gerencial semanal, envolvendo o registro detalhado das reprogramações e suas conseqüências para a empresa. A repercussão da iniciativa foi excelente. Os programadores de compras das montadoras perceberam que aquele controle poderia comprometer seus desempenhos. Assim, os compradores das montadoras passaram a ter maior critério nas reprogramações junto à GRV.

Capítulo V: A Indústria Automobilística Brasileira **245**

Quando as reprogramações eram inevitáveis e o erro era da montadora, para não constar no nosso relatório gerencial e provocar desgastes dos compradores, a alteração do programa era feita mediante o recebimento de um item "encalhado" em nossos estoques. Foi uma estratégia contrária ao princípio ético, mas coerente à cultura que norteava as relações entre as montadoras e fornecedores. Aos poucos diminuímos nossos estoques "encalhados".

Em 1987, o PCP da GRV estava bem estruturado, com relatórios gerenciais detalhados, sobre capacidade produtiva. As montadoras ofereceram novas peças e aumentaram nossa participação nas programações. Era demonstração de que estávamos no caminho certo. Tive aumento salarial de 18%. Com isso, minha responsabilidade aumentou para minimizar os desperdícios da organização.

✓ A alternativa encontrada foi visitar outras autopeças para "copiar" o modelo de administração da produção.

Um fato merece ser registrado. Novo relatório foi elaborado constando as interrupções do processo fabril, motivadas por problemas mecânicos, elétricos, ar-comprimido e caldeiras. Estava sendo explorada a metodologia CRP (Planejamento de Capacidade) para aumentar a performance da GRV. Era preciso divulgar as horas perdidas, por ineficiência do setor, para uma política coerente de manutenção preventiva, preditiva e corretiva. As paradas para essas finalidades dependiam, exclusivamente, da vontade do chefe da área. Como ele estava na organização desde a sua fundação, tinha enorme retaguarda política com os diretores.

Quando esse relatório ficou pronto e evidenciado o quantitativo de horas perdidas nos meses anteriores, fui intimado pelo responsável da área a não divulgá-lo, sob a ameaça de ser demitido. Não tinha dúvidas de que ele poderia, realmente, provocar minha saída da empresa, mesmo não sendo meu superior imediato. A alternativa foi colocar, em prática, as seguintes estratégias: "é preciso transformar problemas em oportunidades" e, "se você não pode enfrentar o oponente, tente fazer parceria com ele".

Assim, o relatório, ao invés de divulgar um demérito ao Departamento de Manutenção Elétrica e Mecânica, foi estrategicamente articulado para ajudá-lo a conseguir novos investimentos, para a troca de equipamentos obsoletos e treinamento dos funcionários. Com a parceria, criou-se uma programação prévia para a manutenção dos equipamentos.

✓ Os resultados dos trabalhos realizados foram excelentes. A conceituação teórica, abordada na faculdade, ajuda a agir de forma estratégica, quando se tem um objetivo definido.

As montadoras acompanhavam todas as nossas ações na GRV. Os ganhos, em termos de produtividade, e os atendimentos pontuais das programações eram elogiados pelos compradores das montadoras. Por diversas vezes fui questionado se estava contente na organização e se interessava uma transferência para outra autopeça.

No final de 1988, a GRV recebeu o cobiçado diploma de "Honra ao Mérito", dado pelas montadoras aos fornecedores que se destacavam, durante o ano, pela pontualidade e qualidade. Foi uma festa, porque representou o esforço de todos os funcionários da organização. Recebi nova promoção e 22% de aumento. Conforme o desempenho da empresa melhorava, ela investia no social.

No início de 1989, foi liberada verba para o Grêmio Recreativo dos funcionários, com campo de futebol gramado, banheiros, área de alimentação, salas de jogos e festas. A previsão era da construção de piscina nos anos seguintes. Com essa e outras medidas, os funcionários, realmente, gostavam da empresa e não mediam esforços para a superação dos problemas que se apresentavam.

✓ A meta da organização era investir no social, em face do comprometimento dos funcionários.

Em 1990, a GRV implantou a Gestão Orçamentária. A definição dos objetivos de forma participativa integrou, ainda mais, os departamentos da organização. O comprometimento de todos, com metas factíveis, possibilitava a identificação dos déficits da organização e ações coerentes para sua eliminação. Não se buscava um culpado para os problemas. A metodologia aprimorada por Taiichi Ohno, da Toyota, denominada "5 Porquês", foi muito utilizada. Nem sempre o setor que apresenta um déficit pode ser apontado como gargalo operacional (gerador de problemas).

Muitas vezes, uma meta planejada não é cumprida porque outros setores não realizaram o trabalho, dentro das condições ideais, comprometendo todo o processo. Assim, é preciso perguntar cinco vezes para se descobrir a causa real do problema em análise (vide abordagem da Metodologia dos "5 Porquês", na p. 77).

Com a aquisição de novos computadores, foi possível a implementação de controles, interligando informações da Administração de Produção com Recursos Humanos, Finanças, Marketing, Engenharia. Com um simples toque no computador, tínham-se informações necessárias para a tomada de decisão, envolvendo horas de máquinas disponíveis, estoques de matérias-primas, produtos finais, pedidos colocados, reprogramações das montadoras.

Outra experiência interessante foi quando visitamos uma montadora e participei de uma reunião, envolvendo o lançamento de novo modelo de carro. Nosso gerente de engenharia desenvolvera um ferramental/molde para a fabricação de várias peças e a montadora estava finalizando as negociações. Para minha surpresa, o representante da montadora questionou sobre o pagamento do "ICM" do ferramental. Como sabia que o ICM não incidia sobre o ferramental, olhei para meu colega de trabalho e o mesmo pediu para que eu nada comentasse. Retornando para a GRV, comentamos sobre o pagamento do imposto mencionado na reunião. Na realidade, o comprador da montadora não estava se referindo ao imposto ICM, mas pedindo uma participação para a aprovação do ferramental. Ele estava querendo o "ICM" que significava: Incentivo ao Comprador Moderno. Se a empresa não atendesse seu pedido, ele certamente escolheria outro fornecedor.

✓ A cultura do ICM estava presente em muitas montadoras, motivando a acomodação dos gestores e gerando desperdícios.

Depois desse episódio, fiquei sabendo de outros processos de trabalho, dentro das montadoras, influenciados pelo "ICM". À medida que o cenário ficava mais competitivo, principalmente, após 1990, as montadoras, conhecendo os pactos que muitos executivos faziam com os fornecedores, passaram a proibir qualquer "doação". Muitos foram demitidos porque insistiram em aceitar presentes em troca de benefícios, o que comprometia a performance da organização.

✓ Meta das montadoras: combater os pactos de amizade e o benefício pessoal no relacionamento comercial com os fornecedores.

Na década de 1990, a globalização e o acirramento da concorrência mudaram o *status quo* e as organizações brasileiras tiveram que buscar novos padrões de produtividade porque as ingerências, a burocracia e os pactos de amizade que geravam desperdícios não poderiam ser repassados para o preço final do produto. A guerra de preços transformou, radicalmente, o cenário acomodado. As fusões e aquisições aceleravam o processo de mudanças.

A multinacional GRV foi adquirida por um grupo brasileiro. Aos poucos, os novos gestores foram mudando a cultura da empresa. Foi priorizado o planejamento orçamentário, porém, as metas não eram definidas de forma participativa. Algumas eram impossíveis de serem realizadas, gerando o descontentamento de muitos executivos.

Empresa GRV de multinacional para empresa brasileira:
A estrutura hierárquica enxuta da organização foi totalmente reformulada com a criação de cargos desnecessários.

A preocupação com o social deixou de ser prioridade da empresa, o que prejudicou, sensivelmente, o comprometimento dos funcionários. A participação dos empregados, com idéias para a solução dos problemas, diferencial da organização, enquanto multinacional, foi desaparecendo. O grêmio recreativo, encontro semanal obrigatório para bom bate-papo e conversas descontraídas, por insatisfação geral, foi abandonado pelos funcionários. Muitos executivos, responsáveis pelo crescimento da GRV, foram substituídos pelos gestores de confiança da matriz, gerando clima de insegurança para os demais.

Em 1995, decisões da organização, envolvendo enxugamento dos níveis hierárquicos em minha área, exigiriam mais dedicação. Como já trabalhava mais de 9 horas por dia e finais de semana, prejudicando a vida familiar e por não estar satisfeito com a política da empresa, negociei a saída da organização. Passei, então, a dedicar-me, exclusivamente, ao ensino superior, como professor na Faculdade Cenecista de Varginha/MG – Faceca. Em 1998 assumi a direção da instituição.

Mesmo não atuando no segmento automotivo, mantenho contato direto com executivos da GM, Ford, Fiat e VW, com o objetivo de acompanhar as estratégias que estão sendo implementadas, A cadeia produtiva e a de serviços mais complexos e integrados do setor industria proporcionam, aos aficcionados, fonte de aprendizado inesgotável para a quebra de paradigmas.

Cada elo da cadeia produtiva pode gerar dados distorcidos, prejudicando o intercâmbio eficaz das informações. Conforme Chopra[110]: *"a falta de coordenação ocorre quando cada estágio da cadeia de suprimentos otimiza apenas seu próprio objetivo, sem considerar seu impacto na cadeia inteira".* Os lucros totais da cadeia são prejudicados porque a ingerência de muitos gestores aumenta os custos de fabricação, de estoques e de transportes, chamado por Chopra de "Efeito Chicote" (*Bullwhip Effect*).

O aprendizado com os Gestores, Gurus e Gênios da cadeia automobilística possibilitou a identificação e sitematização de ferramentas de gestão, mediante o check-list "DO JOB". Através da aplicação prática deste check-list, os pontos fortes e os que devem ser trabalhados são evidenciados, possibilitando maior produtividade da instituição de ensino superior que administro.

---

[110] CHOPRA, Sunil. *Gerenciamento da Cadeia de Suprimentos*. São Paulo: Prentice Hall, 2003.

5.6 Iniciativas Brasileiras na Produção de Veículos

5.6.1 Iniciativa da Romi-Isetta

A BMW Isetta foi criada pelo italiano Renzzo Rivolta em 1953, e lançada na Alemanha, em 1955. No Brasil, entre 1956 e 1959, foram produzidas, pelas Indústrias Romi, de Santa Bárbara D'Oeste, 3 mil unidades. É considerada a pioneira da indústria automobilística nacional. Tinha quatro marchas e capacidade para dois passageiros. Uma das curiosidades era a porta que se abria para a frente.

Conforme *Quatro Rodas*[111], através do Informativo Publicitário da Romi, é possível analisar os motivos que influenciaram a inviabilização do projeto: *"Romi-Isetta. Cada vez que aumenta o preço da gasolina aumenta a saudade. Um carro pequeno, uma grande idéia. Mínima manutenção, mínimo espaço, mínima poluição do ar, mínimo consumo. A Romi-Isetta era o máximo. Em 1956, desfilou pelas ruas de São Paulo como o primeiro carro fabricado no Brasil. Uma solução genial entre as muitas soluções geniais da Romi. Antes, em 1948, a Romi projetou e construiu o primeiro trator brasileiro: o Toro. Outra prova de criatividade e arrojo. O trator mais apropriado ao nosso solo, passou pelos mais duros testes de resistência. E só teve um problema: o câmbio. A taxa cambial da época favorecia os tratores importados. Por isso, foi muito difícil competir com eles..."*

Fator Complicador:
"A taxa cambial da época favorecia os produtos importados..."

5.6.2 Iniciativa da Gurgel

O engenheiro João Augusto Conrado do Amaral Gurgel, no final da década de 1960, teve coragem de tentar competir com as grandes montadoras que dominavam o mercado brasileiro. Amaral Gurgel trabalhou como estagiário da General Motors, onde adquiriu certa experiência com modelagem de plástico.

De acordo com o *Estado de Minas*, os projetos desenvolvidos por Amaral Gurgel foram:

✓ Minicarro Gurgel Jr;

✓ Mokart SS (um Kart), que se transformou em um verdadeiro sucesso nas competições;

---

[111] Gurgel: A marca de um sonhador. *Estado de Minas*, 20/2/2000. João Augusto Conrado do Amaral Gurgel, um brasileiro sonhador, teve coragem de tentar competir com as grandes montadoras que dominavam o mercado brasileiro.

- ✓ Modelos produzidos sobre a plataforma VW (Ipanema, Enseada e Xavante) – a produção foi interrompida por falta de condições financeiras;
- ✓ Gurgel Luxo e o QT (Qualquer Terreno);
- ✓ Bugato, em 1970, tentando entrar no segmento de buggies.

Em 1969, fundou, em São Paulo, a Gurgel Veículos Ltda. Produziu dois modelos com chassis, câmbio e motores VW. Em 1971, lançou o Xavante XT-72 e introduziu algumas modificações, totalizando, aproximadamente, 600 unidades. Outro modelo da Gurgel: Mocar, que se limitava ao transporte de cargas em recintos pequenos.

Conforme Revista *Quatro Rodas*[112], Gurgel inaugurou uma fábrica em Rio Claro/SP em 1981. Três anos depois, começou a trabalhar no Carro Econômico Nacional (Cena). Em 1988, o Cena, rebatizado de BR800, começou a ser vendido e contou com o apoio do governo Sarney, que lhe deu um grande desconto na alíquota de IPI, o que deixava o modelo 25% mais em conta que os outros carros compactos. Para obter capital, Amaral Gurgel decidiu vender ações da empresa.

A estratégia deu bons resultados, porém, em 1990, no governo Collor, os carros com 1000 cilindradas passaram a pagar IPI e, com a tributação, o BR800 teria o mesmo preço do Uno Mille. O Gurgel não conseguiu concorrer com a Fiat. Posteriormente, foram colocados no mercado o BR-X, o Tocantins e o Carajás, mas em 1993, a empresa fechou suas portas.

Em 1995, a Gurgel faliu. O passivo total da Gurgel está estimado em R$ 70 milhões, incluídos os débitos trabalhistas, tributários, relativos a credores, bancos e fornecedores.

Fator Complicador:
No governo Collor, por causa da tributação do IPI,
a Gurgel não conseguiu concorrer com a Fiat.

5.6.3 Iniciativa da Fibron

Conforme o *Estado de Minas*[113], nas décadas de 1960 e 1970, existiu uma grande produção de carros esportivos, com carroceria de fibra de vidro. Em 1976, Fabio Simoni Júnior formava-se em Engenharia Mecânica e queria fabricar seu próprio modelo de carro. Foi estudar na Universidade de Cambridge, na Inglaterra, para se especializar em fibra de vidro.

---

[112] Idem nota anterior.
[113] AQUINO, Eduardo. Mineiros de Fibra. *Estado de Minas*, 19/5/2001.

Quando voltou, criou a Fibron e, após experiência com um triciclo que usava motor e transmissão de lambreta, produziu um buggy, chamado de Fox, com motor e caixa de suspensão do VW Brasília 1.600. O Fox começou a ser vendido em 1980 para a Polícia Militar do Rio de Janeiro, que comprou 60 unidades para usar em patrulhamentos.

Em dez anos de fabricação, foram produzidas aproximadamente 1.000 unidades. Outro produto desenvolvido pela Fibron foi o jipe Beep, que, também, usava motor, caixa e suspensão do VW Brasília 1.600. Foram produzidas mais de 400 unidades, para o Norte e litoral do Brasil.

A Fibron lançou, em 1984, um automóvel modelo 274 (por causa do comprimento do carro de 274cm), com carroceria de fibra de vidro, com capacidade para três pessoas, com estrutura mecânica do Fusca 1.300. Foram produzidas mais 300 unidades. A Fibron, também, fez sucesso com a produção de um veleiro de 25 pés e mais de 800 ultraleves.

A fiscalização da Receita Estadual tentou aplicar-lhe uma multa de ICM, apesar de existir uma lei federal que isentava as indústrias aeronáuticas do pagamento do imposto. Simoni se envolveu no processo para anular a multa por dois anos e, quando venceu na esfera federal, não compensava reinvestir na empresa. Em 1990, Simoni fechou a Fibron.

Fator Complicador:
A Receita Estadual, contrariando a legislação federal, multou a organização e inviabilizou o projeto.

5.6.4 Iniciativa da IBAP

A Indústria Brasileira de Automóveis Presidente (IBAP), localizada em São Bernardo do Campo – São Paulo, de Nelson Fernandes, tinha tudo para dar certo, na produção do Modelo Democrata Sedan. Fundada na década de 1960 produziu 350 unidades/dia, com um esquema de socialização do capital por intermédio de venda de títulos de propriedade. A meta de Fernandes era produzir um carro brasileiro moderno e mais barato que os concorrentes.

De acordo com o *Estado de Minas*[114], a IBAP iniciou o processo produtivo do Democrata, em 1964, com carroceria em fibra de vidro e motor traseiro fabricado na Itália. Foi considerado um automóvel muito avançado para a época, deixando a concorrência muito preocupada. Com um diferencial inovador, uma vez que previa a participação nos lucros por parte dos associados, fez com que a IBAP, de acordo com Fernandes, sofresse perseguições com intervenções do Banco Central.

---

[114] Democrata perseguido por "Forças Ocultas". *Estado de Minas*, 28/5/2000.

Muitos colocavam dúvida sobre sua idoneidade e qualidade do carro. Depois de 20 anos de pressão, a justiça não encontrou nenhuma irregularidade na empresa. Durante todo esse tempo, o galpão da empresa ficou abandonado, com carros e equipamentos destruídos, sendo obrigada a encerrar suas atividades.

Conforme Gustavo Henrique Ruffo, o Democrata, um dos modelos mais revolucionários da época no Brasil, deveria ser o carro para todos os brasileiros, conforme desejava Nelson Ferreira, seu criador. Com um motor de alumínio, tinha dupla carburação e potência para superar os concorrentes nacionais dos anos 1960. A IBAP priorizava venda de ações no mercado e os compradores adquiriam o veículo. Esse processo, confuso para a época, gerou um processo judicial com o Banco Central, sendo obrigado a encerrar suas atividades em 1968.

Fator Complicador:
Processo judicial com o Banco Central e, conseqüentemente, inviabilidade econômica.

5.6.5 Iniciativa da Brasinca

Sandy Moura, em 1949, fundou a Brasinca, em São Paulo, para a produção de peças estampadas, carrocerias para ônibus e caminhões, para as indústrias automobilísticas. Conforme o *Estado de Minas*[115], depois de 10 anos de experiência no abastecimento da GM, Willys, Toyota e Mercedes, liderado pelos professores Rigoberto Soler, Ângelo Gonçalves e outros profissionais da Vemag desenvolvem um projeto de carro denominado Brasinca 4200 GT (Grand-Turismo) com tecnologia nacional.

Era a engenharia automobilística brasileira mostrando, ao mundo, o potencial e o brilhantismo de nossos profissionais. O Chassis, de construção inédita, tinha monobloco formado de chapas finas, o que o tornava leve e muito resistente.

Foram produzidas somente 23 unidades, porque os primeiros Ford-Mustang começavam a chegar ao Brasil, o que prejudicava a comercialização. O professor Rigoberto Soler, na empresa STV, desenvolveu outro projeto de carro chamado Uirapuru. Foram fabricadas 50 unidades, mas a preferência dos consumidores brasileiros pelo Mustang e a falta de incentivo governamental obrigaram a empresa a cancelar o projeto.

A fábrica da Simca do Brasil foi fundada em 1958, em São Bernardo do Campo/SP, Produzindo o primeiro carro Chambord, em março de 1959, com

---
[115] Nostalgia: Simca do Brasil. *Estado de Minas*, 20/5/2001.

quatro portas e seis lugares. Por causa da pouca potência do motor, o Simca Chambord nacional era conhecido como "Belo Antonio" – bonito, mas impotente.

Em 1962, foi lançada a perua Jangada, a primeira perua de grandes dimensões do mercado brasileiro. Em 1967, foi absorvida pela Chrysler e, em 1969, os modelos produzidos foram substituídos pelo Dodge Dart.

Fator Complicador:
Os veículos produzidos não conseguiram conquistar o público brasileiro que preferia o Mustang.

5.6.6 Iniciativa da Kadron

Em 1969, depois de ampla experiência no segmento de acessórios e escapamentos, a Kadron investe na construção de um buggy, utilizando a plataforma VW. O primeiro produto da Kadron foi o Tropi, com chassis 30 centímetros menor que o Fusca. Em 1970, foi rebatizado de Kadron e ganhou, como opcional, capota rígida e portas, também de fibra-de-vidro, que podiam ser removidas.

Além de montar a carroceria sobre o chassis, a Kadron, opcionalmente, alterou as relações de marchas e preparou o motor. Mas, se o cliente preferisse, podia comprar apenas o kit do buggy e montá-lo em qualquer oficina.

Fator Complicador:
Inviabilidade econômica.

5.6.7 Iniciativa da Bugre

Com sede no Rio de Janeiro, a empresa lançou o primeiro Bugre em 1970 e, apenas nos primeiros meses de produção, foram comercializadas 170 unidades (a capacidade era de 12 carrocerias/mês).

O Bugre SS, versão esportiva, foi criado por Francisco Cavalcanti e inspirado nas linhas básicas do modelo Interlagos. Em 1972, o Bugre M-150 foi lançado em homenagem ao Dia da Proclamação da Independência do Brasil. Esse modelo participou de competições no Autódromo do Rio de Janeiro e sua comercialização ocorreu a partir de 1974. Não tinha portas e nem capota rígida.

Fator Complicador:
Inviabilidade econômica.

5.6.8 Iniciativa da General Motors Terex do Brasil

Minas Gerais já produziu veículos militares, na década de 1980, com a marca Terex: o caminhão Uai-MI-50 e a viatura Uai-MI-34, conforme o *Estado de Minas* de 21 de abril de 2001.

Em 1979, a divisão Terex da GM transformou-se em uma empresa própria, chamada General Motors Terex do Brasil Ltda. Fabricava veículos fora-de-estrada e pás-carregadeiras. Em setembro de 1982, a GM vendeu a sua participação para a IBH, uma holding alemã que atuava na época no Brasil.

Embora tenha continuado com a mesma linha de produtos, a empresa mudou de nome, passando a ser chamada somente Terex do Brasil. A pedido do Exército Brasileiro, dois veículos militares foram desenvolvidos em 1983: o caminhão Uai-MI-50n e a viatura Uai-MI-34. No ano seguinte, eles entraram em produção.

O caminhão tinha motor Scania turbo diesel, de seis cilindros e 211 cv, câmbio manual de seis marchas e tração nos seis eixos. A viatura Uai-MI-34 tinha motor Perkins 3.8 a diesel, de 86 cv, câmbio manual de cinco marchas, direção hidráulica, tração nas quatro rodas, cabina com cobertura de lona removível, pára-brisas e vidro basculante. Os projetos dos dois veículos eram inéditos e foram totalmente desenvolvidos pelo departamento de engenharia da empresa.

Os veículos militares foram produzidos até 1988, sendo que as últimas unidades foram entregues em 1989. Em 1991, a empresa MCR Participações comprou 1% das ações, que ainda restava à General Motors, mas logo assumiu o controle acionário e aumentou o capital. Em outubro de 1997, a marca Terex ficou com uma empresa norte-americana que havia adquirido as fábricas da IBH na Escócia e nos EUA. A empresa passou, então, a chamar-se MCR do Brasil.

De acordo com o diretor-geral da MCR, Maurício de Oliveira Campos, a empresa planejava abrir uma outra unidade, dentro da grande BH, para voltar a produzir veículos para o Exército Brasileiro e para construtoras mineradoras, empreiteiras etc. Para isso, estudava uma *joint-venture* com uma empresa estrangeira.

Atualmente, a empresa produz estrutura para galpões e prédios, pontes rolantes e peças para a indústria automobilística (usinagem de formas para estamparia, mesas de montagem, cortes e dobras de chapas de até duas polegadas de espessura etc.).

Fator Complicador:
Inviabilidade econômica.

5.6.9 Iniciativa da Vemag

O DKW-Vemag foi um marco na indústria automobilística nacional. Por ter sido o primeiro carro brasileiro quando saiu da linha de montagem em 1956, causou enorme mudança socioeconômica no Brasil. As cidades se transformaram, a indústria se reestruturou e a economia sofreu profundas alterações. Nosso DKW possibilitou o acesso da classe média ao mundo sobre quatro rodas.

Logo ele apareceria, também, no modelo sedã, trazendo várias inovações para a época, tais como: tração dianteira e motor 2-tempos. Para os amantes de carros antigos, o som desse motor, com seu ruído característico, é inesquecível.

Foram fabricados vários modelos de DKW: um de luxo, o Fissore, os populares Caiçara e Pracinha e, até, um jipe, o Candango. Com a revolução comercial criada, a DKW conquistou uma posição honrosa na indústria automobilística nacional.

5.6.10 Iniciativa da Troller[116]

Os irmãos Rogério e Bill Farias fundaram a Troller Veículos Especiais do Ceará em 1994 e, em 1997, quando os recursos financeiros da família acabaram, ela quase foi a falência.

Mário Araipe, cearense de 48 anos, formado em engenharia mecânica pelo Instituto Tecnológico da Aeronáutica (ITA), com pós-graduação em Administração pela Universidade de Harward, proprietário da Fiação Têxtil União no Ceará e da Tecelagem Valença Industrial na Bahia, percebeu a excelente oportunidade de negócio e adquiriu a Troller por 600 mil reais.

Araipe, mesmo não gostando das trilhas lamacentas, paixão dos troleiros, e convencido de sua inexperiência no segmento industrial, foi atrás de informações para não cometer os mesmos erros de empresários brasileiros que montavam automóveis. Os antigos sócios da Puma e o empresário João do Amaral Gurgel deram excelentes contribuições: *"Fazer tudo com calma, passo a passo, sem buscar resultados imediatos; não concorrer, em hipótese alguma, com as multinacionais instaladas no Brasil; escolher um nicho de mercado, especializar-se em um produto e fazê-lo bem-feito."*

Os proprietários dos jipes Troller formam uma tribo que não pára de crescer, principalmente depois do *rali* Paris-Dacar, de 2001, quando o veículo cearense conquistou o segundo lugar da prova, uma vitória mercadológica. Conforme Araipe: *"Precisávamos aparecer, mas, como não tínhamos muito dinheiro para publicidade, usamos as competições para passar a imagem de marca forte e resistente."*

---

[116] VERÍSSIMO, Suzana. Jegue de Aço. *Exame*, 17/9/2003, p 78-90.

A média anual da produção, até 2000, era de 370 jipes, passando para 970 no período de 2001-3. O faturamento passou de 17 milhões de reais, em 2000, para 76 milhões, em 2003.

A Troller tem 325 funcionários e produz, atualmente, cinco jipes por dia. Conforme Urias Novaes, diretor de produção, muitos componentes usados foram desenvolvidos para outras montadoras, o que facilita a manutenção. Esse diferencial competitivo tem facilitado o processo comercial e levou a Polícia Militar de Minas Gerias a comprar 13 jipes para equipar os postos da PM, de Belo Horizonte, para patrulhamento das fronteiras na região norte, e a Polícia Federal adquiriu 15 veículos da Troller. Justificativa: a manutenção é simples porque o veículo é todo nacional.

Araipe está concentrando esforços para desenvolver projetos especiais para empresas: a Companhia Vale do Rio Doce precisa de um veículo para ser usado no subsolo, onde o altíssimo grau de salinidade do ambiente deteriora os veículos. Para ele, até 2005, a metade do faturamento virá de veículos especiais para empresas.

Novos projetos estão sendo desenvolvidos, como, por exemplo, uma picape militar e um 4×4 blindado para combate, e, mesmo antes de serem aprovados, vários países já demonstram interesse em adquiri-los. Para substituir a picape Toyota Bandeirante, que deixou de ser produzida em 2001, a Troller investiu 5 milhões de reais no desenvolvimento de um veículo que será lançado em 2004.

Araipe destaca que a diversificação de sua linha de produção está na dependência de componentes já disponíveis no mercado, porque os investimentos no desenvolvimento dos mesmos podem comprometer o resultado financeiro da organização.

Fator Complicador:
Usar muitos componentes desenvolvidos pelas multinacionais.
Qualquer problema comercial envolvendo a concorrência com as multinacionais o abastecimento poderá ser interrompido.

Estudo de Caso 13
DESAFIO DA FIAT DO BRASIL

> *"Todo mundo é oportunista, mas nem todos sabem sê-lo com oportunidade."*
> **Maurice Chapelan**

Em 2001, a Fiat foi a única das grandes montadoras do país a operar com lucro. O desempenho da montadora deu-se não em razão dos seus carros populares, Palio e Uno Mille, mas com os de maior valor, como o Marea. Na faixa dos comerciais leves, como, por exemplo, a picape Strada, cabina estendida, e o furgão Fiorino, sua participação avançou 5% em 2001.

O sucesso da Fiat é justificado porque a montadora conseguiu identificar nichos de mercado e disponibilizar para os consumidores novas opções antes da concorrência. O exemplo a destacar é o Doblò, sucesso comercial que superou todas as previsões, conforme Furtado[117].

A rede de 350 concessionárias vem participando das decisões para o desenvolvimento de produtos. O presidente anterior, Gianni Coda, acompanhava as expectativas e sugestões das revendedoras, o que possibilitava o conhecimento de problemas e de oportunidades para a organização.

O desafio do novo presidente, Alberto Ghiglieno, desde fevereiro de 2002, é manter a performance da montadora, em termos de participação no mercado. O posicionamento das três maiores montadoras do Brasil era o seguinte:

Participação no Mercado (%)		
FIAT	VW	GM
27,1	26,6	23,6

Para Ghiglieno, aumentar a distância que separa a Fiat dos concorrentes, com maior rentabilidade, será a meta a ser perseguida, nos próximos anos. Sua estratégia é explorar toda a experiência adquirida na área de compras inter-

---
[117] FURTADO, José Maria. O Sucessor. *Exame*. Edição 763. 3/4/2002, Ano 36. nº 7. p. 60-3.

nacionais como diretor geral da Wordwide Purchasing Europa (WWP), associação criada em função da troca de participação acionária entre GM e Fiat. A WWP tem 3.000 fornecedores e administra um volume de negócios na ordem de 25 bilhões de dólares, por ano.

O resultado financeiro da WWP, em 2001, no primeiro ano da associação, conforme fontes não oficiais, mostra que a economia está na ordem de 400 milhões de dólares, o que credenciou Ghiglieno a presidir a Fiat brasileira, considerada a segunda unidade de negócios mais importante do grupo. A aproximação da Fiat e da GM possibilitará reflexões sobre atividades "fim" e "meio" e transferir, para a organização mais produtiva, operações e serviços, visando à maximização da produtividade organizacional..

Ghiglieno reconhece que a Fiat brasileira tem um modelo administrativo de sucesso, mas pretende implementar novas idéias para não perder a vantagem competitiva. Aproveitando a associação com a GM, está agendada uma reestruturação hierárquica, com o enxugamento de alguns cargos, para maior velocidade na tomada de decisão.

Gianne Coda, presidente anterior, destacou a importância da redução de desperdícios em todos os segmentos da organização, principalmente os ligados à logística. Antes de retornar à Itália, preocupou-se em deixar os principais executivos, das concessionárias e da unidade fabril motivados sobre as estratégias da organização para os próximos anos. A Fiat não descuidará dos carros populares e, ainda, lançará outro modelo mais simples e mais barato que o Uno.

O motivo da excelente gestão de Coda foi a sua capacidade de ouvir os gestores das concessionárias, que convivem, diariamente, com os consumidores. O novo presidente, Alberto Ghiglieno, priorizará essa estratégia e buscará informações sobre ações implementadas com sucesso pelos concorrentes para manter a competitividade da organização.

Ser competitivo é agir antes da concorrência.

Para a formatação eficaz das informações captadas no cenário mercadológico, é importante o trabalho em equipe. Ghiglieno tem facilidade no trato pessoal e prioriza a gestão participativa.

Nos seus primeiros dias na Fiat, buscou a integração com todos. Marcou um almoço com o presidente das concessionárias e comprometeu-se a participar de um jogo de futebol entre o pessoal da Fiat e os concessionários. Destacou, ainda, que associa o Brasil a um lugar alegre para se trabalhar.

Questionamento:
É possível estabelecer um paralelo entre um lugar alegre para se trabalhar com a geração de novas idéias?

Referencial da Fiat: "Ser competitivo é agir rápido... antes da concorrência." A montadora tem sido rápida na tomada de decisão. O cenário competitivo tem exigido dos gestores da Fiat atenção, 360 graus, para a captação de novas tendências, maturação das novas idéias e, o mais importante, implementação de ações inteligentes para superar os concorrentes.

Nesse enfoque, a Fiat brasileira é um exemplo bem-sucedido, porque prioriza ferramentas de gestão que serviram de inspiração para a formatação do check-list "DO JOB":

- ✓ **Downsizing**: mesmo com o enxugamento da estrutura hierárquica, a Fiat foi eleita, em 2001, a melhor empresa para se trabalhar;
- ✓ **Outsourcing**: priorizou a associação com a General Motors, a maior empresa automotiva do mundo, para troca de experiências;
- ✓ **Just In Time**: reduziu os desperdícios em toda a cadeia produtiva, para aumentar a lucratividade;
- ✓ **Objective**: lançou um carro popular com motor 1.0 antes dos concorrentes;
- ✓ **Benchmarking**: identificou novas oportunidades mercadológicas a serem exploradas com preços competitivos.

Enfoques destacados neste Estudo de Caso para o paralelo com o check-list "DO JOB"

PARÁGRAFO EM ESTUDO	Ferramentas de Gestão Exploradas				
	D	O	J	O	B
O sucesso da Fiat ...					X
. Para Ghiglieno ...				X	
A aproximação da Fiat ...		X			
... uma reestruturação hierárquica ...	X				
... destacou a importância ...			X		
O novo presidente ...					X
Nos seus primeiros dias ...		X			
O cenário competitivo ...					X

Comentários:

Descobrir nichos de mercado, estreitar as relações com as concessionárias, incrementar parcerias com os fornecedores, acompanhar as ações estratégicas dos concorrentes e transformar a organização em um lugar alegre para se trabalhar são as metas perseguidas pela Fiat do Brasil e outras organizações. A Fiat, em função de dificuldades financeiras, oficializou a venda de 20% de suas ações para a GM e adquiriu 6% da mesma. Apesar do problema, essa decisão possibilitou a troca de experiências técnicas e administrativas para maior produtividade. Reflexões sobre atividades "fim" e "meio" entre as duas montadoras têm sido priorizadas para a redução de custos. Para a Fiat, todos os departamentos devem colocar em evidência que ser competitivo é agir rápido antes da concorrência.

Quadro 56: Respostas do Estudo de Caso 13

Estudo de Caso 14
FUSCA: 20 MILHÕES DE UNIDADES PRODUZIDAS

"Todo homem é uma criatura da época em que vive: muitos poucos são capazes de ter idéias além da época."
Voltaire

Ferdinand Porsche, famoso engenheiro austríaco, decidiu trabalhar por conta própria, montando a primeira consultoria em engenharia de automóveis independentes na Alemanha. Desenhou vários modelos de carros, mas não conseguia investidores. Conforme Andréas[118], seu projeto "Tipo 60" foi apresentado, em 1934, ao governo nazista e, em junho, com a aprovação de Hitler, oficializou contrato com a Associação Nacional da Indústria Automotiva Alemã – RDA.

Assim, nascia uma proposta de "carro do povo", conhecido como Kafer/ Besouro. As metas fixadas por Hitler eram: o preço do novo veículo não poderia ser superior a 1.000 marcos; deveria ser capaz de viajar a 100km/h, ter quatro lugares, andar 14km/litro e possuir motor refrigerado a ar, porque somente os ricos tinham garagens aquecidas.

Porsche e seu filho "Ferry" viajaram para os EUA a fim de conhecer os segredos da produção em massa de automóveis. Investigaram tudo: máquinas de produção, perfil dos profissionais, seqüência operacional. Um grande sonho estava se concretizando: fazer, na Alemanha, uma réplica da gigantesca fábrica da Ford. A futura montadora alemã deveria produzir o máximo de componentes para o abastecimento eficaz da linha de produção, dentro da conceituação que priorizava a verticalização dos processos.

---

[118] OSWALD, Andréas. CAVALLARI, Douglas & BRANDENBERG, Eni Wolfsburg – A saga da capital do Fusca. *A Bananinha,* out. 99. Publicação destinada aos sócios do Fusca Club do Brasil.

A meta inicial previa que a fábrica estaria pronta em 1946, quando produziria 1,5 milhão de automóveis por ano. Começava a tomar forma, uma das partes importantes da história do Fusca. Nascia Wolfsburg, a primeira cidade do mundo planejada em torno do veículo Kafer/Besouro. Seria criada uma colônia agrícola, formada por 28 aldeias, reunindo casas para mais de 90 mil pessoas, em sua maioria funcionários e familiares.

Para a realização do projeto foi elaborado um engenhoso sistema de consórcio, em que os interessados (parceiros) trocavam cinco marcos semanais por um selo para ser pregado num álbum, até completar 950 marcos e trocado pelo carro.

Em 1938, uma grande festa marcava o assentamento da *pedra-fundamental* da fábrica. Com o slogan *carro da força pela alegria* (KdF-wagen), o veículo ganhava seu primeiro nome. Em 1939, os primeiros carros fabricados em Wolfsburg desfilavam pelas ruas de Berlim. Mais de 300 mil clientes pagaram, antecipadamente, para receber os primeiros Besouros (Fusca).

Porém, com a Segunda Guerra Mundial, o *Consórcio KdF* deixava seus clientes-parceiros, que investiram 280 milhões de marcos, decepcionados. A fábrica foi adaptada para produzir veículos militares. Apesar de suportar mais de 200 bombardeios, funcionou até a rendição.

Em 1945, o exército norte-americano entregou a região, onde estava Wolfsburg, às forças inglesas. O Major Ivan Hirst assumiu a fábrica e, com as peças remanescentes, 700 veículos foram montados. Os ingleses pretendiam investir na empresa, para depois, vendê-la. Hirst conseguiu aprovação para a produção de mais de 20 mil carros, rebatizados de Volkswagen.

Em 1946, o major Hirst, com inúmeros problemas envolvendo falta de componentes, peças sem qualidade, desorganização hierárquica, processo decisório confuso, desmotivação dos funcionários, contrata Heinrich Heinz Nordhoff para dirigir a empresa da Volkswagen.

Nordhoff assumiu Wolfsburg sem lugar para morar e contentou-se em dormir, por seis meses, numa cama de armar, ao lado do seu pequeno "escritório". Com isso, motivou seus 7 mil funcionários para o trabalho. Nordhoff era mecânico e conseguiu implementar significativas inovações no processo produtivo, para melhoria da qualidade e eliminação dos desperdícios.

A fábrica estava pronta para ser vendida. Porém, para os ingleses, o Fusca não preenchia os requisitos técnicos esperados de um automóvel e o rejeitaram como uma proposição comercial inviável.

De acordo com Gehringer[119], após o final da guerra, executivos da GM americana visitaram as instalações fabris da Volkswagen, em Wolfsburg, para comprá-la como "sucata". Alfred Sloan, presidente da montadora, desaprovou a transação, por acreditar que o veículo não teria aceitação mercadológica. Apesar dessa história constar nos livros de *Piores decisões de negócios já tomadas*, não foi confirmada pela GM e Volkswagen.

O coronel inglês Charles Radclyffe ofereceu a fábrica de graça para a Henry Ford que, por não acreditar no veículo, recusou a doação. O gestor Nordhoff, como não tinha outra alternativa, deu continuidade ao seu trabalho. Colocou em ação seu espírito empreendedor para enfrentar os fatores restritivos que se apresentavam. Motivou os funcionários, integrou os processos de trabalho e fixou metas para a produtividade.

De gestor a guru e, finalmente, a gênio da indústria automobilística alemã, Nordhoff conduziu o projeto Volkswagen de forma impecável. Implementou uma estrutura hierárquica descentralizada para tomada de decisão compatível com as necessidades da organização. Novos mercados foram conquistados e o Fusca começou a entrar para a História.

Em 1950, a Volkswagen de Nordhoff, em franco crescimento, priorizou o investimento de um carro esportivo pequeno, através da parceria com a empresa Karmann-Guia (KG). A Volkswagen forneceria o chassis e o motor, e a KG, a carroceria. O nome do carro seria Karmann-Guia (KG) e foi um grande sucesso, na Alemanha e por toda a Europa. Tornou-se um dos produtos de exportação da Volkswagen para os EUA e para o Canadá.

---

[119] GEHRINGER, Max. A história do mito que nasceu na Alemanha e conquistou o Brasil. *Quatro Rodas*. nov. 2002. p. 48-9. Edição de Colecionador.

Em 1959, com muita ousadia, pioneirismo e visão mercadológica, Nordhoff dá outra demonstração de sua genialidade e oficializa o maior investimento da Volkswagen fora da Europa. <u>A meta da VW era o Brasil, porque ainda não havia nenhuma montadora de veículos instalada e o país estava em crescimento</u>.

No Brasil, o Fusca vira um símbolo. A primeira fábrica foi em São Bernardo do Campo/SP, inaugurada pelo então Presidente Juscelino Kubitschek em novembro de 1959.

Com o sucesso de vendas, principalmente no Brasil, em 1972, supera o até então imbatível modelo "T" da Ford. Mas seu sucesso não parou aí. Em 1981, acontece a grande marca, quando o Fusca ultrapassa os 20 milhões de unidades, tornando-se, assim, o carro mais vendido de todos os tempos.

O Fusca fez a sua história, mas, com a evolução tecnológica e a grande competitividade do mercado, ele foi perdendo espaço, assim como o modelo "T" da Ford. Em 30 de julho de 2003, ele saiu de linha de montagem da única fábrica que ainda produzia o modelo, a fábrica da Volkswagen de Puebla, no México. O último exemplar recebeu a placa comemorativa 21.529.464, número este equivalente ao total de unidades produzidas. Este encontra-se ocupando seu lugar de honra no Museu da Volks, na cidade de Wolfsburg, na Alemanha.

Enfoques destacados neste Estudo de Caso para o paralelo com o check-list "DO JOB"

PARÁGRAFO EM ESTUDO	Ferramentas de Gestão Exploradas				
	D	O	J	O	B
As metas fixadas por Hitler ...				X	
Porsche e seu filho "Ferry" viajaram ...					X
A meta inicial previa que a fábrica ...				X	
... a desorganização hierárquica ...	NÃO				
Nordhoff era mecânico e conseguiu ...			X		
... integrou os processos ...				X	
Implementou uma estrutura ...	X				
... através da parceria ...			X		
A meta era o Brasil ...				X	

Comentários:

A VW percebeu que o Brasil era ótima oportunidade mercadológica porque não tinha uma montadora de veículos instalada. Em 1959 iniciou a fabricação do Fusca no nosso país. Foi o maior investimento da montadora fora da Europa. Enquanto a GM e a Ford insistiam apenas em montar veículos no Brasil pelo Sistema CKD (completamente desmontado), enviando todas as peças necessárias dos EUA, a VW acreditou no potencial de consumo interno e na capacidade de produção da nossa mão-de-obra. Um executivo da Ford chegou a afirmar, no início dos anos 1950, que produzir automóveis no Brasil era utopia. A implantação de uma indústria automobilística no Brasil fazia parte do programa de governo de Juscelino Kubitschek e, com a sua eleição, essa meta foi priorizada. O sucesso comercial do Fusca no Brasil transformou a VW em uma organização modelo, e suas decisões estratégicas passaram a ser analisadas e copiadas pelos concorrentes. De 1959 a 1979, o crescimento das vendas internas do Fusca foi de, aproximadamente, 20% ao ano, incomodando a GM e a Ford. É difícil um consumidor brasileiro, nas décadas de 1960 a 1980, não ter adquirido um Fusca. Porém, o público-alvo, no final dos anos 1990, no tocante a visual e conforto, considerava o Fusca como um veículo com design ultrapassado. O avanço tecnológico possibilitou o desenvolvimento de novos processos de fabricação e o fluxo de montagem do Fusca ficou inviável, economicamente. A data 30 de julho de 2003 entra para a história, porque foi montado o último exemplar, o de nº 21.529.464, no México.

Quadro 57: Respostas do Estudo de Caso 14

Estudo de Caso 15
MONTADORAS ESCUTAM OS CONSUMIDORES

> *"Harley Davidson é, talvez, a melhor marca nos EUA. Coca-cola é uma boa marca, mas as pessoas não as tatuam nos seus corpos."*
>
> **Ralph Wanger**

Aproveitando estratégias de outras organizações, no final de junho de 2002, cerca de 500 pessoas foram selecionadas pela Volkswagen para escolherem as cores dos carros da linha 2004. Elas foram convidadas para ir à fábrica, em São Bernardo do Campo/SP, apontar, entre 50 opções, as 12 preferidas. Além de clientes normalmente indicados pelas concessionárias, participaram, também, funcionários de diferentes faixas etárias.

Conforme o jornal *Estado de São Paulo*[120], antes de lançar um produto as montadoras organizam as chamadas clínicas, envolvendo consumidores e funcionários, que apontam os aspectos mais valorizados do produto e até sugerem nome para o novo modelo. Para o gerente de Planejamento e Marketing da Volkswagen, Paulo Sérgio Kakinoff, *"promover mudanças após o lançamento envolveu inúmeras implicações. Mas quando é o desejo de um grupo considerável de clientes não há como ignorar. Tivemos de mudar todos os tecidos dos bancos dos nossos carros porque grande quantidade de mulheres passou a reclamar das meias de náilon desfiadas. Outra reclamação era eletricidade estática (choque). Dependendo do tipo de roupa do motorista, ao contato com o tecido sintético do banco, os choques eram inevitáveis. A solução foi instalar maçanetas cromadas para resolver o problema."*

Acompanhar o nível de satisfação dos clientes é estratégia explorada por todas as empresas. A Toyota, no início da década de 1970, tinha como meta organizacional surpreender os consumidores com essa iniciativa, o que possibilitou a conquista de novos mercados. Em 1997, o Gol Special começou a ser fabricado com a luz de freio apenas de um lado. No outro funcionava a luz de neblina, a exemplo dos carros de pequeno porte produzidos na Europa.

---

[120] Cliente sugere mudanças. *O Estado de S.Paulo*, 23/6/2002.

Diversas reclamações foram feitas por clientes que não aceitavam essa inovação e, em menos de cinco meses, o carro voltou a ter luzes em ambos os lados. O que é comum para o motorista europeu aqui era visto como falha: *"Uma das luzes está queimada, achava a maioria dos clientes"*, explica Kakinoff[121]. Para a definição das metas, a curto, médio e a longo prazos, <u>a organização precisa conhecer as expectativas dos consumidores e priorizar aquilo que agrega valor para eles e aprender com as estratégias desenvolvidas pelos concorrentes</u>.

Foi por meio de pesquisas, cartas e ligações à sua central de atendimento que a General Motors constatou o grande interesse pelas versões sedans, aquelas com porta-malas salientes. <u>Administrando dessa forma, os clientes se transformam em parceiros, dando sugestões e realizando atividades que eram exclusivas das montadoras</u>. Assim, as empresas podem priorizar ações valorizadas pelo mercado. Um ano depois do lançamento do Corsa Hatch, projetado pela Opel, o braço europeu da marca, a fábrica brasileira iniciou a produção do Sedan, hoje a versão mais vendida pela GM no mercado brasileiro. Acompanhar as novas tendências e descobrir os nichos de mercado são os diferenciais das organizações de sucesso na atualidade.

Há uma solicitação para a Fiat de Betim/MG: instalar um dispositivo no porta-malas que, acionado, emitiria, através de luzes, uma mensagem no vidro traseiro do carro com a seguinte frase[122]: "SOS, estou sendo seqüestrado." Segundo a Fiat, por enquanto, não há tecnologia que possibilite projetar palavras para serem lidas somente por quem está do lado de fora do carro. <u>Mas há sugestões que foram adotadas pela montadora e fizeram tanto sucesso que estão sendo copiadas por outras fábricas do grupo</u>. À medida que a empresa explora as opiniões do mercado, ela pode implementar mudanças significativas em sua linha de produtos e conquistar clientes.

A Fiat realiza cerca de 15 pesquisas, ao ano, com consumidores e público em geral, ouvindo mais de 10 mil pessoas para saber a opinião sobre seus produtos. Nas pesquisas dos anos anteriores, descobriu que vários entrevistados reclamavam da falta de um carro com chassis mais elevado para enfrentar as péssimas condições das ruas das cidades brasileiras.

---

[121] FURTADO, José Maria. O sucessor. *Exame*, 3/4/2002, p.63.
[122] Cliente sugere mudanças. *O Estado de S.Paulo*, 23/6/2002.

Assim que o nicho de mercado foi identificado, a Fiat fixou como meta o lançamento do novo veículo: o Palio Adventure. *O carro que reúne essas características foi lançado em 2002 e o modelo conquistou 40% das vendas no segmento*, de acordo com a Revista *Veja*.

O Doblò é um projeto mundial da Fiat, mas no Brasil ganhou a versão exclusiva, com sete lugares, a pedido de consumidores com famílias numerosas. O mesmo projeto desenvolvido para atender às solicitações de clientes foi aprovado para ser exportado para a Turquia, destaca o diretor de marketing, Edison Mazzucatto. A Fiat valoriza pesquisas com os consumidores porque suas sugestões possibilitam conhecer melhor o que é valorizado pelo mercado.

Embora muitas vezes passem despercebidos itens como espelho no párasol, tecidos dos bancos, retrovisor, maçaneta, cinto de segurança, porta-malas, posição do extintor, alavanca de ajuste dos bancos, tais aspectos fazem diferença na hora da aquisição. Após analisar pesquisa mercadológica dirigida aos consumidores de carros populares, a conclusão é conhecida: os clientes querem conforto e qualidade, mas a preços acessíveis. Para isso, é preciso reduzir os desperdícios instalados na cadeia produtiva, na logística de abastecimento e no desenvolvimento de um veículo não desejado pelo mercado.

Detalhes que no passado não eram evidenciados como formato dos botões internos, materiais de acabamento e iluminação dos mostradores, hoje podem influenciar o consumidor no ato da aquisição, e enfatizar a importância do design interno.

Estudos desenvolvidos pelos fabricantes concluíram que, devido ao trânsito infernal das grandes cidades, os motoristas passam, em média, 82 minutos por dia dentro do carro. Assim, o requinte que se restringia ao estilo da carroceria, aspecto externo, prioriza, na atualidade, a beleza interna para amenizar os problemas dos congestionamentos e de estradas sem condições ideais.

Qualquer funcionário da organização pode dar sua sugestão para agregar valor ao veículo. O enxugamento da estrutura hierárquica e a descentralização do processo decisório tem possibilitado vantagens competitivas para muitas organizações.

Enfoques Estratégicos:
✓ *Expectativas dos consumidores;*
✓ *Sugestões dos funcionários;*
✓ *Reduzir os desperdícios.*

Enfoques destacados neste Estudo de Caso
para o paralelo com o check-list "DO JOB"

PARÁGRAFO EM ESTUDO	Ferramentas de Gestão Exploradas				
	D	O	J	O	B
Aproveitando estratégias ...					X
A Toyota, no início da década de 70 ...				X	
... a organização precisa ...					X
Administrando dessa forma ...		X			
Mas há sugestões que foram ...					X
... a Fiat fixou ...				X	
... é preciso reduzir os desperdícios ...			X		
O enxugamento ...	X				

Comentários:
Acompanhar, diuturnamente, as expectativas dos consumidores é o diferencial das organizações vitoriosas. É a captação de informações, valorizadas pelo público-alvo, para a tomada de decisão de forma a agregar valor à cadeia produtiva e de serviços. A parceria entre montadoras, clientes internos e externos é a receita para o sucesso, porque facilita o processo comercial, uma vez que os produtos a serem colocados no mercado são os desejados por ele. É o princípio da filosofia explorada pela Toyota, na década de 1970: produção "puxada pelo mercado". Se o mercado participar da definição dos componentes internos e externos do novo veículo, certamente ele terá maior aceitabilidade. No cenário concorrencial, os consumidores são mais exigentes e as corporações precisam de cabeças pensantes, dentro e fora da organização, para a formatação de um novo modelo de veículo.

Quadro 58: Respostas do Estudo de Caso 15

CAPÍTULO VI

Estratégias e Cenários

"Antever sucessos é grandioso. Antever insucessos mais ainda."

Lúcia Maria Andrade Maia

6. ESTRATÉGIAS E CENÁRIOS: REALIDADES, POSSIBILIDADES E TENDÊNCIAS

Luciel Henrique de Oliveira[123]

6.1 Início e Consolidação da Indústria Automobilística no Brasil

Após a Primeira Guerra Mundial, as indústrias automobilísticas decidiram expandir a oferta mundial de veículos, através do sistema produtivo "completamente desmontado" (*Completely Knocked Down* – CKD). Em 1919, a Ford instalou sua base montadora em São Paulo, e a General Motors, aplicando a metodologia Benchmarking, também, chegou ao Brasil, em 1925, para montar seus veículos. Podemos concluir que o sistema CKD foi o embrião do setor automobilístico brasileiro.

A criação da Anfavea, Associação Nacional de Fabricantes de Veículos Automotores em 1946, possibilitou a organização e a profissionalização do setor. Suas principais atribuições foram estudar temas da indústria e do mercado de autoveículos e máquinas agrícolas automotrizes; coordenar e defender interesses das empresas associadas e patrocinar exposições automotivas e outros eventos de caráter institucional. Ela reúne empresas fabricantes de autoveículos (automóveis, comerciais leves, caminhões e ônibus) e máquinas agrícolas automotrizes (tratores de rodas e de esteiras, cultivadores motorizados, colheitadeiras e retroescavadeiras), com instalações industriais no Brasil, ou em via de iniciar a produção.

A indústria automobilística brasileira cresceu e tornou-se o carro-chefe do desenvolvimento econômico nacional desde a década de 1970. E nessa mesma época, impulsionados pela crise do petróleo, definiram-se os carros pequenos e caminhonetes compactas, de inspiração européia, como sendo os melhores produtos para o mercado nacional. O símbolo dessa época foi o "Fusca", marcando um tempo em que o consumidor, de uma nova classe média, buscava modelos resistentes e econômicos, preparados para péssimas condições de rodagem do país.

---

[123] Doutor em Administração (Eaesp/FGV), Professor e Coordenador do Mestrado em Administração e Desenvolvimento Organizacional da CNEC/Faceca – www.faceca.br [luciel@uol.com.br]

Acompanhando essa tendência de mercado, outras montadoras perceberam a estratégia vencedora e passaram a buscar, na Europa, tecnologia de desenvolvimento e produção de carros pequenos.

Nas décadas de 1970 e 1980, os fabricantes instalados no Brasil ganharam escala e a produção doméstica de automóveis obteve uma das mais espetaculares taxas de crescimento no mundo: um salto de cerca de 100 mil para 900 mil unidades.

Através de um processo de concentração na década de 1980, apenas quatro fabricantes de automóveis estavam instalados no país (48% Volkswagen; 22% GM; 15% Ford e 14% Fiat) e as importações eram quase inexistentes. Com a abertura do mercado, o avanço do Mercosul e uma política de incentivo à instalação de fábricas no Brasil, a situação tornou-se bem mais complexa. Montadoras, que antes operavam tradicionalmente na Argentina, aproveitaram para completar suas linhas em unidades brasileiras, juntamente com outras que vieram fincar, pela primeira vez, suas bandeiras no território nacional.

6.2 Cenários e Estratégias da Indústria Automobilística no Brasil pós- Plano Real

Impulsionado pela euforia do Plano Real, entre 1993 e 1997, o setor automobilístico viveu uma forte expansão quando as vendas internas passaram de 1,1 milhão para 1,9 milhão de unidades e a produção, também, passou de 1,4 milhão para 2,1 milhões no mesmo período. Entretanto, a expansão do mercado promovida pela abertura comercial, estabilidade econômica trazida pelo Plano Real e pelas promessas do Mercosul, mudou de cenário em meados da década de 1990, quando a economia brasileira foi afetada pelas crises da Rússia e da Ásia, fazendo a cotação do dólar disparar e o mercado automobilístico nacional diminuir sua movimentação. O final da década de 1990 foi de dificuldades para o setor, e a produção foi reduzida, sensivelmente, no período. Para diminuir o impacto do recuo do mercado interno nesse cenário, fecharam-se os Acordos Automobilísticos Emergenciais que reduziram impostos e preços, além de garantir o nível de emprego.

6.2.1 Abertura do Mercado Brasileiro e Impacto sobre as Marcas Estrangeiras

A meta macroeconômica do governo Fernando Henrique Cardoso, em junho de 1995, limitou a compra de carros no exterior, exigindo que, entre 1996 e 1999, as montadoras só pudessem importar automóveis na mesma proporção que exportassem. Quem investisse para ampliar a produção ganhava crédito extra para importação correspondendo a 20% do valor investido, além do direito de importar máquinas e equipamentos com taxa de apenas 2% contra os 18% vigentes. Assim, o governo visava a resolver as contas internas e forçar as marcas estrangeiras a produzirem seus automóveis no Brasil.

No caso das marcas que ainda não possuíam montadoras instaladas no Brasil, as restrições aos créditos e o aumento das alíquotas de importação, em 1995, tiveram conseqüências ainda mais desastrosas. O aumento da diferença de preços dos veículos importados em relação aos nacionais fez com que as empresas reavaliassem suas metas de importação.

A Renault, líder de venda entre as marcas importadas no início do Plano Real, via com bons olhos o mercado brasileiro, embora a mudança das regras do jogo, efetuada pelo governo, tenha diminuído, sensivelmente, sua previsão de vendas, em meados dos anos 1990. Assim, a Renault acelerou seus planos estratégicos para implantação de uma montadora no país.

A proibição do leasing, decretado em 1995, reduziu muito as vendas da coreana Asia Motors, que, para reverter a queda, lançou do Plano Asia de Financiamento, sistema direcionado à sua linha Towner, então carro-chefe da marca. Outra estratégia adotada foi estabelecer parcerias com empresas que adotassem utilitários em suas frotas, como a Cometa Desentupidora e Dedetizadora, e o McDonald's, que puderam iniciar a uniformização de frotas de seus franqueados.

A difícil realidade de queda nas vendas exigiu das marcas estrangeiras novas estratégias competitivas[124]. Se no início do Plano Real foram necessários altos investimentos em propagandas para mostrar ao consumidor os diferenciais em relação à concorrência, a partir de 1996 a prioridade passou a incentivar o varejo e reforçar seus serviços de pós-venda. A Renault, por exemplo, acentuou suas campanhas em TV e jornal, nas quais vinculava ofertas de preços e financiamento, apesar de manter a estratégia institucional, com o objetivo de dar notoriedade à marca. Em 1996, a Renault, em parceria com a Concessionária Paulistana Caoa, inaugurou um centro de formação em Cotia, São Paulo, para treinar revendedores, concessionários, mecânicos e funileiros. Além disso, dispunha de um setor de atendimento ao consumidor que agilizava os serviços de assistência técnica.

---

[124] Mídia e Mercado, 14/9/1995, p. 18.

A coreana Asia Motors optou por uma política rigorosa: para ser revendedor da marca, o interessado tinha que se submeter a um treinamento obrigatório nas áreas de assistência técnica e oficina.

A Citroëm, através da importadora de veículo XM, investiu 900 mil dólares na introdução do *Chrono Service,* inaugurado em 1995, e direcionado a pequenos reparos ou revisões de rotina, disponíveis nas concessionárias de São Paulo e Rio de Janeiro. Depois de pesquisar o mercado, encontrou um diferencial para o serviço de assistência técnica no Brasil, já utilizado com sucesso na Europa. Através do aprendizado mercadológico, foi priorizada a agilidade na assistência técnica e o carro era liberado para o cliente em menos de duas horas. A marca ainda dispunha do "Citroën Assistance", que proporcionava cobertura total contra eventuais defeitos durante dois anos, em qualquer parte do País.

6.3 Cenário da Indústria Automobilística Mundial

No início do século XXI, a indústria automobilística mundial já vivia a tendência de grande concentração no setor. Desse modo, as gigantes adquiriam empresas menores visando, com isso, conseguir um melhor aproveitamento das plataformas de produção, a máxima segmentação e a cobertura no mercado global. As atividades "fim" e "meio", passaram a ser gerenciadas pelos fornecedores através do processo de terceirização visando ao aprimoramento contínuo da Cadeia Produtiva. Com isso, visavam a obter ganhos de escala, bem como a ampliação da área geográfica de ação e a compensação de deficiências em certos mercados. Ao invés de acabar com as marcas, a estratégia usada era o reposicionamento destas sob a proteção de grandes marcas, como, por exemplo, Volkswagen, General Motors ou Ford, permitindo, assim, uma maior diversificação e definição de objetivos. Através dessa estratégia, montadoras européias e norte-americanas visavam aumentar sua expressividade em mercados em que eram menos atuantes, como a Ásia.

Uma das formas para se melhorar a rentabilidade das empresas é o ganho em escala que é alcançado de diversas formas, destacando-se a otimização das compras, a redução de custos com fornecedores, o melhor aproveitamento de recursos da linha de montagem e a diluição de custos cada vez mais altos com projetos e desenvolvimento. Em todo o mundo, as indústrias automobilísticas têm buscado esse ganho, através de duas iniciativas: alianças estratégicas e redução do número de plataformas.

Capítulo VI: Estratégias e Cenários

As alianças estratégicas destacam-se pelo aproveitamento de oportunidades de negócios com riscos compartilhados e acordos operacionais com objetivos locais, em que tradicionais concorrentes unem-se para produzir motores, peças ou, até mesmo, construir uma fábrica específica. Destaca-se o exemplo da fabricação conjunta de motores pela GM e Fiat no Brasil. Por meio de um acordo, as montadoras reconheceram que o motor é intercambiável e, assim, o ganho em escala deve prevalecer sobre a marca. Destaca-se, também, a criação da Worldwide Purchasing, uma operação mundial de compra conjunta entre a GM e a Fiat para aumentarem o poder de barganha com os fornecedores. Essa aliança foi criada para ajudar ambas empresas a serem mais competitivas, pois assim não precisariam mais repassar a totalidade dos aumentos aos preços dos carros.

Existem, ainda, outras parcerias de sucesso, como a da Peugeot, que utiliza nos seus modelos 206 brasileiros motores produzidos pela Renault, na fábrica do Paraná; e a da Chrysler, sócia mundial da Mercedes Benz, que participa de uma *joint venture* industrial com a BMW, também para a produção de motores.

A redução do número de plataformas e, conseqüentemente, nova estrutura hierárquica, representa um conceito cada vez mais abrangente, que inclui a base onde são fixados os conjuntos mecânicos e, também, outros componentes. Por meio desta estratégia, busca-se a maior sustentação de modelos numa mesma plataforma, e, assim, é possível a produção de diversos produtos e em várias fábricas, localizadas em diversos pontos, a partir de uma base única e global. Em 1997, os principais veículos vendidos no mundo eram montados em 101 plataformas e, em 2002, já tinham sido reduzidos para cerca de 60 plataformas[125].

Deixando clara a tendência de mudança de foco da programação, controle e administração da produção para a gestão das operações relacionadas ao setor, o crescimento da indústria automobilística mundial, na segunda metade da década de 1990 e início do século XXI, foi impulsionado por uma relação mais intensa entre os parceiros tanto no processo de gerenciamento de uma produção rápida, enxuta e flexível, como no desenvolvimento conjunto de novos produtos.

---

[125] SHIM, Celine. Volkswagen: a dura tarefa de se manter na liderança. *Revista da ESPM*. Vol. 9, Ano 8, nº 5, Set./Out., 2002, p. 127-37.

Essa integração faz parte de uma nova estratégia organizacional, que incorpora inovações tecnológicas e procura adequar a inserção internacional automobilística brasileira ao novo padrão competitivo dos mercados crescentemente globalizados. Seguindo a dinâmica do mercado global, o desenvolvimento de novos modelos é constante e o ciclo de vida dos carros gira em torno de quatro anos. Até mesmo a instalação de uma fábrica passou a ser uma atividade bem mais ágil que no passado.

6.4 Cenário e Tendências da Indústria Automobilística Brasileira

6.4.1 Evolução na Década de 1900 e no Início do Século

Após 1992, o crescimento da indústria automobilística brasileira foi bastante significativo, em virtude de vários fatores, como os acordos no âmbito da Câmara Setorial (1992), a abertura do mercado, os grandes investimentos e o processo de interação dos membros da cadeia distributiva. O setor enfrentou crises em meados da década de 1990, mas a partir do ano 2000, a situação melhorou com vendas de cerca de 1,5 milhão de unidades no mercado interno e uma produção total de 1,67 milhão de veículos (aumento de 23,7% em relação ao ano anterior). A queda nas vendas foi interrompida e voltou-se a registrar certa recuperação, graças à retomada do crescimento do mercado interno e das exportações. Por mais otimismo que o mercado teve, os números, no entanto, ainda ficaram longe do desempenho recorde da indústria, registrado em 1997, quando foram produzidas mais de dois milhões de unidades, segundo informações da Anfavea (http://www.anfavea.com.br).

Após a expansão dos anos 90, no início do século XXI, a indústria automobilística estava presente, além de em São Paulo, em Minas Gerais, na Bahia, no Rio de Janeiro, no Paraná, no Rio Grande do Sul e em Goiás. A indústria automobilística respondeu por 10,2% do produto industrial brasileiro em 2000, sendo que o país teve sua frota doméstica estimada em quase 19,5 milhões de veículos no mesmo ano, com números apontando uma proporção de, aproximadamente, um veículo para cada 8,8 habitantes e expectativas de um mercado bastante promissor. O Brasil já contava em 2003 com 13 marcas de carros nacionais, incluindo modelos mundiais e os automóveis populares de mil cilindradas continuavam dominando o mercado, sendo responsáveis por 70,6% das vendas, conforme informações da Anfavea.

Com a redução do IPI (Imposto sobre Produtos Industrializados) no início da década de 1990, o segmento dos chamados carros populares, de motor 1.0, foi responsável pelo novo perfil automotivo brasileiro: carros pequenos, básicos e de maior acessibilidade. Dos iniciais 4,32% das vendas de automóveis, saltou para os mais de 70% de participação pela qual respondia no início de 2003, o que provocou as mudanças tanto na escala, como na divisão do setor e logo no grande filão de mercado nacional.

A dominação dos carros populares deve-se, também, ao fato de que o conceito de "carro popular" sempre existiu na história da indústria automobilística brasileira, apontado como sendo uma solução para aumentar as vendas. Com o mercado definindo-se por seus produtos mais básicos, foi nessa faixa em que a engenharia de produtos brasileira concentrou seus esforços e o confronto entre as marcas ficou mais forte.

Para competirem nesse segmento, montadoras que antes só vendiam modelos compactos e médios desenvolveram e passaram a contar com, pelo menos, um produto de grandes volumes a preços acessíveis. Entretanto, uma medida governamental estava em discussão desde o final da década de 1990 e representava uma ameaça à supremacia do carro popular: a unificação das alíquotas do IPI, numa tentativa de estimular as vendas dos carros que tenham maior valor agregado. No início da década de 2000, o Governo brasileiro cobrava IPI de 10% sobre os carros populares, enquanto um imposto de 25% incidia sobre veículos maiores. Se admitida essa unificação, o que na prática representaria o fim do artifício legal que criou o carro popular, grandes implicações poderiam ocorrer nas indústrias automobilísticas nacionais, que têm grande parte de suas operações formatadas em função das vendas de carros com motor mil cilindradas.

Em 1992, quando se efetivou a abertura do mercado brasileiro, as opções oferecidas pela indústria automobilística brasileira ainda eram poucas e limitadas, restringindo-se a quatro marcas, as quais disponibilizavam, somente, 25 modelos ao consumidor. Após a entrada dos importados, a concorrência cresceu rapidamente, obrigando as empresas a acompanharem a tendência mundial. No final da década de 1990, novas marcas instalaram-se como fabricantes no país, fazendo do Brasil um dos países com a maior diversidade de montadoras de veículos. Essas mudanças ocorridas no cenário brasileiro, garantiam uma ampla gama de oferta em volume, diversidade e qualidade ao consumidor. No início da década de 2000, era possível optar por cerca de 30 marcas e mais de 400 modelos. Os novos concorrentes, juntamente com as importadoras, vêm conquistando maior participação. Assim, as pioneiras

Volkswagen, Ford, GM e Fiat, passaram de uma participação global de 96,7%, em 1997 para 87,8%, em 2001, enquanto, neste mesmo período, as novatas evoluíram de 2,2% para 12,2%.

A acomodação das tradicionais montadoras nunca foi tão abalada como no início da década de 2000, o que justifica a agressividade nos lançamentos de novos produtos, cujo objetivo passou do aumento da participação no mercado para a autopreservação. Assim, intervalos longos entre os lançamentos podem ser interpretados como fraquezas e, em períodos cada vez mais curtos, as montadoras têm reestilizado antigas linhas de produtos, com alterações no design, motorização mais potente e transformação de opcionais em itens de série. Dessa forma, conseguem sempre ter um produto novo presente em seu portfólio. Por outro lado, aos olhos do consumidor, principalmente no que se refere aos carros populares, os modelos estão cada vez mais parecidos, no tocante ao design, tecnologia, opcionais, e, até mesmo, à garantia e serviços. Isto mostra que montadora nenhuma pode correr o risco de "ficar para trás" aos olhos do consumidor. Dessa forma, os carros populares parecem caminhar para uma "comoditização" de mercado, trazendo, assim, um novo desafio: desenvolver estratégias de preços e respostas para esta tendência.

A "comoditização" é um sério risco para as empresas contemporâneas. No cenário competitivo do século XXI, tecnologia e qualidade já não são mais diferenciais. Se uma empresa oferece um produto que tem uma vantagem competitiva por causa da tecnologia, seu concorrente pode comprar essa tecnologia, ou até mesmo comprar ou desenvolver uma tecnologia melhor. O mesmo acontece com a qualidade. Qualidade é algo que, com investimento e comprometimento, a empresa consegue melhorias consideráveis e em curto prazo; um exemplo claro da comoditização de tecnologia é o controle remoto dos televisores. Há alguns anos, algumas empresas lucraram vendendo televisores mais caros por causa do controle remoto. No início do século XXI, já não há a mínima distinção de preço por esse acessório. Na indústria automobilística, isso é facilmente verificado com itens que antes eram "opcionais", significando diferenciação, e depois passam a ser "de série", significando comoditização, como é o caso do relógio no painel, computador de bordo, vidros e travas elétricas etc.

Normalmente, em qualquer mercado em que exista o livre comércio e muita concorrência, uma marca não consegue deter sozinha mais do que 20% de participação, como, por exemplo, ocorre no setor automotivo da Europa. No Brasil, no início da década de 2000, apesar de Volkswagen, Fiat e General

Motors ainda reterem percentuais superiores aos 20% de participação, eram esperadas mudanças nesta divisão, como forma de uma acomodação natural da concorrência.

Com os novos concorrentes disputando, também, a qualidade e novidades constantes dos modelos e a conquista da preferência dos consumidores, o investimento em mídia do setor tem sido alterado. As novas montadoras têm que investir muito na fixação da marca, além dos produtos. Outro ponto a ser muito trabalhado pelos novos concorrentes é a cobertura de sua rede de varejo, o que os coloca atrás das marcas pioneiras, que já têm consolidado o seu alcance em todo país.

Maiores Montadoras Mundiais Instaladas no Brasil	
Origem	Grupo/conglomerado
Norte-americanas	General Motors
	Ford
	Chrysler
Européias	Volkswagen
	Mercedes-Benz
	Fiat
	Peugeot/ Citroën
	Renault
Japonesas	Toyota
	Honda

Fonte: Investnews, Set. 2002 – http://www.investnews.net

Quadro 59: Maiores Montadoras Mundiais Instaladas no Brasil

Até o início da década de 1990, a infidelidade dos clientes não era preocupação para os fabricantes, visto que, com as opções restritas, as chances de que consumidor trocasse de marca eram mínimas. Com a entrada das novas marcas, o mercado ficou mais dividido e manter a participação ficou cada vez mais difícil. Antes o consumidor er menos suscetível às mudanças, e o valor de revenda era um dos aspectos mais importantes. <u>Na nova situação, o consumidor tem maior poder de barganha, mais opões e não leva em conta apenas o valor de revenda, mas também condições de pagamento, garantias, priorizando a relação custo/benefício</u>. Uma das maneiras de se confirmar a infidelidade é a alteração na participação de mercado das quatro maiores e pioneiras montadoras. Um exemplo da rápida alteração no cenário competitivo é a Renault, que conquistou 5% do mercado, com apenas dois anos de operação.

De acôrdo com a pesquisa "New Car Buyer"[126], de 1999, o índice médio de fidelidade no mercado brasileiro está próximo de 48%. Em contrapartida, mais da metade dos consumidores (52,7%) está disposta a escolher uma marca diferente da atual no momento da troca de carros, sendo exatamente esse o grupo mais disputado nos lançamentos das montadoras. Os consumidores estão cada vez menos fiéis às marcas e escolhem quem lhes oferece o melhor equilíbrio entre tecnologia, design, preço de custo e manutenção.

Índice de Fidelidade dos Consumidores de Automóveis no Brasil	
Montadora	%
Fiat	57
PSA Peugeot Citröen	56
Volkswagen	52
General Motors	48
Renault	47

Fonte: Investnews, Set. 2002 – http://www.investnews.net

Quadro 60: Índice de Fidelidade dos Consumidores de Automóveis no Brasil

Um tema relevante quando se refere ao cenário da Indústria Automobilística Brasileira no início do século XXI é a questão das exportações do setor automobilístico, vitais para o desenvolvimento do país. Em geral, o Governo tem, se prendido historicamente à visão fatalista de que são as sedes das multinacionais que dividem o mercado mundial entre as subsidiárias. Essa visão precisa mudar. Deve-se perguntar o que é necessário ser feito para que as multinacionais aumentem a participação do Brasil no mercado automobilístico mundial. Uma análise da geração de empregos desmistifica o potencial gerador de empregos da indústria automobilística moderna e possibilita constatações relevantes[127]: na construção civil, consegue-se um emprego com um investimento de 8 mil dólares, assim como no *agribusiness*. Já na indústria automobilística, para se obter um emprego, são necessários investimentos da ordem de 200 mil dólares, não se considerando os aumentos de emprego em fornecedores de terceira camada, como alumínio, por exemplo. Quando se analisam os maiores empregadores do Brasil, uma das grandes surpresas é o setor de cosméticos, com 1,6 milhão de pessoas, sendo que 900 mil estão trabalhando na distribuição e dando emprego indireto para mais três.

---

[126] SHIM, Celine. Volkswagen: a dura tarefa de se manter na liderança. *Revista da ESPM*, Vol. 9, Ano 8, nº 5, Set./Out., 2002, p. 127-37.
[127] NASSIF, Luís. A Nova Política Industrial. São Paulo: *Folha de São Paulo*, 23/10/1999.

6.4.2 Impactos do Consórcio Modular

O consórcio modular, forma de produção pioneira, iniciada no Brasil por Lopez de Arriortúa, tem sido, constantemente, alvo de discussão na literatura de Administração da Produção e Operações.

Confronta-se o modelo de consórcio modular com o de condomínio industrial. Ambos assumem o conceito de produção "modular". A diferença é que no primeiro, os fornecedores dos módulos montam os componentes na linha de produção da indústria automobilística. No segundo, os fornecedores entregam os módulos para que a montadora os montem em sua plataforma produtiva.

Collins and Bechler (1999)[128] observam que a terceirização de manufatura é uma escolha estratégica. Requer avaliação crítica, não apenas da estrutura e da dinâmica do mercado em que a empresa compete mas, também, do seu posicionamento e vantagem competitiva. Não parece, portanto, haver uma única forma adequada para o projeto de redes de suprimento na indústria automobilística. Cada caso merece um estudo e uma solução particular.

A questão básica, de acordo com Corrêa (2000)[129] não é quem monta os módulos no veículo, mas quem fornece os módulos. A questão principal envolve a decisão estratégica de "comprar ou fazer". É importante entender que a VW, historicamente, nunca tinha tido competência em manufaturar caminhões e isso explica porque ela decidiu pela estratégia de "comprar tudo". Mas esse não é o caso com a manufatura de veículos leves (automóveis) e, portanto, é difícil acreditar que a VW estaria considerando (apesar das afirmações de López) a decisão estratégica de "comprar tudo" para todas as suas fábricas de carros, uma vez que sempre teve importantes competências distintivas na manufatura de automóveis e suas sub-montagens.

Será interessante acompanhar os futuros projetos de fábricas para a sua produção de caminhões pesados, uma vez que, supostamente, a VW adquiriu no início da década de 2000 uma participação acionária importante na Scania Caminhões, um tradicional fabricante sueco de caminhões pesados, com reconhecidas competências na manufatura de diversos módulos dos produtos para esse mercado (como motores e transmissão). O argumento de Corrêa

---

[128] Collins, R. and Bechler, K. (1999) Outsourcing in the chemical and automotive industries: choice or competitive imperative? *Journal of Supply Chain Management*. 4:4.

[129] Corrêa, Henrique Luiz. VW Resende: Mudanças no projeto original e uma breve avaliação. *III SIMPOI, EAESP/FGV. 2000.*

(2000) é que a VW vai, muito provavelmente, preferir manter, internamente, a manufatura em vez de terceirizar esses módulos.

As duas alternativas para projetos modulares de redes de suprimento, consórcio modular e condomínio industrial, não são diferentes entre si, pelo menos em termos de competências. O que parece ser uma tendência para o futuro do projeto de redes de suprimentos na indústria automobilística é a possível adoção de projetos modulares híbridos: alguns módulos serão feitos e mantidos internamente pelas montadores (como os motores para os carros VW e Audi) e outros serão terceirizados: aqueles que não implicam riscos excessivos de a empresa montadora se tornar vazia (como rodas e pneus, por exemplo) e, ao mesmo tempo, trazem as vantagens da terceirização. Dos módulos terceirizados, alguns, possivelmente, serão montados na linha pelos próprios fornecedores quando houver claras vantagens dessa configuração.

Para essa situação, as lições aprendidas pela fábrica da VW Resende poderão ser de muita valia. Entretanto, não há evidência clara de que o consórcio modular represente uma tendência de tornar-se um "design dominante" para a indústria automobilística, pelo menos no curto prazo. As novas fábricas construídas recentemente no Brasil parecem confirmar esse fato, sendo que a maioria delas adotou a configuração de condomínio industrial, com algumas tendo optado por configuração híbrida. Mas nenhuma optou pela terceirização extrema do consórcio modular, conforme relação a seguir:

- GM Gravataí (projeto Arara Azul)   condomínio industrial
- Chrysler Curitiba (Dakota)   híbrido
- VW S.J. dos Pinhais (Golf e Audi A3)   condomínio industrial
- Ford Camaçari (sub-compacto)   híbrido
- Peugeot Resende (Picasso – van)   condomínio industrial

6.4.3 Marcas Próprias em Nichos de Mercados Pouco Explorados

Na contramão do mercado mundial que está criando mega-fabricantes de veículos por meio de fusões e aquisições, alguns empresários brasileiros estão lançando marcas próprias e querem entrar no disputadíssimo mercado automobilístico brasileiro. Alguns para bater de frente com as gigantes Volks, Fiat, GM e Ford e, outros, para infiltrar-se em nichos pouco explorados pelas grandes empresas.

Capítulo VI: Estratégias e Cenários

Segundo Silva (1999)[130], nove grupos já anunciaram planos de construir fábricas no Brasil, uma delas na Zona Franca de Manaus e as demais nas Regiões Nordeste e Centro-Oeste, inscritas no regime automobilístico que concede benefícios fiscais. Entre as marcas, só a Ford, que já tem fábricas no País, é conhecida. As outras estão sendo criadas para desenvolver novos projetos. A maioria dos empresários tem experiências no setor automobilístico, mas nas áreas de revenda, importação, administrativa ou de autopeças. Quase todos terão de buscar tecnologias externas, mas garantem que os investimentos sairão de capital próprio ou de parcerias com fornecedores de componentes.

Parece arriscado investir em novas montadoras em um momento em que o setor opera de forma ociosa. Por outro lado, parece haver espaço para quem optar por produtos específicos (nichos ainda pouco explorados) ou para a empresa que conseguir desenvolver um sistema revolucionário de produção que reduza, substancialmente, os preços dos veículos e consiga competir com os atuais fabricantes.

O projeto de porte maior é o do espanhol José Ignácio Lopez de Arriortúa. Sua empresa, a Loar (junção das duas primeiras vogais dos últimos dois sobrenomes), deve ter sócios brasileiros. O projeto prevê a produção de cinco modelos em uma mesma plataforma: um carro com motor 1.0, uma versão sedã, uma conversível, uma com tração nas quatro rodas (4x4) e uma picape. Os planos da empresa são tão ambiciosos quanto os da Ford. Ambas projetam produção acima de 100 mil unidades ao ano e investimentos na casa de 1 bilhão de dólares. A maior parte do montante virá de fornecedores que atuarão nas instalações da fábrica, no sistema modular criado pelo próprio Arriortúa e desenvolvido na filial de caminhões da Volks, em Resende (RJ).

É nesse sistema que a futura montadora, com planos de montar fábricas na Espanha e na Malásia, coloca sua estratégia para ganhar mercado. Pretendendo competir com preços entre 15% a 20% menores que os da concorrência, o projeto prevê, ainda, exportações para Estados Unidos, África e América Latina.

Segundo Silva (1999), o empresário Carlos Alberto de Oliveira Andrade, proprietário do grupo Caoa, maior revendedor Ford no Brasil, diz que os brasileiros são capazes de produzir veículos e não depender somente de multinacionais. O problema é que o Banco Nacional de Desenvolvimento Econômico e Social (BNDES) só quer financiar grupos estrangeiros, e, para isto, iniciam-se

---

[130] Silva, Cleide. Setor automobilístico atrai empresários nacionais. *O Estado de São Paulo*, 20/12/1999.

amplas rodadas de discussões, a partir do ano 2000. Com capital próprio de 190 milhões de dólares, Andrade pretende produzir jipes, microônibus e, no futuro, automóveis de passeio com a marca Caoa (junção das iniciais do seu nome). Inicialmente vai usar tecnologia da Subaru ou da Hyundai, empresas que representa no País, mas tem planos de desenvolver projetos próprios. Andrade justifica dizendo que os japoneses começaram usando tecnologia americana. Quando a fábrica for aprovada pelo governo, pretende iniciar com uma produção anual de 13 mil unidades, chegando a 37 mil dois anos depois quando 80% das peças usadas nos veículos serão nacionais.

Abraham Kasinsky, ex-proprietário da Cofap, iniciou em 1999 a montagem de motocicletas e, no segundo semestre de 2000, inaugurou, na Zona Franca, uma linha de quadriciclos, prevendo, ainda, produzir um miniveículo com capacidade para transportar quatro passageiros e atingir velocidade máxima de 60 quilômetros por hora. Com boas vendas na Índia e tecnologia italiana, o modelo Kasinsky deverá custar no máximo R$ 9 mil e terá, de início, só 30% de peças produzidas localmente. Deverá ser um veículo para os brasileiros que não perguntam quanto custa um produto, mas quanto é possível pagar por mês, segundo Kasinsky, que também reclama da dificuldade do empresariado nacional em obter crédito nas entidades oficiais. A fábrica, também, produzirá triciclos e vai receber 20 milhões de dólares de investimentos.

Segundo Silva (1999), a K.V. do Brasil, do empresário José Luiz Gandini, importador da marca Kia, pretende produzir 10 mil unidades/ano do minicaminhão Bongo. O veículo tem capacidade para transportar 1.550 quilos de carga e não há similar no mercado nacional. Além dos incentivos oferecidos pelo governo, dentro do regime automobilístico e da previsão de que o mercado nacional vai retomar o crescimento, Gandini diz que a produção, no Brasil, é mais barata em relação a vários países. O salário mínimo na Coréia, por exemplo, é de cerca de 1,5 mil dólares. Outro revendedor Ford, Eduardo de Souza Ramos, já está produzindo em Goiás a picape L200, da Mitsubishi, e vai construir nova fábrica para outro modelo, a ser definido.

6.5 Estratégias da Indústria Automobilística

No final do Século XX, a partir das experiências lideradas pelas indústrias automobilísticas, surgiu um novo paradigma de organização produtiva: o toyotismo ou produção ágil (*lean and mean*). Privatização, desregulamentação, flexibilidade e polivalência, automação, sub-contratação, globalização, passaram a ser as novas palavras de ordem da administração empresarial, além de muitas outras que aguardam, ainda, tradução, mas que já foram incluídas nos jargões das indústrias e faculdades de administração, como por exemplo: *kaizen, dowsizing, outsorcing, just-in-time, objective management, benchmarking, management-by-stress, total quality management*, etc.

As experiências de sucesso têm mostrado que o outsourcing parece ser a maneira mais eficiente e segura para alocação de recursos, de tecnologia e de profissionais técnicos especializados, além de uma tendência de gestão dos recursos das empresas no Século XXI. Não se trata de uma escolha, mas de um imperativo competitivo[131]. Através do Outsourcing, é possível minimizar os custos com a equipe de profissionais, que detem o conhecimento estratégico do negócio da organização, terceirizando todas as atividades que não fazem parte do "core business" (foco de negócios) da empresa. Dessa forma, as indústrias estão redefinindo seu foco de negócios, e buscando parcerias nos setores que não são seu "core business". Também o recrutamento, a contratação, o treinamento, a reciclagem e a remuneração dos profissionais, tornam-se atividades muito transparentes para empresa, podendo ficar a cargo de empresas especializadas ou mesmo de um setor interno dedicado a essa atividade.

Já passou a época em que para ter sucesso empresarial bastava dedicação e perspicácia. No Século XXI, o mundo dos negócios está cada dia mais competitivo e complexo. As empresas buscam não só o crescimento de seus negócios mas, também, a sua própria sobrevivência. Nesses novos tempos de mundo globalizado e instável, a agilidade, a criatividade e a qualidade são fatores decisivos para o sucesso. A única certeza é de que as organizações têm hoje mais desafios que ontem e menos que amanhã. Como desenvolver, implementar e manter cada vez mais linhas distintas de negócios com custos cada vez menores e indicadores de qualidade cada vez maiores? A resposta parece simples: as empresas devem fazer cada vez melhor o que se propuseram a fazer, concentrando-se no seu "core business". E, em contrapartida, essa é a essência do outsorcing: buscar formas de fazer, cada vez melhor, as atividades que as empresas não deveriam fazer.

As grandes montadoras mundiais já não consideram a produção de motores ou de transmissões como parte principal de seu negócio. Em março de 2000, por exemplo, a GM e a Fiat decidiram criar uma empresa única para controlar a fabricação dos motores das duas empresas nos mercados da Europa e

---

[131] COLLINS, R. e BECHLER, K. Outsourcing in the chemical and automotive industries: choice or competitive imperative? *The Journal of Supply Chain Management*. Fall, 1999, vol. 35, nº 4

da América Latina. Dessa forma, foi planejada, por ambas empresas, a possibilidade de montar carros de uma marca com motores da outra. Essa decisão foi tomada quando os estrategistas das montadoras perceberam, nas pesquisas, que os consumidores dos carros de grandes volumes compram o carro e não o motor, sendo que não estão preocupados com a marca desse equipamento, mas com sua performance e qualidade.

É possível que Fiat e GM utilizem suas linhas de produção de motores de uma forma complementar e mais especializada. A Fiat tem mais tradição na produção de motores de baixa cilindrada, enquanto a GM está bastante avançada no desenvolvimento de motores diesel. Assim, a tendência é que cada montadora aproveite suas faixas de competência e excelência.

Seguindo esse raciocínio, outras montadoras, também, planejam estratégias de redução de custos e otimização do desempenho. A Renault, por exemplo, já fornecia motores para os carros que a sua concorrente Peugeot fabricava no Brasil no início do ano 2002. Até meados de 2002, a BMW e a DaimlerChrysler compartilharam uma fábrica, a Tritec Motors, em Campo Largo, no Paraná. O encerramento do contrato BMW/Tritec Motors foi devido à opção da BMW pelos motores da Peugeot-Citroen, grupo francês que, no ano 2000, firmou parceria com o fabricante mundial do BMW[132].

Dessa forma, grandes concorrentes, no mercado mundial, dividem tecnologia e conhecimento de manufatura em fábricas regionais. Não parece estarem em jogo informações estratégicas. A lógica que orienta a produção de motores vale para qualquer componente: ganhar escala passou a ser mais importante do que ter um motor exclusivo. A regra só não se aplica às marcas de maior prestígio, que têm grande valor agregado em termos de significação ao cliente, como um automóvel Mercedes-Benz, ou em nível extremo, uma Ferrari. Nesses casos, o cliente está interessado em comprar, também, o motor, e assim, para marcas como estas, a produção de motores sempre fará parte do seu negócio principal ou *"core business"*, ao contrário de marcas que investem nos carros populares, que estão cada vez mais tornando-se parecidos com *commodities*, guardadas as devidas proporções.

A integração entre Fiat e GM foi planejada para se desenvolver gradualmente e começa a aparecer, também, na área de compras que passa a ter uma coordenação única. Nos

---

[132] RIOS, Cristina. Tritec deixa de exportar notores para BMW. *Gazeta Mercantil*. São Paulo, 31/7/2002. Caderno Indústria & Serviços, p. C4.

produtos disponíveis no mercado, no início da década de 2000, não existiam, ainda, grandes possibilidades de sinergia. As plataformas eram diferentes e não havia muitas peças em comum nos modelos das duas marcas. As mudanças graduais foram programadas para começar a aparecer a partir de meados da década, com grande economia para ambas montadoras. Existe a possibilidade de que Fiat e GM desenvolvam uma plataforma comum para carros pequenos.

O acordo entre Fiat e GM é uma típica associação industrial de grande escala, parecida com outras parcerias fechadas no setor automobilístico. Há uma forte tendência de associação regional entre as marcas. No novo cenário competitivo, concorrentes globais estão se transformando em colaboradores em mercados regionais para a redução dos desperdícios da cadeia produtiva. Trata-se mais de uma aposta de menor risco do que uma grande aquisição. O efeito é a anulação de deficiências locais, com ganho de competitividade, escala e aumento de margens de lucro[133]. Por trás dessas estratégias percebe-se a clara constatação de que o negócio das montadoras está focado no desenvolvimento de produtos, no marketing e nas vendas. Assim, não é pela fabricação de motores e transmissões que as marcas estão se diferenciando aos olhos do consumidor, que, a rigor, mal sabe a origem desses componentes. Em conseqüência, fornecedores com marcas às vezes irreconhecíveis estão ocupando as linhas de montagem.

Em julho de 2001, a Renault deu um passo à frente na sua estratégia de e-Commerce com o lançamento de uma nova geração de sites B2C na França (www.renault.fr), Alemanha (www.renault.de) e Grã-Bretanha (www.renault.co.uk). Os três sites passaram a ser gerenciados pela plataforma européia multimídia da Atos Origin, empresa de TI (Tecnologia de Informação) escolhida. Assim, a Renault inaugurou uma nova geração de websites de e-Commerce dedicados para proporcionar aos clientes acesso on-line à toda sua gama de produtos e serviços. Os sites lançados na França, Alemanha e Grã-Bretanha, proporcionam uma série de serviços relativos ao processo de compra de carros. Esse é o primeiro serviço dessa natureza a ficar disponível na Internet. Nesse sistema, os interessados podem, por exemplo: configurar em tempo real qualquer veículo Renault; comparar duas versões; estimar custos; reservar um veículo on-line com o concessionário da sua preferência; obter empréstimos pré-aprovados em menos de 24 horas junto à empresa financeira do

---

[133] VILARDAGA, Vicente. Fiat e GM tiram a grife dos motores. *Gazeta Mercantil*. São Paulo, 16/3/2000. Caderno Empresas & Carreiras, p. D5.

Grupo Renault em cada país; guardar toda a informação selecionada num folder personalizado, chamado "My Renault".

Uma das características especiais da arquitetura do sistema é a integração entre os sistemas de TI "back office" da Renault e o "front Office" gerenciado pela Atos Origin[134]. A contínua troca de informação de dados entre os sistemas proporciona aos visitantes notícias atualizadas sobre veículos usados, concessionários e outras informações. A agregação de valor dos serviços da Atos Origin consiste: na gestão do site e das aplicações, dispondo a Atos Origin de um profundo conhecimento sobre o funcionamento de todas as componentes do funcionamento da aplicação da Renault; e na monitorização crítica e serviços de consultoria que permitem a escalabilidade para novas funcionalidades ou novas necessidades, enquanto são garantidos altos níveis de qualidade e performance.

Outra grande tendência verificada no setor é a chamada "Indústria da Mobilidade" que abrange a produção de todos os meios de transporte (veículos, aviões, sistemas ferroviários, navais ou fluviais) e dos componentes e sistemas por eles empregados. A abertura do mercado e a facilidade de comunicação eliminaram a distância entre os grandes centros de pesquisa e desenvolvimento de novos produtos. <u>Usando a rápida velocidade de transmissão de informações, os departamentos de engenharia, das montadoras e de grandes empresas do setor automotivo, já trabalham 24 horas por dia, ligados com os demais departamentos de engenharia do mundo para a troca de experiência</u>. A globalização das empresas em termos de logística de desenvolvimento e fabricação tem proporcionado grandes oportunidades para o Brasil[135].

No início da década de 2000, o Brasil já possuía instaladas as mais modernas fábricas de veículos do planeta, capazes de produzir mais de 3 milhões de veículos por ano, sendo que a demanda não ultrapassa mais que 2,2 milhões de unidades por ano. Assim, utilizar toda essa capacidade e mostrar o potencial humano para competir, mundialmente, são desafios da indústria da mobilidade no Brasil, pois tem importado tecnologia e exportado criatividade.

A indústria da mobilidade tornou-se especialista em adaptar tecnologias para as necessidades brasileiras. As empresas aprenderam que as plataformas

---

[134] Fonte: "Atos Origin", 20-07-2001. http://www.aspetus.com/Files/Noticias/Ano2001/Julho/Index_F_P_Noticias_Renault_0001.htm

[135] HIRTREITER, Karl. Enxergar tendências para avançar. *Gazeta Mercantil*. São Paulo, 03/10/2001. Caderno Carro, p. 7.

globais não funcionam mais, e essa verdade funciona em todos os países emergentes onde, assim como no Brasil, as pessoas não têm condições financeiras para ter tudo o que querem, mas também sentem necessidade de possuir veículos confortáveis, seguros e modernos. Os consumidores da atualidade preocupados com a redução da oferta de emprego planejam melhorar suas compras de bens duráveis.

No início da década de 1990, a indústria da mobilidade no Brasil foi acusada de estar no tempo das carroças em termos tecnológicos, e tal acusação incomodou muito os engenheiros e técnicos do setor. O grande apoio recebido da comunidade industrial e acadêmica, por entidades como a SAE BRASIL (Society of Automotive Engineers)[136], Associação de Engenheiros Automotivos, Aeroespaciais e das demais áreas da mobilidade, é resultado da mobilização desses profissionais para se manter atualizados com o que existe de mais moderno no Mundo da Mobilidade, o que tem destacado o país.

Desta forma, a tendência na década de 2000 é o desenvolvimento dos chamados "veículos mundiais", baseado nas parcerias estratégicas, com grande redução de custos. Neste cenário Fiat, Ford, GM e VW apresentam novidades tecnológicas de seus novos lançamentos e discutem a forma como a Engenharia Brasileira está envolvida no projeto e desenvolvimento dos chamados veículos mundiais. Todas as montadoras têm discutido a estratégia de um projeto de carro mundial.

A integração da gestão e entendimento perfeito, dinâmica da cadeia de suprimentos, são, também, tendências mundiais do setor. No seu conceito original, o gerenciamento da cadeia de suprimentos visava à remoção e à eliminação das barreiras entre parceiros comerciais (fornecedores e clientes) e, ao mesmo tempo, facilitar o sincronismo de informações entre eles. Nos anos seguintes, marcados pelo incremento gradual da competência, tanto em nível local como mundial, as empresas aumentaram a busca de melhorias para seus processos de abastecimento na etapa de produção. Essas técnicas foram implantadas, notadamente, nas indústrias automobilísticas e de máquinas pesadas.

As mudanças nos canais de distribuição, com a aparição de um grande número de empresas multinacionais e a globalização da economia, no fim da década de 1980 e início dos anos 1990, marcaram os novos rumos da logística, com grande impacto na competitividade. Esses dois movimentos ampliaram a

---

[136] Fundada em 1905 por expoentes da engenharia da época, como Henry Ford, a SAE – Society of Automotive Engineers, propôs um objetivo claro que é utilizado até hoje: "Desenvolver, criar e divulgar estudos na área da mobilidade". http://www.saebrasil.org.br

extensão e a complexidade da cadeia, deslocando a luta entre empresas locais por uma competição em nível mundial, em que só as mais eficientes são capazes de atender às expectativas do mercado.

No moderno cenário competitivo, surgiu o enfoque na administração de materiais de forma estratégica e integrada, batizado de gerenciamento da cadeia de suprimentos, sigla SCM *(Suplly Chain Manangement)* em inglês, que se baseia no aprimoramento dos níveis de eficiência e de competitividade de toda a cadeia, segundo o impacto que cada elo tem sobre a diminuição de custos, e a ampliação do valor agregado ao consumidor final. Nesse novo ciclo, com a aparição e o desenvolvimento acelerado do comércio eletrônico e de novas tecnologias que proliferam diariamente, surgem novos desafios de coordenação, flexibilidade e rapidez logística.

Com o horizonte cada vez mais amplo, o gerenciamento da cadeia de suprimentos requer uma integração contínua de suas partes, criando empresas ampliadas que não terminam, por exemplo, nas portas de uma fábrica ou na carroceria de um caminhão, mas visualiza metas de distribuição, as vendas, a assistência técnica e até mesmo a futura troca e descarte do veículo.

6.6 Para Onde Vamos?

O Século XX assistiu o surgimento da Administração como ciência, com os estudos pioneiros de Taylor e Fayol, e com os estudos e aplicações de Ford, na indústria automobilística. A década de 1990 marcou rápida e significativa evolução nos conceitos da Administração. A indústria automobilística, juntamente com as indústrias eletroeletrônica e químico-farmacêutica, ajudaram a propagar essa evolução, impulsionada pela internet e pelas empresas "ponto-com".

Uma grande mudança na filosofia e nas ferramentas de gestão apareceu com a SAP, que nasceu da ousadia de cinco engenheiros alemães, que, em 1972, decidiram apostar alto e criar uma nova empresa. A ousadia deveu-se não apenas à iniciativa de começar um negócio próprio, mas, principalmente, à criação de um novo conceito para o mercado de TI: o de soluções de integração, as famosas *Enterprise Resource Planning* (ERP). O significado da sigla SAP – *Systemanalyse and Programmentwicklung* – (Sistemas, Aplicações e Produtos para Processamento de Dados) deixa claro o perfil e o mercado de atuação da companhia, que, desde o início, focou suas atividades no desenvolvimento de soluções para o mercado corporativo[137].

---

[137] LANG, Pamela. Sonhar alto é possível. *TI Master.*
http://www.timaster.com.br/revista/materias/main_materia.asp?codigo=733 <12/4/2003>

O crescimento vertiginoso da alemã SAP, fornecedor líder mundial de soluções de software empresarial oferecendo soluções e estratégicas para as grandes organizações, simbolizou o fenômeno dos grandes softwares de gestão integrada, capazes de cruzar informações de diversas áreas da empresa. O programa ERP (Enterprise Resouce Planning) da SAP inaugurou o bilionário negócio dos pacotes tecnológicos de gestão. Para competir no ambiente econômico atual, as empresas têm de adaptar os seus negócios, acompanhando as estratégias de seus concorrentes, sendo capazes de responder rapidamente à mudança das necessidades dos seus clientes. Para atender a esses desafios, surgiu a plataforma "mySAP Business Suíte", uma família de soluções de negócio e uma plataforma de integração e aplicações que permite às empresas gerenciar em toda a sua cadeia de valor, em todas as redes de negócio. Adicionalmente, a SAP, ainda, oferece soluções que satisfazem as necessidades específicas das pequenas e médias empresas. Por outro lado, a responsabilidade social passa a fazer parte da agenda estratégica das empresas, mostrando o surgimento de uma corrente mais preocupada com as questões ecológicas e sociais.

Em 1999, a economia da internet jogou por terra muito do valor dado pelo taylorismo ao mundo físico. Idéias valem mais do que máquinas. Conhecimento e talento passam a ser sinônimos de capital. Fica claro que é preciso gerenciar o intangível e administrar o conhecimento. A grande questão, até hoje não respondida, é qual a melhor forma de fazer isso...

O sistema de gestão "Seis Sigma" revolucionou a General Eletric. Jack Welch, o CEO (Chief Executive Officer) da General Electric, previu que o programa economizaria de 5 a 10 bilhões de dólares, ao longo da década seguinte, além de lucros extras. O sistema que permite reduzir, a quase zero, os defeitos de uma linha de produção nasceu na Motorola, na década de 80, e ajudou a notabilizar Jack Welch como o executivo do século[138]. O Método Seis Sigmas consiste em uma nova forma para medir o quanto um produto/serviço é bom. Quando um produto/serviço tem Seis Sigma quer dizer que sua qualidade é excelente, significando que a probabilidade de produzir defeitos é extremamente baixa. Essencialmente, o sigma é uma medida estatística para medir a taxa de falhas. Quando o sigma é baixo, 1 ou 2, significa que as taxas de falhas são extremamente elevadas. Quando o sigma é alto, 5 ou 6, as falhas são extremamente raras.

---

[138] WELCH, Jack & BYRNE, John. *A Jack Definitivo. Segredos do Executivo do Século.* Rio de Janeiro: Campus, 2001.

O CRM *(Customer Relationship Management)*, processo de gestão do relacionamento com o cliente, toma o lugar do produto como centro da corporação ideal. Tornou-se um nicho quase tão rentável para os fabricantes de tecnologia quanto os softwares de gestão. O CRM é uma estratégia integrada e integral de negócios que possibilita, às empresas, gerenciar com eficiência os relacionamentos históricos com seus clientes. Como substrato, oferece uma visão integrada dos clientes da empresa para todas as pessoas da organização, em diferentes níveis de acesso. O CRM não é um produto ou serviço; é uma filosofia que transforma uma empresa em *client-oriented* (ou seja, a evolução da empresa *marketing-oriented* para *one-to-one marketing-oriented*). Como ferramenta, capacita a empresa a desenvolver, atrelado a práticas de "business intelligence", o *"customer intelligence"*.

No ano 2000, uma série de fusões aconteceram, o comércio global e as pressões sociais fizeram que a gestão ambiental ganhasse importância sem precedentes. Os conceitos de "governança corporativa", surgidos nos Estados Unidos, nos anos 1980, ganharam destaque no Brasil, a partir de 2001, com a nova lei das sociedades anônimas e no Novo Mercado da Bovespa.

Os executivos das organizações se voltaram, no início do século XXI, para as inseguranças geradas por uma infinidade de transformações. Lançado em 1998, o livro *Quem Mexeu no Meu Queijo?*, escrito pelo médico norte-americano Spencer Johnson, sobre como lidar com tantas mudanças, tornou-se um best-seller, vendendo mais de 10 milhões de exemplares em 11 idiomas. Mostra a preocupação dos gestores em entender as mudanças e em se prepararem para enfrentá-las em todos os aspectos relacionados: acadêmicos, pessoais e organizacionais.

Em 2003, surgiu outra sigla no mundo corporativo, o PRM *(Partner Relationship Management)* que pretende trazer a lógica do CRM para as relações com os canais de venda indiretos. O relacionamento firma-se como a essência da administração, mostrando o rumo a ser seguido na busca do sucesso empresarial, potencializado pelo uso da internet na gestão de negócios para a aprendizagem constante e, principalmente, na gestão de relacionamentos.

Quando em plataforma Web, o CRM configura-se como e-CRM – ou *Electronic Customer Relationship Management*. Assim, e-CRM é o processo de gerenciamento consistente, sistemático e personalizado das interações online com os clientes, proporcionando entendimento dinâmico e profundo de suas necessidades e padrões de comportamento, abrangendo marketing, vendas, serviços, cobrança e pós-venda, entre outros. Utilizando os conhecimentos da empresa e aumentando seu nível de compreensão do cliente, com o e-CRM, a empresa passa a gerenciar o cliente de maneira única. O e-CRM é, portanto, o conceito que integra o CRM e o e-Commerce, permitindo que o CRM desfrute das mesmas vantagens das aplicações disponíveis via Internet, como disponibilidade 24 horas x 7 dias por semana, auto-serviço e cooperação com outros sistemas. Outros nomes, também, podem ser usados para identificar o e-CRM, tais como PRM (Partner Relationship Management), ERM (Enterprise Relationship Management) e e-BRM (eletronic Business Relationship Management), uma vez que se referem à cadeia de valor da empresa (Value Chain).

A diversidade das possibilidades de contato com uma empresa hoje – correio, e-mail, fax, call center, contact center – cria a necessidade de integrar todas essas formas de comunicação em uma solução única. Embora problemático, integrar todas essas informações é ponto-chave para a empresa. O e-CRM não é moda nem modismo e, justamente por isso, não pode ser implementado como tal. A ferramenta é somente a automatização de práticas que derivam da filosofia central da empresa.

Gerenciar relacionamentos com clientes e aprender com eles não é uma novidade. Porém, o grande aumento de concorrência, trazido pela abertura dos mercados e pela Internet, tem mudado e valorizado esse conceito. Assim, as empresas percebem, hoje, que precisam tratar os clientes de maneira diferenciada, única – com respeito e memória. Atualmente, os clientes têm muito mais opções e não precisam ser leais a uma empresa específica. A diferenciação por serviços, qualidade e preços, cada vez mais, é menor. Relacionamentos, percepção e confiança são os critérios mais relevantes no ato da contratação de uma empresa (para concorrentes em condições iguais de competitividade).

O que se constitui em uma reviravolta histórica, em termos de marketing, é que a Internet tem forçado, até, as empresas de base e indústrias mais pesadas a se comunicarem com seus clientes diretos e com consumidores finais (antes distantes de sua realidade) e a valorizarem sua marca e produto, da mesma maneira que empresas tradicionalmente de varejo o fazem há algum tempo. Hoje, o consumidor quer saber, por exemplo, a origem e a marca do tecido que foi utilizado para cobrir o banco de seu carro novo, ou para fazer seu short de ginástica e se o mesmo oferece algum benefício, no conforto ao dirigir, ou na prática do esporte. Isso torna necessário que essas indústrias se estruturem para começar a receber esses novos "amigos" em suas "casas". Isso é inevitável, mas, ainda, culturalmente remoto[139].

---

[139] DOMENEGHETTI, Daniel. 2003 e o (E-)CRM. *Consumidor Moderno*, Dez, 2002.

Nota-se que as empresas, agora, estão tentando descobrir formas de gerenciar com eficiência o relacionamento com os clientes, já que adquirir novos é muito mais caro do que reter e maximizar os que já existem. A Internet reduziu as barreiras para que novos participantes entrassem nos mercados e oferecessem produtos a preços muito menores, independentemente do local, hora e condições comerciais. Uma vez que os clientes têm ciência de que possuem essas opções, aumenta seu poder de barganha. Definitivamente, o poder passou para as mãos do cliente. E essa tendência parece ter vindo para ficar. Já é clara, na indústria automobilística, e vai tornar-se muito mais evidente para todos os setores industriais e de serviço. Portanto, relacionamento é o desafio gerencial do novo século.

A abordagem histórica e didática realizada por este livro permite conhecer a evolução das ferramentas de gestão sob a ótica da indústria automobilística, um segmento particularmente significativo na administração. Trata-se, principalmente, de uma contribuição à formação dos novos administradores, além de uma integração de conceitos para os mais experientes, esclarecendo relações e mostrando aplicações em outras áreas.

Ao mesmo tempo em que as ferramentas de gestão, exploradas pelo checklist "DO JOB", parecem sistematizar de uma forma lógica os conceitos principais em uso pelas grandes organizações contemporâneas, elas, também, mostram que novos conceitos estão surgindo, algumas vezes ampliando o escopo de ação dessas ferramentas.Outras vezes, sugerindo algo realmente novo, mostrando o lado instigante e o grande desafio profissional que é atuar na área de administração, neste admirável mundo novo da gestão empresarial do Século XXI.

Dessa forma, alguns acontecimentos marcaram, profundamente, a gestão empresarial no final do Século XX e início do Século XXI e parecem sinalizar as tendências das ferramentas gerenciais e das preocupações dos gestores neste novo mundo. A seguir, são ordenados os principais acontecimentos, métodos e ferramentas de gestão que surgiram nessa transição e que têm marcado o estilo de gestão atual.

<u>Assim sendo, esta obra buscou sistematizar o conhecimento e aprendizado desenvolvido pela indústria automobilística e aplicá-los de forma didática no ensino de Administração.</u> A partir das ferramentas de gestão exploradas e das informações resultantes da extensa pesquisa que embasou este livro, é

possível: conhecer as áreas mais promissoras e as tendências do mercado a partir das experiências da indústria automobilística; analisar o posicionamento estratégico, baseado no check-list "DO JOB" e planejar a estratégia competitiva futura; conhecer as tecnologias de gestão que serão adotadas pela indústria nos próximos anos; agregar conhecimento, adquirindo um diferencial em relação aos competidores; reforçar a imagem organizacional junto a clientes e fornecedores através da aquisição de conhecimento; estabelecer objetivos claros de atuação e visualizar oportunidades de negócios aplicadas em outras áreas.

Estudo de Caso 16:
E-COMMERCE UNE MONTADORAS

"Em 25 anos, toda a economia, ou parte dela, terá mudado. Logo existirão apenas dois tipos de empresas, as que se viabilizaram na Internet e as falidas."
Michael Dell

Quando Henry Ford implementou a produção em série, no início de 1900, as informações maturadas por ele já haviam sido testadas em outros segmentos fabris. Seu mérito foi estudar os processos industriais da época e substituir as velhas técnicas da produção artesanal. Os fornecedores tinham objetivos isolados em termos de especificações e tolerâncias, dificultando o encaixe das peças produzidas. Padronizando as dimensões dos componentes através da metrologia, Ford obteve a intercambialidade das mesmas, possibilitando a montagem sem interrupções.

Era o princípio da parceria entre montadoras e fornecedores para a melhoria da produtividade da organização. No passado, montadoras e fornecedores trabalhavam isoladamente, porém, nos últimos anos, em função da Tecnologia da Informação, a GM e a Ford estão priorizando parcerias.

Em fevereiro de 2001, Harold Kutner, diretor mundial de compras da GM, e Brian Kelley, responsável pelos projetos de comércio eletrônico da Ford, marcaram um encontro secreto para analisar as reclamações e sugestões de um fornecedor de autopeças. Segundo a Revista *Exame*[140], esse fornecedor havia reclamado, diretamente, com Kutner (GM) e Kelley (Ford): "*Vocês precisam entender que estou sendo forçado a acelerar meu ritmo de trabalho para dar conta de dois novos sistemas de compras on-line diferentes e altamente complexos... isso me obriga a duplicar esforços. Será que não haveria um modo de a GM e a Ford trabalharem juntas?*"

Em outras palavras, o fornecedor estava solicitando às montadoras substituir as velhas técnicas de administração, em que cada empresa tinha suas metas e objetivos isolados, não se preocupando com os fornecedores.

---

[140] BAER, Martha e DAVIS, Jeffrey. Será que emplaca. *Exame*. Editora Abril. Edição 737, Ano 35, nº 7, 4/4/2001, p. 100.

Se para o encaixe das peças de vários fornecedores, foi priorizado, no início de 1900, a intercambialidade, a nova economia esta exigindo, também, a integração entre fornecedores e montadora, para juntos vencerem os desafios que se apresentam. Apesar de todas as dificuldades envolvendo a quebra de paradigmas para a aproximação da GM e da Ford, as montadoras rivais americanas chegaram a um acordo para a criação de um megaportal eletrônico do mercado industrial do planeta.

Com a Daimler-Chrysler, também, interessada no projeto, o volume de negócios chegaria a 240 bilhões de dólares por ano, envolvendo aproximadamente 90 mil empresas no mundo. Considerando a integração como meta, envolvendo fornecedores e as montadoras para compras online, é possível prever a economia de, aproximadamente, 3 mil dólares na fabricação de um carro de 19 mil dólares.

A nova tecnologia envolvendo o e-commerce e os benefícios da integração dos participantes da cadeia de serviços atraiu também a Nissan e a Renault que, com um capital de 240 milhões de dólares, iniciaram o projeto Covinsint que uniu concorrentes na área de Software: Oracle e Commerce One.

A rapidez nas informações para reposição dos estoques no tempo certo e o ganho de produtividade no abastecimento das linhas produtivas estão sento elogiados pelos especialistas da área.

As dificuldades enfrentadas para que o projeto Covinsint dê certo são enormes em função da complexidade do controle dos componentes de um veículo, com aproximadamente 5 mil peças. São necessários cerca de 50 dias para fabricar um carro (48 para fabricação dos componentes e 2 para a montagem). A maioria dos fornecedores, ainda, se comunica via correio, fax ou telefone.

Os fornecedores de peças complexas e auto-sistemas, como chassis, amortecedores, baterias, sistema de som e segurança estão conectados, eletronicamente, com a montadora. Os de quarto e quinto níveis, como mangueiras, parafusos e painéis simples, não estão preparados para o comércio eletrônico. Uma nova estrutura organizacional com especialistas em Sistemas de Informação deverá ser implementada, o que certamente implicará o enxugamento de alguns níveis hierárquicos.

Por outro lado, o que desperta interesse para o projeto Covinsint é a economia que o e-commerce eletrônico pode representar. Os fornecedores "on line" poderão divulgar seus produtos através de redes informatizadas. A gestão de materiais necessários à fabricação de um carro consome 95 dólares, em termos de serviços administrativos. Como a média anual de fabricação de veículos é em torno de 17 milhões, perceber-se-á o volume de recursos financeiros envolvidos. A meta é reduzir os custos administrativos e agilizar a tomada de decisão através da Tecnologia de Informação.

Em 2001, a Covinsint tinha cerca de 200 funcionários emprestados pela GM, Ford, Daimler-Chrysler, diversas companhias de consultorias e empresas de suporte técnico e-commerce. Com três diretores representando cada montadora, o megaportal aguarda a indicação do CEO definitivo para o projeto. Deve ter capacidade para gerenciar, domínio da Tecnologia de Informação e conhecimento da complexidade do segmento automotivo. Deve enfatizar a empatia com todos os fornecedores e transmitir segurança para as três montadoras-parceiras. Em outras palavras, o executivo maior da Covinsint terá que ser um gestor, um guru ou, possivelmente, um novo gênio da cadeia automobilística.

General Motors e Revendedores de Peças

Em paralelo ao e-Commerce visando à redução de custos dos fornecedores, a GM desenvolveu um sistema informatizado, disponibilizado na Internet, chamado Autogerenciamento de Inventário e Reposição Otimizada (AutoGIRO), para todas as 445 revendas de peças. O objetivo era maximizar o giro de estoque entre as revendedoras e evitar os encalhes. Conforme a Revista *Exame*[141], 30% do inventário das concessionárias não gira, o que significa dinheiro empatado em peças obsoletas.

Através de uma Extranet, o sistema AutoGIRO obtém informações diárias das concessionárias que processam os pedidos. Quando solicitam peças nas montadoras dentro do lote econômico, as ordens de produção são processadas e os pedidos, atendidos. Quando o quantitativo é inferior, as peças são localizadas nas revendas espalhadas pelo Brasil. O princípio do sistema evidencia a filosofia da parceria: "eu ganho, você ganha, nós ganhamos" destaca José Roberto Favarini, diretor-geral de operações pós-vendas da General Motors.
A união das montadoras com os revendedores possibilita o aprimoramento contínuo para a superação dos fatores restritivos e um melhor desempenho das empresas envolvidas.

---

[141] BLECK, Nelson. A boa e velha lógica do leiteiro. *Exame*, Editora Abril, São Paulo, 14/8/2001, p. 123-124.

Enfoques Estratégicos:

✓ *Intercambialidade;*
✓ *Padronização dos processos de produção;*
✓ *Comércio eletrônico;*
✓ *Megaportal.*

Enfoques destacados neste Estudo de Caso
para o paralelo com o check-list "DO JOB"

PARÁGRAFO EM ESTUDO	Ferramentas de Gestão Exploradas				
	D	O	J	O	B
Quando Henry Ford implementou ...					X
Era o princípio da parceria entre ...		X			
Considerando a integração ...				X	
A nova tecnologia, envolvendo o ...		X			
A rapidez ...			X		
Uma nova estrutura organizacional ...	X				
A meta é reduzir ...				X	
O princípio do sistema ...		X			

Comentários:

A Tecnologia da Informação está redirecionando os processos de trabalho de todos segmentos produtivos comerciais e pessoais. O pensamento de Michel Dell, na introdução desse estudo de caso, reflete, com muita transparência, a importância do e-Commerce, tendo como ferramentas a internet, a extranet e a intranet. No início dos anos 2000, as empresas que exploraram os benefícios da informatização passaram a concluir seus relatórios gerenciais em tempo real e agir, rapidamente, para superar os fatores restritivos que se apresentavam. A Tecnologia de Informação possibilita o acesso a banco de dados de suma importância para a tomada de decisão, na velocidade exigida pelo cenário mercadológico. É oportuno destacar a importância das conceituações B2B (Business to Business), negócios entre empresas e B2C (Business to Consumers), vendas diretamente para os consumidores, tendo a internet como ferramenta disponível.

Quadro 61: Respostas do Estudo de Caso 16

Estudo de Caso 17:
POR QUE A GM, EM 2000, DEIXOU DE SER CRIATIVA?

"Não é que eles não vêem a solução.
É que eles não vêem o problema."
Grover Cleveland

Quando o financista americano Richard Wagoner Júnior, homem de carreira da montadora, assumiu o cargo de presidente em julho de 2000, os analistas da indústria automobilística, os concorrentes e os funcionários não acreditavam que ele pudesse reverter a situação da organização. Contra todas as previsões, Wagoner está se saindo muito bem. <u>Desde 2001, a empresa vem ganhando participação no mercado, conforme metas previamente definidas. Pela primeira vez, em 11 anos, a marca Chevrolet passou a vender mais que a Ford e, nos últimos 6 meses, o preço das ações da GM subiu cerca de 50%.</u>

O novo CEO, da General Motors Mundial, trabalhou no Brasil, em diversos cargos, de 1981 a 1987, chegando a presidir a GM, filial brasileira, em 1991.

Desafios da maior indústria automobilística do mundo para os próximos anos: <u>aprender com o mercado e inovar para voltar a produzir veículos que encantem os consumidores</u>.

De acordo com Wagoner, o mercado é formado por consumidores de produtos de luxo e por compradores jovens que gostam de coisas diferentes. É preciso entender os clientes, mas eles não podem projetar o produto que vai ser lançado daqui a 2 ou 3 anos. É preciso acompanhar as novas tendências, a partir dos pontos valorizados pelos clientes.

Para maior competitividade é preciso estudar as ações implementadas por outras empresas, como <u>o enxugamento da estrutura hierárquica e descentralização do processo decisório e, quando possível, implementá-las na organização</u>.

Capítulo VI: Estratégias e Cenários **303**

Para lançar produtos que encantem o mercado, foi contratado Robert Lutz, o homem que fez os modelos da Chrysler brilhar na década de 90. É o gênio da moda, design e desenvolvimento de produtos automobilísticos que, certamente, revolucionará a montadora. Apesar de ser um homem carismático, que aparece todos os dias no jornais, poderia diluir a imagem do presidente, mas Wagoner precisava tirar a empresa da apatia.

Outra boa notícia é que a GM, até 2006, lançará no mercado cerca de 87 modelos, uma média de um a cada três semanas, seguindo a mesma estratégia de outras organizações.

Para a área financeira, o gênio John Devine, respeitado em Wall Street, desde os tempos em que servia a Ford, foi contratado para maior desempenho da empresa, em termos de retorno sobre o capital investido.

O modelo de gestão de Wagoner prioriza o acompanhamento diário da evolução das vendas. É a conexão direta com o consumidor, seu nível de satisfação com a compra dos produtos da GM. A empresa tem que administrar, com critério, os certificados de garantia e a credibilidade mercadológica.

A GM está preocupada com a rentabilidade financeira de suas filiais. O objetivo é promover ampla reformulação na estrutura hierárquica da organização, através das sugestões de funcionários, para maximização da produtividade. Novos caminhos para GM significam descentralizar o processo decisório e uma administração enxuta e competitiva.

O objetivo da GM é crescer cada vez mais. Basta ver as fusões e a aproximação com os fornecedores das grandes companhias, nos últimos anos. Questionamento importante de Wagoner: *"como ser grande e ser ágil?"*. Ser grande gera economia de escala, porque a empresa consegue produzir mais, gastando menos. É preciso agilidade para acompanhar as oportunidades mercadológicas, através de parcerias com fornecedores para as atividades "meio" geralmente com menor custo operacional e concentração nas atividades "fim", para a superação dos concorrentes. Como o consumidor está cada vez mais exigente, é importante ter um time administrativo polivalente para compreender, com precisão, seus desejos e necessidades. Assim, gradativamente, a montadora está abrindo espaço para funcionários de minorias raciais e mulheres, como forma de melhorar o desempenho frente ao conhecimento detalhado do mercado consumidor.

Na década de 1990, a GM consumia de 40 a 45 meses entre o projeto e o lançamento de um produto. Depois de 2002 leva-se de 18 a 24 meses. A fórmula encontrada foi a definição das metas organizacionais, envolvendo o desenvolvimento de novos produtos, engenharia, manufatura, manutenção, compras e informática. Essa estratégia foi explorada com sucesso pela Toyota, desde a década de 70.

A fábrica de Gravataí, responsável pelo Celta, tem o conceito mais avançado de produção de automóveis, devido à integração que existe entre os fornecedores e a montadora. São idéias avançadas sobre produção flexível, envolvendo a eliminação dos desperdícios com estoques desnecessários e consumo de horas produtivas que não agregam valor ao produto final.

O maior desafio de Wagoner é eliminar o imobilismo e a complexa estrutura hierárquica da organização, composta de, aproximadamente, 370 mil funcionários espalhados pelo mundo. O imobilismo e a acomodação levam as pessoas a agirem com bom senso, mas, em cenários concorrenciais, é preciso estratégias inovadoras para superar os fatores restritivos que se apresentam. Conforme Womack[142], um dos ditados preferidos de Taiichi Ohno, gênio da Toyota, era: *"O bom senso esta sempre errado. Por exemplo, bom senso para produzir e, posteriormente, comercializar. Assim, os departamentos iniciais produzem e transferem, para os departamentos posteriores, até chegar no mercado..."* O projeto Celta é o "não" da GM ao bom senso para os processos tradicionais de compras, logística, estocagem, produção e vendas, porque o veículo é praticamente comercializado antes de ser fabricado.

Enfoques Estratégicos:

✓ *Aprender com o mercado;*
✓ *Produtos que encantem;*
✓ *Hierarquia descentralizada.*

---

[142] WOMACH, James P. *A Mentalidade Enxuta nas Empresas: Elimine o Desperdício e Crie Riqueza*. Rio de Janeiro: Campus, 1998.

Enfoques destacados neste Estudo de Caso para o paralelo com o check-list "DO JOB"

PARÁGRAFO EM ESTUDO	Ferramentas de Gestão Exploradas				
	D	O	J	O	B
Desde o 2001 ...				X	
... aprender com o mercado ...					X
... o enxugamento da estrutura ...	X				
... seguindo a mesma estratégia ...					X
... promover ampla ...	X				
É preciso agilidade para acompanhar ...		X			
Na década de 1990, a GM ...				X	
São idéias avançadas ...			X		

Comentários:

Richard Wagoner Jr. conseguiu melhorar a performance da GM porque priorizou: aproximação com os fornecedores para aprendizagem mútua; descentralização da estrutura hierárquica para maior rapidez na tomada de decisão; acompanhamento das expectativas dos consumidores no tocante aos novos veículos e valorização das sugestões apresentadas pelos colaboradores internos. Com essas medidas a Toyota se transformou num exemplo mundial e Wagoner Jr. praticando Benchmarking está eliminando os fatores restritivos da GM e realizando as metas previamente planejadas. O questionamento de Wagoner: "*como ser grande e ágil?*", possibilita importantes reflexões às pequenas empresas. É preciso explorar o diferencial da pequena empresa, com estrutura enxuta, para superar as grandes corporações, através da agilidade na tomada de decisões e respostas, em tempo real, às novas tendências do mercado.

Quadro 62: Respostas do Estudo de Caso 17

Estudo de Caso 18:
GESTÃO DE TALENTOS – DIFERENCIAL DA TOYOTA

"Se a idéia é boa, sobreviverá à derrota; se ela é mesmo boa, pode sobreviver até a vitória."
Stepen Vincent Benét

O fator humano é o melhor recurso que as empresas podem possuir em um cenário competitivo onde as transformações ocorrem de forma muito acelerada. Através do estudo da evolução da Gestão de Pessoas, é possível evidenciar os referenciais: "mão-de-obra e cabeça-de-obra". Para a Toyota, a abordagem "mão-de-obra" foi abolida, na década de 60, através do Sistema Produtivo Enxuto que priorizava o conceito "Soikufu", que valorizava o pensamento criativo dos funcionários para o aprimoramento contínuo da organização.

Os japoneses, para superar o desempenho industrial americano, combateram os desperdícios instalados no processo produtivo através das sugestões dos próprios executantes dos processos fabris. Os americanos, em função da sua capacidade tecnológica, do potencial do mercado consumidor e do crescimento da economia, não sentiram a necessidade de implantar novas técnicas de gestão. Não priorizaram a descentralização do processo decisório para maior comprometimento dos talentos internos. Administraram os recursos humanos como "mão-de-obra", dentro da configuração "apenas cumpra as ordens recebidas", convivendo com as ineficiências no fluxo produtivo e nos serviços. A acomodação das organizações americanas é justificada porque os desperdícios no processo produtivo, por falta de concorrência, eram repassados para os concorrentes.

Além do conceito japonês "Soikufu", é importante destacar, também, o termo americano "goodwill" empregado por Reich[143]: *"Como informar o preço real de empresas cujo valor está no cérebro de seus empregados... O patrimônio material de uma organização é o seu pessoal... muito 'goodwill' pode desaparecer com a saída dos empregados valiosos"*.

---
[143] REICH, Robert B. *O Trabalho das Nações: Preparando-nos para o Capitalismo do Século XXI*. São Paulo: Educator, 1994, p. 98.

Assim, é inviável manter na organização a "mão-de-obra" repetitiva que não agrega valor aos processos em que está envolvida. O cenário marcado pela concorrência exige a atuação de profissionais em expedientes dinâmicos, coerentes com os conceitos "Soikufu" e "Goodwill". As empresas terão que transformar seus funcionários "mão-de-obra" em cabeça-de-obra para aprender com o mercado e alimentar a organização com novas sugestões. Bernardi[144] destaca: "*a empresa 3M precisa de dez minutos e quatro segundos para que surja uma nova idéia de produto na organização. É a empresa mais criativa do planeta, e fabrica mais de 60 mil itens diferentes. No Brasil são 25 mil que vão de esponjas para lavar louças e estetoscópios até o Post-It, aquele bloquinho amarelo auto-adesivo que mudou a forma de como as pessoas anotam seus recados*". A 3M tem mão-de-obra? Como as montadoras de veículos podem aprender com a 3M?

Conta-se que o presidente da GM, Alfred Sloan, teria dito em reunião: "Senhores, acredito que estejamos todos de pleno acordo quanto à decisão a respeito deste ponto." Ao redor da mesa, cada um exprimiu sem assentimento. Como não houve divergências, destacou Sloan: "S*ugiro adiar a definição desse projeto, porque o assunto não foi plenamente analisado por todos.*" Em outras palavras, Sloan não queria assentimento e, sim, questionamentos, porque por meio deles a empresa permite que seus gestores apresentem suas considerações sobre o projeto em estudo. É a oportunidade para o aprimoramento.

Sloan pregava que as divergências geravam questionamentos de fundamental importância à definição participativa das metas e ao crescimento da organização.

A Revista *Veja*[145] destacou uma particularidade da personalidade de Henry Ford que possibilita uma reflexão: "*Antigamente, um capitão de indústria sentia-se no direito de fazer o que bem entendesse com seu negócio. Isso já não é possível nos dias de hoje. Certa vez, voltando de uma viagem ao exterior, Henry Ford foi recebido em sua fábrica de Detroit com uma "surpresa" preparada por alguns executivos da companhia. Eles haviam feito o protótipo*

---

[144] BERNARDI, Maria Amália. O melhor lugar é aqui – As 100 melhores empresas para você trabalhar. *Exame*, Edição 721, p. 58.
[145] SEGALLA, Amauri. A quinta geração da Ford. *Veja*. Edição 1757, 26/6/2002, p. 5.

mais equipado de um carro já fabricado pela montadora. Com muita expectativa apresentaram a "idéia" a Henry Ford. Para surpresa e decepção do grupo, Ford ficou tão irritado com a sugestão, que quebrou os faróis e o pára-brisa do veículo com um chute. Depois subiu no teto e o amassou com pulos".
Com sua personalidade forte, Ford, inconscientemente, direcionava seus funcionários para a repetição dos processos de trabalho. Não os estimulava para sugestões visando à melhoria da empresa. Para Ford os funcionários deveriam ser administrados como "mão-de-obra" e não como "cabeça-de-obra", conforme os conceitos "Soikufu e Goodwill". A centralização do processo decisório em torno de Henry Ford influenciava toda a organização para a lentidão das ações estratégicas.

Taiichi Ohno é considerado o gênio da Toyota porque soube explorar, com competência, o capital intelectual da organização. Revolucionou os processos produtivos, integrando os fornecedores da cadeia produtiva. O produto final encantou o mundo porque o design, o preço final e a qualidade foram conquistados através da "cabeça-de-obra" dos gestores da cadeia produtiva.

No final de 1999, a fábrica de automóveis Renault, no Paraná, passou por um amplo diagnóstico sobre o perfil dos seus 70 gerentes no Brasil. O principal aspecto identificado era a pouca capacidade de delegar funções e tarefas aos colegas. Os gerentes se mostravam pessoas centralizadas e, a alguns, faltava a capacidade de motivar equipes e de saber dar *feedback*.

Com essas informações, a Renault pôde identificar os desperdícios instalados em toda a estrutura da organização e passou a priorizar ações para reduzir os estoques, tempos de espera e valorizar as decisões na hora certa.

A Folha de São Paulo publicou um artigo, no dia 14 de julho de 2002, (Caderno E): Estratégia – companhias incentivam profissionais que têm boas idéias com prêmios e implantam as melhores sugestões. Por exemplo, a premiação para boas idéias varia de R$ 30 mil a R$ 150 mil na Volkswagen, que acumula 1.100 sugestões dos profissionais de quatro unidades desde o final do ano passado. Um funcionário que trabalha com armação de carrocerias na montadora foi premiado pela sugestão de mudar para a altura da cintura o local da solda, antes feita acima da cabeça. A idéia não gerou custos para ser implementada, melhorou a ergonomia e evitou acidentes de trabalho com as fagulhas.

Como solicitar dos funcionários sugestões, se as mesmas não são valorizadas ou não constam no Plano de Metas da Organização? Se o reconhecimento não for oficializado, os funcionários tendem a se acomodar e a realizar o estritamente necessário.

Estabelecendo um paralelo com a Tecnologia da Informação, os computadores 386 foram descartados do mercado porque são lentos, não têm peças de reposição e são limitados em termos de capacidade de armazenagem de dados. É possível identificar em uma organização gerentes e funcionários com os mesmos referenciais e que poderiam ser chamados de "pessoas 386". "Funcionários 386": acomodados, alienados e muitas vezes revoltados com a própria organização. Por que chegaram a esse nível de desempenho profissional e deixaram de se posicionar como parceiros da organização? Quais as causas? As empresas que "perdem" tempo em recuperar funcionários problemáticos, muitas vezes ganham grande aliado e nova cabeça pensante para a superação de fatores restritivos. É preciso rever constantemente a estrutura hierárquica da organização, eliminar a burocracia desnecessária, descentralizar o processo decisório e premiar os talentos humanos que estão se destacando.

Enfoques Estratégicos:
✓ *Conceitos "Soikufu" e "Goodwill";*
✓ *"Gestor 386";*
✓ *Valorizar talentos humanos.*

Enfoques destacados neste Estudo de Caso
para o paralelo com o check-list "DO JOB"

PARÁGRAFO EM ESTUDO	Ferramentas de Gestão Exploradas				
	D	O	J	O	B
Os japoneses para superar ...			X		
As empresas para sobreviverem terão ...					X
Sloan pregava ...				X	
Revolucionou os processos produtivos ...		X			
Com essas informações, a Renault ...			X		
Como solicitar dos funcionários ...				X	
É preciso rever constantemente ...	X				

Comentários:

Em um cenário competitivo, o diferencial de uma organização estará diretamente associado à forma de administrar o fator humano. Os conceitos "Soikufu" e "Goodwill" foram abordados para evidenciar a importância do comprometimento das pessoas com as metas planejadas. A configuração "mão-de-obra" foi abolida pela Toyota, na década de 60, e os funcionários operacionais foram treinados para a Qualidade Total. Interromper o fluxo produtivo para se evitarem prejuízos deixou de ser atribuição apenas dos engenheiros e dos gerentes. A tomada de decisão foi descentralizada e todos os integrantes da cadeia produtiva assumiram um compromisso com o aprimoramento contínuo. Assim, "gestores 386" que centralizam processos de trabalho, não incentivam a geração de idéias, deixam de valorizar a administração participativa, certamente, estarão fora do mercado de trabalho.

Quadro 63: Respostas do Estudo de Caso 18

CAPÍTULO VII

Evolução Histórica do Automóvel (Curiosidades)

O conhecimento da evolução histórica de um segmento organizacional pode nos alertar sobre os erros cometidos, como também possibilitar a descoberta de nichos de mercado não explorados.

FORD "T" – Projetado em 1908 por J. Galamb e G. H. Wills, sob a supervisão de Henry Ford. Recebeu o apelido de "Tim Lizzie" (lata batida), porque seu preço inicial era de 850 dólares. De 1908 a 1927 foram produzidas 15.007.033 unidades. Após sair de linha o modelo "T", deu lugar ao modelo "A".

FORD "A" – Durante a depressão de 1929 as vendas caíram quase 70%. A alternativa encontrada para atrair os consumidores foi aumentar a potência de alguns modelos sem alterar os preços.

O modelo "A" de 1932, apesar de ser um carro popular, foi colocado no mercado com motor V8 para que atingisse maior velocidade. Henry Ford recebeu uma carta de Bonnie e Clyde, bandidos da época, agradecendo a produção de carros tão ágeis. Ford agradeceu e informou que também ofereceria uma versão ágil para a polícia, porém, com blindagem especial.

CITROËN 7CV 1934 – Primeiro carro com tração dianteira produzido pela Citroën, não tinha um motor potente, mas era confiável. Esse carro revolucionário foi projetado por André Lefebvre e Gabriel Voisin.

FUSCA – Projetado em 1934 por Ferdinand Porche, com o nome de Kdf–Wagen (besouro-fusca). O primeiro protótipo foi revolucionário, pois continha motor refrigerado a ar, localizado na traseira do veículo. Hitler ficou muito satisfeito com o desempenho e começou a financiar a produção em escala industrial, em 1938. Foram produzidos 21.529.464 unidades e o último veículo foi fabricado dia 30 de julho de 2003 no México.

FIAT TOPOLINO 1936 – O Topolino (ratinho em italiano) foi o primeiro carro assinado pelo engenheiro Dante Giacosa. Projetado inicialmente para ter tração dianteira, foi alterado por recomendação do presidente da Fiat, Giovanni Agnelli, por estar temeroso com a rejeição do público. De mecânica simples e motor de quatro cilindros, não ultrapassava 90km/h. Tinha como diferencial o baixíssimo consumo – 16km com apenas 1 litro de combustível

CHEVROLET 1939 LUXO – Sobriedade e elegância aliados a um motor de 6 cilindros e um grande detalhe: o câmbio é a vácuo, o que, para a época, era uma inovação sedutora para os pesados modelos que circulavam antes da Segunda Guerra Mundial.

BUICK 1940 – A série Special foi um grande sucesso de vendas da Buick nos Estados Unidos. Câmbio de três marchas (com a ré), motor 8 cilindros em linha, carroceria Sedan, duas portas. Era o carro de passeio da família norte-americana.

SIMCA CHAMBORD – Desempenho aliado ao luxo, foi o primeiro carro nacional a ter um motor V8, foi também produzida uma versão esportiva, com dois carburadores. O modelo esportivo era o Rallye e o de alto luxo, o Presidence.

FORD THUNDERBIRD – Durante visita ao salão do automóvel em Paris, em 1951, o vice-presidente da Ford, diante do estande da Jaguar, olha para o veículo, vira-se para seu assessor e, bem irritado, diz: "Por que não temos carros assim?"

A metodologia Benchmarking inspirou o nascimento do projeto Thunderbird e no salão de Detroit, em 1954, o veículo foi lançado. Tinha carroceria de dois lugares, grade inspirada nos Ferrari e faróis redondos. Era um esportivo compacto e elegante, mas, também, era veloz e potente. Tinha um motor V8, que o fazia chegar a uma velocidade de 185km/h.

KARMANN-GUIA – Em 1953, após construir diversas carrocerias para vários fabricantes diferentes, a Ghia fez parceria com a VW, para a qual preparou um protótipo de um cupê 2+2, que recebeu o nome de Karmann-Ghia. Esta preciosidade fez grande sucesso em boa parte do mundo. No Brasil ele foi produzido de 1960 a 1972.

CADILLAC ELDORADO 1953 – Para os americanos, o luxo e a extravagância dos veículos produzidos, após a Segunda Guerra Mundial, era para esquecer os sofrimentos do conflito militar. O Cadillac Eldorado 1953 era um exemplo real da capacidade tecnológica e luxúrias americanas. Com um motor V8, conversível, capota recolhível, foi realmente, um carro que entrou para a história.

ROMI-ISETTA – Produzida a partir da BMW Isetta alemã, foram 3 mil unidades produzidas no Brasil de 1956 a 1959. Suas características eram espaço para apenas dois passageiros, câmbio de quatro marchas, o mínimo consumo de combustível e, principalmente, o fato de a porta se abrir frontalmente.

MERCEDES 300 SL (1954) – Com o fim da Segunda Guerra Mundial, as empresas americanas aproveitaram os conhecimentos adquiridos sobre montagem de aviões para construir supermáquinas. O grande diferencial desse modelo, além das portas que levantavam (por isso ganhou o apelido de asa de gaivota), era o fato de chegar a uma velocidade máxima de, incríveis, 260km/h, algo extraordinário para a época.

DKW-VEMAG 1956 – Precursor da indústria automobilística nacional. Primeiro carro totalmente brasileiro, foram produzidas 120 mil unidades desse sedan, responsável por uma intensa mudança socioeconômica no mercado brasileiro. Foi a porta de acesso da classe média para a entrada no mundo automotivo.

ROLLS ROYCE PHANTON II – Entre 1904 e 1906, o britânico Henry Royce construiu seu primeiro automóvel. Por volta de 1916, a Rolls-Royce, levava seus carros para um teste de campo no deserto egípcio e, após muitas milhas percorridas, a completa ausência de avarias nos motores era seu maior triunfo. A Rolls-Royce lançou o Phantom II, em 1930. O carro foi logo equipado com uma caixa de câmbio e transmissão sincronizada.

AERO WILLYS – Foi lançado no Brasil em março de 1960, tinha carroceria lembrando o modelo americano de 1955 e os motores eram os mesmos usados nos Aeros 1952. Em 1961, a diretoria da Willys Overland do Brasil tomou a decisão: "o Aero Willys 1963 seria um carro inteiramente novo, com estilo próprio e linha inédita no catálogo internacional". Sua primeira aparição foi no salão do automóvel de Paris, em outubro de 1962, chamava a atenção de todos pelo monobloco brasileiro, 110cv, concepção e estilo novos, e provocava o comentário: "um carrão".

GORDINI – Trazido pela Willys, da França, em 1961, para concorrer com o Fusca. Essa foi a primeira guerra publicitária no país. Diferenciais explorados por cada empresa:

• Willys-Gordini – Nosso veículo tem grande autonomia, quatro portas e agilidade;

• VW-Fusca – Nosso motor é refrigerado a ar e "ar não ferve". A água é "só para lavar o veículo".

FORD MUSTANG – Lee Iacocca coordenou o projeto. O protótipo ficou pronto em 1962, idealizado por David Ash. Lançado no mercado em 1964, se transformou num campeão de vendas em apenas três meses de comercialização. O sucesso do Mustang levou Iacocca a presidência da Ford Motors Company, em 1970.

TOYOTA COROLLA – O carro mais vendido do mundo. Lançado em 1966, trazia o que havia de mais avançado em tecnologia. Em função da primeira crise do petróleo na década de 1970, encantou os americanos e europeus pelo design, qualidade, preço e, principalmente, pelo baixo consumo de combustível. É o carro mais vendido no Japão há 30 anos. Foram comercializados até 2000, aproximadamente, 28.690.410 unidades em mais de 150 países. O Corolla está na oitava geração e passou a ser produzido no Brasil em 2000.

GURGEL – Construído pelo ex-estagiário da GM João Augusto do Amaral Gurgel, que teve coragem de construir um carro para competir com as grandes montadoras que dominavam o mercado. Fabricou desde Karts até furgões. Seus compactos eram 25% mais baratos que seus concorrentes, mas com a chegada do governo Collor e o fim da isenção fiscal, a Gurgel não resistiu e teve que fechar as suas portas.

FIAT 147C - 1976 – O primeiro modelo com uma proposta diferente: reservar 20% do espaço à parte mecânica e 80% para os passageiros e carga. O motor transversal enxuto e câmbio de engates exíguo, diferentes dos tradicionais, contribuíram para a sua fama de mecânica difícil.

CRHYSLER PT 15 CRUISER – A revitalização dos antigos "carros de gângsteres", inspirado na década de 40. No informe publicitário de lançamento desse veículo constava: "É um carro popular!". Fiquei encantado porque, sendo um carro popular, poderia adquiri-lo. Quinze dias depois, um outro informativo publicitário explicava: "É um carro popular porque tem muitos admiradores por perto". Seu preço está na faixa dos R$ 90 mil.

Missão Cumprida?

O arcabouço cultural da cadeia produtiva, explorado neste livro, envolvendo mais de cem anos de ações estratégicas, possibilitou a identificação de Gestores, Gurus e Gênios e de suas "façanhas" administrativas. Essa fonte inesgotável de aprendizagens nos permite estudar o sucesso e o fracasso das organizações e, conseqüentemente, refletir com os erros e acertos praticados.

O cenário mercadológico, marcado pela concorrência cada vez mais acirrada, vem exigindo dos empreendedores da atualidade, a aplicação competente de ferramentas gerenciais envolvendo a gestão de pessoas, processos, logística, metas e mercados. Os administradores devem ficar vigilantes porque a volatilidade dos negócios impõe cada vez mais a superação dos fatores restritivos que se apresentam.

A entropia quando enraizada nas matrizes pessoal e organizacional gera acomodação, influenciando os fluxos de trabalho para *inputs* que não agregam valores aos produtos e serviços realizados e *outputs* não desejados pelo público-alvo. É preciso romper as amarras da comodidade e priorizar os fluídos positivos da sinergia para a conquista de diferenciais competitivos.

O estudo das metodologias de gestão nunca terá fim. A expectativa é a de que este livro inspire novas pesquisas, visando à identificação de outros Gestores, Gurus e Gênios e que diferentes ferramentas administrativas sejam disponibilizadas para maior produtividade das organizações. É importante evidenciar que o legado cultural do passado só será importante se dele captarmos os ensinamentos que o momento está exigindo.

Se este livro, com a proposta do Check List "DO JOB", conseguiu superar a linguagem abstrata na abordagem de ferramentas de gestão, sistematizando metodologias mundialmente testadas e aprovadas, como o Downsizing, Outsourcing, Just in Time, Objective e Benchmarking, podemos concluir que "alguma coisa foi feita" em favor da Administração. Em outras palavras o *"status quo"* foi rompido. Não é possível gerenciar com eficácia, se os departamentos "fim" de uma organização não forem administrados de forma integrada.

No âmbito educacional, não é recomendável coordenar cursos de Administração de forma a permitir que disciplinas "fim" sejam lecionadas no estilo "colcha de retalhos". É através da integração dos conteúdos e da abordagem holística que facilitamos o processo de aprendizagem e, certamente, preparamos melhor os alunos para o exigente mercado de trabalho. A integração das disciplinas "fim", tendo como referencial as metodologias de gestão, sistematizadas no check-list "DO JOB", facilita a prática da interdisciplinaridade.

Se esta obra conseguiu mostrar a importância da matriz pessoal com entrada, transformação e saída, tendo a palavra "in+form+ação" como referencial para se analisar o que foi captado, maturado e disponibilizado, as oportunidades mercadológicas certamente serão ampliadas. Em outras palavras, estamos quebrando paradigmas, visando à substituição da acomodação individual pela mutação nos fluxos de trabalhos.

Romper o "status quo" e quebrar paradigmas para superar a acomodação são desafios a serem enfrentados. Antes de cada ação gerencial é de suma importância refletirmos sobre o que deve e o que pode ser feito. Se o momento não é apropriado porque as variáveis envolvidas ainda estão fora de controle, é preciso refletir e saber aguardar o momento apropriado. Administrar a curto, médio e longo prazos e conquistar o possível em cada cenário é próprio dos estrategistas.

Se o xeque mate é o nosso objetivo final, devemos saber o momento certo para fazê-lo. Para isso, ações preparatórias configuradas na movimentação das pedras do tabuleiro de xadrez exigem decisões acertadas. Saber avançar, receber ataques, recuar e contra-atacar é próprio dos grandes mestres, tratados neste livro, como Gestores, Gurus e Gênios e, com seus ensinamentos temos certeza que nossa empreitada será menos árdua.

Biografia de alguns Gestores, Gurus e Gênios

O que seria da Ciência sem a pesquisa? O que seria da Administração sem o registro científico do sucesso e do fracasso dos Gestores, Gurus e Gênios?

1. Alberto Ghiglieno

Nasceu em 1958, em Turim, Itália, onde graduou-se em Engenharia Eletrônica. Ingressou no Grupo Fiat em 1989, na Gilardini, transferindo-se em seguida para a Magneti Marelli, onde foi o responsável pela atividade internacional da empresa. Em 1997, passou a fazer parte do Setor de Compras da Fiat Auto, trabalhando no processo de globalização dos fornecedores do "world car" da Fiat, o Palio. No âmbito da aliança industrial entre Fiat e GM e da constituição da joint venture GM-Fiat Worldwide Purchasing, foi nomeado Diretor Geral para a Europa da sociedade paritária, com sede em Russelsheim, na Alemanha. Em fevereiro de 2002, assumiu o cargo de Superintendente da Fiat Auto para a América Latina, e em abril deste mesmo ano assumiu a presidência da Fiat no Brasil. A partir de fevereiro de 2004, deixa o cargo para assumir a posição de vice-presidente sênior de Desenvolvimento Estratégico da Fiat Auto, com subordinação direta ao CEO Herbert Demel, na Itália.

Contribuição:
Maestro da aliança entre a Fiat e a GM na área comercial.

2. Alfred Sloan

Dirigiu a General Motors, de 1920 até 1955, transformando a montadora na maior empresa do mundo. Sloan configurou a GM como fabricante de uma gama de produtos composta por cinco modelos que iam do mais barato ao mais caro (Chevrolet, Buick, Oldsmobile, Pontiac e Cadillac) para que os seus compradores fossem adquirindo veículos mais sofisticados à medida que aumentavam suas receitas. A sua meta era: "um automóvel para cada bolso e cada propósito". O ano de 1924 separa a velha da moderna indústria automobilística e Alfred Sloan foi quem forçou a mudança. Ele introduziu, na prática, critérios que durante os 30 ou 40 anos seguintes configuraram a produção em massa como modelo de produção para a indústria automobilística (e para toda a indústria mundial em geral, que o copiou). Um desses critérios, o decisivo, o que teve as mais profundas e continuadas implicações para a indústria automobilística, foi o da obsolescência programada. Principais propostas de Sloan: descentralização, departamentalização e administração por objetivos.

Contribuição:
Quebrou todos os paradigmas da produção em massa e priorizou a administração por objetivos.

3. Antônio Maciel Neto

Presidente da Ford do Brasil e da América do Sul. Parece ter obsessão por trabalhos que ninguém gosta de fazer. Foi assim na fábrica de pisos e azulejos Cecrisa, que ele aceitou comandar mesmo depois que os donos lhe mostraram uma lista de oito concordatas e 1,2 mil sedentos credores. Também foi assim no Grupo Itamarati, de Olacyr de Moraes, onde ele chegou com a missão de debelar uma dívida assustadora de 1 bilhão de dólares. E já era assim na faculdade de Engenharia Mecânica da Universidade Federal do Rio de Janeiro, onde organizava o pessoal para a Olimpíada. Foi o síndico do prédio onde ficava a república estudantil e presidiu o grêmio. Se o colocassem numa empresa tranqüila, de monopólio de mercado, ele morreria de tédio. "Maciel da Ford" foi eleito pela Revista *IstoÉ* DINHEIRO o Empreendedor do Ano, em 2003, na categoria Indústria, o executivo que empreendeu a mais profunda reestruturação da montadora americana em seus 84 anos de Brasil. À frente da Ford Motor Company do Brasil desde o ano 2000, foi responsável pela reestruturação da empresa e pelo desenvolvimento de três modelos importantes: o Focus, o novo Fiesta e o Eco Sport. Essas ações levaram a montadora a melhorar a sua performance em vendas no mercado nacional. Maciel já dirigiu empresas como a Petrobras e o Grupo Itamarati, foi membro da equipe do Ministério do Planejamento de 1990 a 1993. Ele aponta que o rejuvenescimento da marca no Brasil passa, além dos lançamento e da conquista de mercados externos, por reformulação da rede de distribuidores e pela modernização dos demais produtos (automóveis e pick-ups) e toda a gama de caminhões

Contribuição:
É considerado no mercado um "reestruturador de companhias",
por sua capacidade empreendedora.

4. Carlos Ghosn

Suas decisões estratégicas salvaram a montadora japonesa Nissan. Tomou as rédeas da empresa à beira da falência e, em apenas dois anos, a fez alcançar lucros jamais vistos na história da montadora. Muito embora tenha nascido no Brasil, é cidadão francês, tem família libanesa e é japonês por adoção. A revista *The Economist* descreveu-o como uma síntese entre o mercador árabe, a energia latina, a estratégia gaulesa, a diplomacia oriental e, com muito respeito e admiração, completamos essas qualidades com a "criatividade e jeitinho" brasileiro. Ghosn é um cidadão do mundo, talhado para viabilizar o renascimento da Nissan com os instrumentos que aprendeu a manusear no Ocidente. No início do ano

2000 a Nissan estava sufocada por 13 bilhões de dólares em dívidas e suas vendas desabavam. Ghosn começou cortando 21 mil postos de trabalho, fechando cinco fábricas; anunciou a demissão de funcionários estáveis e a substituição da senioridade por regras salariais baseadas no mérito e no desempenho; remontou a cadeia produtiva, quebrando os laços entre os fornecedores que acompanhavam a Nissan desde o fim da guerra, substituindo-os pelo tradicional leilão de preços entre as empresas. No final de 2003, foi eleito no Japão o melhor administrador do país, ganhando a admiração no mundo corporativo depois de ter salvado a empresa automotiva da falência.

Contribuição:
Ele realizou verdadeiro milagre em uma organização japonesa:
convenceu os funcionários de que o emprego vitalício
levaria a Nissan à falência.

5. Eliahu Goldratt

Físico Israelita que publicou pela primeira vez, em 1985, um livro de gestão em estilo "love story", em parceria com Jeff Cox, ao qual foi dado o título *The Goal* (A Meta) com o subtítulo "Um processo de melhoria contínua". Esse livro, como aliás outros títulos posteriores, foge ao formato tradicional dos livros de gestão, formais e afirmativos, contando-nos a vida de um gerente de produção, com dificuldades para administrar os fatores restritivos da organização e levando os problemas para o ambiente familiar. Goldratt foi o criador do sistema logístico denominado Teoria das Restrições (Theory of Constraints – TOC), que estabelece uma maneira diferente de pensar a capacidade de produção, ao considerar os recursos gargalo como determinantes. A recomendação é de que se equilibre o fluxo do produto através da fábrica com a demanda de mercado (e não a capacidade), tornando o fluxo através do gargalo igual à demanda de mercado. O modelo avançado da Teoria das Restrições utiliza sistema computadorizado para efetuar a programação da produção.

Contribuição:
Identificando e eliminando o gargalo da cadeia produtiva e do serviço,
é possível melhorar a produtividade da organização.

6. Frederick W. Taylor

Patriarca do industrialismo, o engenheiro americano Frederick Taylor desenvolveu estudos a respeito de técnicas de racionalização do trabalho do operário. Suas idéias preconizavam a prática da divisão do trabalho. A característica mais marcante do estudo de Taylor é a busca de uma organização científica do trabalho enfatizando tempos e métodos e, por isso, é visto como o precursor da Teoria da Administração Científica. O trabalho planejado possibilita controle dos tempos necessários e apuração dos custos envolvidos. Os déficits e os superávits foram explorados com mais eficiência e eficácia.

Contribuição:
Taylor, com seus estudos para a organização científica do trabalho, contribuiu de forma marcante para transformar o sistema fabril artesanal em industrial.

7. Heinrich Nordhoff

Em 28 de maio de 1938, foi lançada a pedra fundamental da fábrica VW, junto ao canal de Mitteland, em Wolfsburg. Veio a guerra e a fábrica passou a produzir veículos militares. Depois da guerra, técnicos ingleses das tropas de ocupação transformaram a fábrica em oficina de reparos de viaturas militares danificadas. Era uma fábrica sem rumo. Para resolver o problema, os ingleses chamaram Heinrich Nordhoff, técnico de caminhões da Opel e antigo desenhista de motores de aviões. No dia 1º de janeiro de 1948, Nordhoff chegou a Wolfsburg e operou com praticamente um só modelo, um carro popular, bom e barato, o fusca. Conta-se que Henry Ford e Alfred Sloan, após terem recebido propostas para a compra da empresa, com custo simbólico, após a visita a fábrica, a GM alegou que o Fusca era um modelo sem futuro. Nordhoff fez da Volkswagen a maior indústria da Europa e a quarta do mundo.

Contribuição:
Até a implantação da unidade da VW no Brasil, em 1959, a montadora alemã era considerada uma empresa de médio porte. A VW deve seu crescimento ao Brasil.

8. Henri Fayol

Henri Fayol (1841-1925) defendia princípios baseados em sua experiência na alta administração. Enquanto os métodos de Taylor eram estudados por executivos europeus, os seguidores da Administração Científica só deixaram de ignorar a obra de Fayol quando a mesma foi publicada nos Estados Unidos. O atraso na difusão generalizada das idéias de Fayol fez com que grandes contribuintes do pensamento administrativo desconhecessem seus princípios.

Fayol relacionou 14 princípios básicos que podem ser estudados de forma complementar aos de Taylor.

> *Contribuição:*
> *Os alunos de graduação em escolas de administração deveriam eleger Fayol como paraninfo. Ele foi o primeiro a provar a importância da Administração Superior em uma organização.*

9. Henry Ford

Henry Ford (1863-1947) foi um dos principais responsáveis pela produção em massa na indústria automobilística. Construiu o seu primeiro carro em 1896 – o modelo "A" – e, apercebendo-se do seu potencial comercial, trabalhou de 1903 a 1908 no desenvolvimento do modelo "T", a vigésima tentativa para a formatação da linha de montagem ideal (em série). Ford desenvolveu a produção em massa porque possibilitava a fabricação de carros a preços acessíveis. Seu erro estratégico foi a rigidez com essa política, mantendo o modelo "T" simples e inalterável por muitos anos. Não acreditava em modelos "T" com diversas cores (que não a preta), também não valorizava a gestão. Henry Ford é visto como um dos responsáveis pelo grande salto qualitativo no desenvolvimento organizacional atual. Ciente da importância do consumo em massa, lançou alguns princípios para agilizar a produção, reduzir os custos e o tempo de produção: 1) produção integrada, da matéria-prima ao produto final acabado (Integração vertical) e instalação de uma rede de distribuição imensa; 2) padronização do equipamento utilizado, obtendo-se agilidade e redução nos custos; 3) redução dos estoques e agilização da produção.

> *Contribuição:*
> *O sucesso do presente não garante tanto as organizações como os gestores no futuro. A maior ingerência de Ford foi miopia mercadológica, esse erro não pode ser repetido na atualidade.*

10. Ignácio Lopez de Arriortúa

Nos anos 1990, o basco Ignácio Lopez de Arriortúa, natural da pequena Amorebieta, foi o mais carismático executivo da indústria automobilística. "Super-Lopez", como era chamado, destacou-se na direção da GM e da Volkswagen. Cercava-se de "centuriões" e não assessores e cultuava, além do seu trabalho, santo Ignatius de Loyola. Seu carisma era tão forte que conseguiu convencer quase toda a direção da GM, inclusive seu presidente, Jack

Smith, a usar o relógio no braço direito enquanto a montadora não voltasse a dar lucro. Lopez é citado por sua ousadia, ainda que tenha saído pela porta dos fundos da VW depois de ter sido acusado pela GM de espionagem industrial. Os apelidos nada carinhosos que recebeu enquanto demitia milhares de trabalhadores e espremia seus fornecedores nunca mereceram o mesmo destaque que o seu pragmático misticismo. De fato, Lopez fez escola como "mister cost-cutter", "o terrível", "the butcher" e "the grand inquisitor", ajudando a mudar o perfil dos altos executivos no final do século XX.

Contribuição:
Conseguiu realizar com sucesso absoluto o que muitos achavam impossível: transferir todas as etapas produtivas dos ônibus e caminhões da VW para os fornecedores

11. Lee Iacocca

Ex-presidente da Ford, criador do modelo Mustang. As ações que envolveram a concepção, formatação, desenvolvimento e lançamento do veículo são uma aula de marketing, no cenário de 1964. Sua autobiografia foi importante fonte inspiradora para a produção deste livro. Com suas aparições na TV, Iacocca entrou para a história da propaganda e, em seguida, virou herói corporativo por salvar a Chrysler, em 1980. Ele ficou famoso pela determinação e coragem e transformou-se em benchmarking sobre gestão de pessoas e de negócios. Quando demitido da Ford, no final dos anos 70, criticou severamente o estilo gerencial de Henry Ford II.

Contribuição:
"Fazer alguma coisa acontecer" é o seu ideal de vida.
Para nós, uma reflexão sobre o que estamos realizando em prol dos novos gestores

12. Taiichi Ohno

Principal mentor do sistema moderno de produção japonês. O que fazer para aumentar a produtividade, quando as quantidades não aumentam? A solução encontrada por ele foi a de "colocar a fábrica sob tensão" pelo método "just in time" para: redução dos estoques; identificação dos pontos passíveis de melhora da produtividade e diversificação do mix de produtos. Com a introdução de dispositivos mecânicos, padronização das ferramentas e métodos de otimização, foi possível reduzir o tempo de troca de ferramentas ("setup") de duas a três horas nos anos 50, para 15 minutos em 1962 , e, no final da década de 60, a três minutos na fábrica da Toyota. Isso redundou na alteração da lógica do fenômeno das economias de escala em nível do produto, uma vez que se optou por seqüenciar a produção em A BC ABC ABC, ao invés de AAA BBB CCC, como seria desejável no modo tradicional de produzir ("just in case"). O mais interessante é que nesse novo esquema, Ohno conseguiu maior produtividade na produção de automóveis do que nas fábricas "focalizadas" (fábricas destinadas a produzir um único modelo ou poucos modelos) da Europa e dos EUA.

Contribuição:
Trabalhar por mais de quinze anos para desenvolver um sistema industrial que eliminasse os desperdícios do modelo tradicional americano; é um exemplo a ser seguido por todos os gestores da atualidade.

Bibliografia

A. BERGAMINI, de Abreu. Novas reflexões sobre a evolução da teoria administrativa: os quatro momentos cruciais no desenvolvimento da Teoria Organizacional. *Revista de Administração Pública*, Rio de Janeiro, out.-dez., 1982.

A Produção do Celta atinge 200 mil unidades. nº 6. *Revista Panorama – GM*. São Bernardo do Campo, nov. 2002.

ABRANCHES, Sérgio. Lula e a Previdência. *Veja*, São Paulo, 15 jan. 2003.

AQUINO, Eduardo. Mineiros de fibra. *Estado de Minas*. Belo Horizonte, 19 maio 2001.

ARAUJO, Marco Antônio. Para não dizer que não falei das oportunidades. *RAF – Revista Acadêmica da Faculdade Cenecista de Varginha/MG – FACECA*, nº 1 de 2001, p. 68-78.

ARAUJO, Marco Antônio. "DO JOB": um check-list para avaliação e proposta de melhoria organizacional. Cladea 22-5/out. 2002. XXXVII – Assembléia do Conselho Latino-Americano de Escolas de Administração. UFRGS – Anais.

ARAUJO, Marco Antônio. Check-List "DO JOB": uma proposta pedagógica para a interdisciplinaridade. Cladea XXXVIII, Lima Peru – Anais.

ARBIX, Glauco. O suicidado da globalização. *Caros Amigos*, nº 34, jan. 2000.

ARRIORTÚA, José I. Lopez de. Lopez de Arriortúa e o consórcio modular de Resende. *Folha de S.Paulo*, 16 out. 1996.

Atos Origin, 20 jul. 2001. http://www.saebrasil.org.br

BAER, Martha & DAVIS, Jeffrey. Será que emplaca? *Exame*. São Paulo. 4 abr. 2001. Edição 737. Ano 35. nº 7.

BERNARDI, Maria Amélia. As 100 melhores empresas para você trabalhar – Parte integrante da Edição nº 721 – O melhor lugar é aqui. *Exame*. São Paulo, 23 ago. 2000.

BLECK, Nelson. A boa e velha lógica do leiteiro. *Exame*. São Paulo: Abril, 14 ago. 2001, p. 123-4.

BOUER, Jairo. Informação não basta. *Veja*, São Paulo, ago 2003. Edição especial para jovens, p. 62-3.

CAETANO, José Roberto. Futuro incerto. *Exame*. São Paulo, 31 out. 2001, Edição 752, p. 54-7.

CAMPOS, Vicente Falconi. *TQC: Gerenciamento da Rotina do Trabalho do Dia-a-Dia*. Belo Horizonte: Fundação Christiano Ottoni. Escola de Engenharia da UFMG, Rio de Janeiro: Bloch, 1994.

CHIAVENATO, Idalberto. *Teoria Geral da Administração*. 6ª edição. Rio de Janeiro: Campus, 1999, p. 323.

CHOPRA, Sunil. *Gerenciamento da Cadeia de Suprimentos*. São Paulo: Prentice Hall, 2003.

COLLINS, R. & BECHLER, K. Outsorcing in the Chemical and Automotive Industries: Choice or Competitive Imperative? *The Journal of Supply Chain Management*, Fall, 1999, vol. 35, nº 4.

CORREA, Cristiane. Os líderes estão cegos. *Exame*. São Paulo, 3 out. 2001, p. 96-8.

CORRÊA, Henrique Luiz. VW Resende: mudanças no projeto original e uma breve avaliação. III Simpoi, EAESP/FGV. 2000.

CYGLER, Jimmy. Maslow – O titanic da administração. *Exame*. São Paulo, jul. 2002.

DAFT, Richard I. *Administração*. 4ª edição. Rio de Janeiro: LTC, 1999.

DAVENPORT, Thomas H. *Reengenharia de Processos*. Rio de Janeiro: Campus, 1994.

DEMING, Willian Edwards. *Qualidade: A Revolução na Administração*. Rio de Janeiro: Saraiva, 1990.

Democrata perseguido por "Forças Ocultas". *Estado de Minas,* Belo Horizonte, 28 maio 2000.

DOMENEGHETTI, Daniel. 2003 e o (E-)CRM. *Consumidor Moderno*. dez. 2002.

DRUCKER, Peter F. *Inovação e Espírito Empreendedor*. 3ª edição. São Paulo: Pioneira, 1987.

DRUCKER, Peter F. *Introdução à Administração*. 3ª edição. São Paulo: Pioneira, 2000.

DRUCKER, Peter: *Administrando em Tempos de Grandes Mudanças*. São Paulo: Pioneira, 1999.

DUAILIBI, Roberto. *Duailibi das Citações*. São Paulo: Arx, 2000.

FAYOL, Henry. *Administração Industrial e Geral*. 9ª edição. São Paulo: Atlas, 1981.

FERRAZ, Eduardo. Futuro Incerto. *Exame*. São Paulo, 31/out. 2001.

FERRAZ, Eduardo. O que há por trás da crescente onda de *recalls* no Brasil e no mundo. *Exame*. São Paulo, 18 out. 2000. Edição nº 725.

FURTADO, José Maria. O sucessor. *Exame*. São Paulo, 3 abr. 2002. Ano 36. nº 7. Edição 763.

GALBRAITH, John Kenneth. *Uma Viagem pelo Tempo Econômico*. São Paulo: Pioneira, 1994.

GEHRINGER, Max. A história do mito que nasceu na Alemanha e conquistou o Brasil. *Quatro Rodas*. São Paulo, nov. 2002. Edição de Colecionador.

GHOSN, Carlos. Como salvar o negócio sem perder a empresa. *Exame/Harvard Business Review*. São Paulo. abr. 2002. Edição Especial nº 764.

GIRARD, Joe. *Como Vender Qualquer Coisa a Qualquer Um*. 4ª edição. Rio de Janeiro: Record, 1981.

GOLDRATT, Eliyahu M. *A meta: Um Processo de Melhoramento Contínuo*. São Paulo: Educator, 1993.

GOLDRATT, Eliyahu M. *A Syndrome do Palheiro: Garimpando Informações num Oceano de Dados*. São Paulo: Educator, 1991.

Gurgel: A marca de um sonhador. *Estado de Minas,* Belo Horizonte, 20 fev. 2000.

HIRTREITER, Karl. Enxergar tendências para avançar. *Gazeta Mercantil*. São Paulo, 03/out./2001. Caderno Carro, p. 7. Disponível em: <http://www.aspetus.com/Files/Noticias/Ano2001/Julho/Index_F_P_Noticias_Renault_0001.htm>

IACOCCA, Lee. *Uma autobiografia*. São Paulo: Livraria Cultura , 1985.

Informativo Publicitário. *Veja,* São Paulo, 2 fev. 2002.

Informativo Publicitário. *Veja,* São Paulo, 7 maio 2003.

Informativo Publicitário. *Veja,* São Paulo, 14 maio 2003.

Informativo Publicitário. *Veja,* São Paulo, 23 abr. 2003.

Informativo Publicitário. *Veja,* São Paulo, 30 abr. 2003.

Informativo Publicitário. *Veja,* São Paulo, dez. 2001.

IstoÉ/Dinheiro. Jul. 2001.

JOHNSON, Spencer. *Quem Mexeu no Meu Queijo?* Rio de Janeiro: Record, 2002.

LANG, Pamela. Sonhar alto é possível. TI Master. Disponível em: <http://www.timaster.com.br/revista/materias/main_materia.asp?codigo=733 > acesso em 12 abril 2003.

MAGRETTA, Joan. *O que é Gerenciar e Administrar.* Rio de Janeiro: Campus, 2002.

MAXIMIANO, Antonio César Amaru. *Teoria Geral da Administração: da Escola Científica à Competitividade na Economia Globalizada.* São Paulo: Atlas, 2000.

Mídia e Mercado. 14 ago. 1995, pp. 17, 18 e 20.

MIZUNO, Shigero. *Company-wide total quality control.* Tokyo: Asian Productivity Organization, 1992.

MONTANA, Patrick J. *Administração*. São Paulo: Saraiva, 1998.

NASSIF, Luís. A nova política industrial. *Folha de S.Paulo*, São Paulo, 23 out. 1999.

Nostalgia. *Estado de Minas*, Belo Horizonte, 20 maio 2001.

OHNO, Taiichi. *O Sistema de Produção: Além da Produção em Larga Escala.* Porto Alegre: Artes Médicas, 1997.

OSWALD, Andréas, CAVALLARI, Douglas & BRANDENBERG, Enio. Wolfsburg – a saga da capital do Fusca. *A Bananinha*. São Paulo, out. 99. Publicação destinada aos sócios do Fusca Club do Brasil.

PLANTULLO, Vicente Lentini. *Teoria Geral da Administração: de Taylor às Redes Neurais.* Rio de Janeiro: FGV, 2001, p. 44.

REBOUÇAS, Lídia. Uma questão de valor. *Exame.* São Paulo, 9 jan. 2002. Edição 757.

REICH, Robert B. *O Trabalho das Nações: Preparando-nos para o Capitalismo do Século 21.* São Paulo: Educator, 1994.

RIGGS, James L. *Administração da Produção – Planejamento, Análise e Controle – Uma Abordagem Sistêmica.* São Paulo: Atlas, 1981.

RIOS, Cristina. Tritec deixa de exportar motores para BMW. *Gazeta Mercantil.* São Paulo, 31 jul. 2002. Caderno Indústria & Serviços.

SALGADO, Eduardo & GRYZINSKI, Vilma. A dama de aço. *Veja.* São Paulo, 5 jun. 2002.

SEGALLA, Amauri. A quinta geração da Ford. *Veja.* Edição 1.757. São Paulo, 26 jun. 2002.

SENGE, P. M. *A Quinta Disciplina: Arte, Teoria e Prática da Organização de Aprendizagem.* São Paulo: Best Seller. 1999.

SHIM, Celine. Volkswagen: a dura tarefa de se manter na liderança. *Revista da ESPM.* São Paulo, set.-out. 2002. Vol. 9, Ano 8, nº 5

SILVA, Cleide. Cliente sugere mudanças e as montadoras aceitam. *O Estado de S.Paulo*, São Paulo, 23 jun. 2002. Caderno Economia, p. B7.

SILVA, Cleide. Setor automobilístico atrai empresários nacionais. *O Estado de São Paulo*, 20 dez. 1999.

SLACK, Nigel. *Administração da Produção.* São Paulo: Atlas, 1996.

SLOAN, Alfred P. *Meus Anos com a General Motors.* São Paulo: Negócio, 2001.

SMITH, Adam. *Uma Investigação sobre a Natureza e a Causa da Riqueza das Nações.* São Paulo: Nova Cultural, 1988.

TZU, Sun. *A Arte da Guerra.* 11ª edição. Rio de Janeiro: Record, 1992.

UHLMANN, Günter Wilhelm. *Administração: das Teorias Administrativas à Administração Aplicada e Contemporânea.* São Paulo: FTD, 1997.

VASSALO, Cláudia. Essa vaga tem dono. *Quatro Rodas*. São Paulo, out. 2002.

VERÍSSIMO, Suzana. Jegue de Aço. *Exame*, 17 set. 2003, p. 78-90.

VILARDAGA, Vicente. Fiat e GM tiram a grife dos motores. *Gazeta Mercantil*. São Paulo, 16 mar. 2000. Caderno Empresas & Carreiras.

WELCH, Jack & BYRNE, John. *A Jack Definitivo. Segredos do Executivo do Século*. Rio de Janeiro: Campus, 2001.

WOMACK, James P. *A Máquina que Mudou o Mundo*. 13ª edição. Rio de Janeiro: Campus, 1992.

WOMACH, James P. *A Mentalidade Enxuta nas Empresas: Elimine o Desperdício e Crie Riqueza*. Rio de Janeiro: Campus, 1998.

Entre em sintonia com o mundo

QualityPhone:

0800-263311

Ligação gratuita

Qualitymark Editora
Rua Teixeira Júnior, 441 – São Cristóvão
20921-400 – Rio de Janeiro – RJ
Tel.: (21) 3860-8422
Fax: (21) 3860-8424

www.qualitymark.com.br
e-mail: quality@qualitymark.com.br

Dados Técnicos:	
• Formato:	16×23cm
• Mancha:	12×19cm
• Fontes Títulos:	Futura Bk BT/Md BT
• Fontes Texto:	Times New Roman
• Corpo:	11,5
• Entrelinha:	13
• Total de Páginas:	364

AFINAL GRÁFICOS E EDITORES LTDA.
Rua Francisco Manoel, 51 e 55 - Benfica
Rio de Janeiro - RJ – CEP 20911-270